언어 평등

ХЭЛ ТЭГШ БАЙДАЛ

NYELVI EGYENLŐSÉG

SPRACHE EQUALITY

TAAL GELIJKHEID

SPRÅK LIKHET

LANGUAGE EQUALITY

NGÔN NGỮ BÌNH ĐẲNG

IDIOMA IGUALDADE

BAHASA KESETARAAN

言語平等

שפת שוויון

भाषा समानताको

ภาษาเท่าเทียมกั

IDIOMA IGUALDAD

AEQUALITAS LANGUAGE

JAZYK ROVNOST

LANGUE ÉGALITÉ

ЯЗЫК EQUALITY

ພາສາຄວາມສະເໝີພາບ

LIMBA EGALITATE

اللغة المساواة

UGUAGLIANZA LINGUA

برابری زبان

ভাষা সমতা

语言平等

LUGHA USAWA

"모든 언어는 평등하다"

지구상의 모든 언어는 인류공동체 문명 발전의 발자취입니다.
힘이 센 나라의 언어라 해서 더 좋거나 더 중요한 언어가 아닌 것처럼,
많은 사람들이 쓰지 않는 언어라 해서 덜 좋거나 덜 중요한 언어는 아닙니다.

МОВА РІВНІСТЬ

문화 다양성에 따른 언어 다양성은 인류가 서로 견제하고
긍정적인 자극을 주고받으며 소통, 발전할 수 있는 계기가 됩니다.
그러나 안타깝게도 현재 일부 언어가 '국제어'라는 이름 아래
전 세계 사람들에게 강요되고 있습니다.

문예림의 꿈은 전 세계 모든 언어를 학습할 수 있는 어학 콘텐츠를 개발하는 것입니다.
어떠한 언어에도 우위를 주지 않고, 다양한 언어의 고유 가치를 지켜나가겠습니다.
DIL EŞİTLİK
누구나 배우고 싶은 언어를 자유롭게 선택해서 배울 수 있도록 더욱 정진하겠습니다.

JAZYK ROVNOST

3주만에 끝내는

이탈리아 언어문화 기행

문예림

3주만에 끝내는
이탈리아 언어문화 기행

초판 3쇄 인쇄 2024년 2월 28일
초판 3쇄 발행 2024년 3월 10일

지은이 최보선
펴낸이 서덕일
펴낸곳 도서출판 문예림

출판등록 1962.7.12 (제406-1962-1호)
주소 경기도 파주시 회동길 366 3층 (10881)
전화 (02)499-1281~2 **팩스** (02)499-1283
대표전자우편 info@moonyelim.com **통합홈페이지** www.moonyelim.com
카카오톡 "도서출판 문예림" 검색 후 추가
문의 사항은 카카오톡 또는 이메일로 말씀해주시면 답변드리겠습니다.

ISBN 978-89-7482-837-0 (13780)

잘못된 책이나 파본은 교환해 드립니다.
본 책은 저작권법에 의해 보호를 받는 저작물이므로 무단 전재와 복제를 금합니다.

INTRODUZIONE

그 동안 이탈리아 여행자와 입문자들을 위한 서적들이 몇 권 출판되었다. 저자도 '주머니 속의 이탈리아어, 신나라 출판사'를 쓴 바 있다. 그러나 독자들에게 항상 부족함을 느끼며 송구한 마음을 금할 길이 없었다. 너무도 단순하고 내용도 부실하여 그저 그런 소책자처럼 생각하였을 것을 떠 올리면 쥐구멍이라도 찾고 싶은 솔직한 나의 심정이었다. 사죄하는 마음에서 새로운 개념의 '이탈리아 언어문화 기행 I'을 세상에 내 놓고 독자들의 심판을 기다리기로 작정했다. 많은 관심과 사랑 부탁드리며 이 책의 특성을 소개하려 한다.

- **문화(Cultura)** 면에서는 저자가 유학 생활하면서 보고 느낀 점들을 객관적인 관점에서 기술하였다. 관련 서적들을 인용하며 나의 주관성을 어느 정도 줄이고자 노력했다.

- **대화(Conversazione)** 면에서는 Giovanna Rizzo가 최근에 저술한 'Espresso, ALMA Edizioni, 2005'에서 발췌한 회화적인 좋은 문장들을 수록하고 입문자들이 쉽게 구문을 분석할 수 있도록 상세한 설명을 달았다. 여행지에서 바로 사용할 수 있는 문장들이라 출발 전 많지 않은 시간을 할애한다면 이탈리아어에 쉽게 접근할 수 있을 것이다.

- **의사전달(Comunicazione)** 면에서는 대화면에서 미처 수록하지 못 한 다양한 표현들을 대화 형식으로 묶어 놓았다. 매우 유용하게 사용할 수 있으리라 확신하다.

- **문법(Grammatica)** 면에서는 딱딱하고 지루한 설명을 늘어놓은 기존의 틀에서 과감하게 탈피하여 압축하고 또 압축하여 간결하게 정리하였다. 이 부분은 입문자들이 앞으로 계속 이탈리아어 학습 단계를 올릴 때 기초가 되는 핵심 문법이 될 것이다.

- **에피소드(Episodio)** 면에서는 저자가 유학 시절 문화의 차이를 이해 못하고 겪은 실수담이나 소중한 추억을 담담하게 기술했다. 여러분들의 이탈리아 여행 중 소중한 교훈이 되어 나와 같은 실수를 하지 않으면 더 바랄 것이 없겠다.

- **지리(Geografia)** 면에서는 유럽의 지리적 환경과 언어, 유럽 인구의 대이동, 유럽의 다양성과 통합을 먼저 살펴보고, 이탈리아의 자연을 강, 호수, 산, 바다로 세분하여 자세히 소개했다. 또한 이탈리아의 주요 산업을 분석하고 역사적으로 업적을 남긴 예술가, 작가, 음악가, 철학자, 과학자, 영화인들을 지역별로 설명했다. (Balboni, Geografia d'Italia, Guerra)

전체적인 이 책의 특징은 어휘에 영어 단어를 붙여놓아 영어도 겸김하는 일석이조의 효과도 기대될 것이며 회화 문화 중심의 지리적인 내용까지 더해진 쉽고도 흥미진진한, 여행자나 입문자에게 매우 유용한 그런 책의 결정판이 될 수 있으리라 감히 평가해 본다.

항상 나의 저서를 사랑해주고 아낌없는 질책과 격려를 주는 나의 모든 독자들에게 이 지면을 빌어 다시 한 번 감사한다.

북한산을 담고 있는 송추에서

I.N.D.I.C.E

음과 철재(Suoni e scrittura)　　* p.14
- 알파벳(Alfabeto)
- 발음(Pronuncia)
- 강세(Accento)

Lezione 1　**Buongiorno, io sono Luciano Pavarotti.**　* p.16
안녕하세요, 저는 루치아노 빠바롯띠입니다.
- Cultura　"Gianni 일까요, Versace 일까요?"
- Conversazione　Cosa fa (Lei)? - Sono cantante.
- Comunicazione　Buongiorno, professore! / Ciao, Paola!
- Grammatica
  - 주격인칭대명사 : io, tu, lui, lei, Lei, noi, voi, loro
  - 동사 : 직설법 현재(1) - insegnare, essere, fare
- Episodio　"에운쏙 이안그, 기오운그인 킴, 쎄오운그아에 온그!?"
- Europa e Italia　개관

Lezione 2　**Scusi, Lei come si chiama?**　* p.22
실례합니다만 성함이?
- Cultura　"한국인들이여! 한국적인 예의를 그들에게 보여줘라!"
- Conversazione　Scusi, Lei come si chiama? - Mi chiamo Arturo Toscanini.
- Comunicazione　Come ti chiami? - (Mi chiamo) Giuseppe. - Piacere. - Piacere.
- Grammatica
  - 재귀동사(1) : 직설법 현재 - chiamarsi, alzarsi, lavarsi, truccarsi
- Episodio　"우리들이 본받아야 할 예절입니다"
- Europa e Italia　유럽의 지리적 환경과 언어

Lezione 3　**E Lei di dov'è?**　* p.29
당신은 고향이 어디세요?
- Cultura　"너희 남부 사람들은 게으르고 매일 사랑 타령이나 하는구나"
- Conversazione　E Lei di dov'è? - Di Milano.
- Comunicazione　Di dove sei? - Sono italiano.
- Grammatica
  - 형용사 : 제1그룹 형용사, 제2그룹 형용사
  - 전치사 : DI
- Episodio　"안-녕-하-세-요!"
- Europa e Italia　유럽 인구의 대이동

I.N.D.I.C.E

Lezione 4 Qual è il Suo numero di telefono?   * p.37
당신의 전화번호가 뭐죠?

- **Cultura** "Via Garibaldi 23, per favore!"
- **Conversazione** Qual è il Suo indirizzo? / E il Suo numero di telefono?
- **Comunicazione** Come, scusa?/Come, scusi?
- **Grammatica**
  - 소유형용사 : mio, tuo, suo, nostro, vostro, loro
  - 수 형용사(1) : 0 ~ 20(기수)
  - 동사 : 직설법 현재(2) - avere, essere
  - 정관사 : lo, il, la, gli, i, le
  - 모음축약
- **Episodio** "대한민국 전화 만세! 대한민국 화장실 만세!"
- **Europa e Italia** 유럽, 다양성에서 통합까지

Lezione 5 Come sta? / Come va? 어떻게 지내세요?   * p.47
Questa è Eva. 얘는 에바라고 해.

- **Cultura** "상대방의 안녕을 기원하는 것은 곧 자신의 행복"
- **Conversazione** Come sta? - Bene, grazie. E Lei? - Piacere. - Molto lieto.
- **Comunicazione** Ciao, come va? - Benissimo./Oh, mi dispiace.
- **Grammatica**
  - 동사 : 직설법 현재(3) – parlare, andare, stare
  - 간접대명사(1) : mi, ti, gli, le, Le; ci, vi, gli
  - 명령형 : 규칙형태, 불규칙 형태
    andare, avere, dare, dire, essere, fare, sapere, stare, tenere, venire
- **Episodio** "그 친구가 그립습니다."
- **Europa e Italia** 이탈리아의 자연 경치

Lezione 6 Che lavoro fai?   * p.56
어떤 일 하니?

- **Cultura** "mammoni"의 수가 급격하게 늘고 있는 실정
- **Conversazione**
  - Che lavoro fai? - Io sono impiegata in un'agenzia pubblicitaria.
  - Quanti anni hai? - Ventidue. E tu?
  - Che lingue parli? - Parlo l'inglese, il tedesco e il francese.
- **Comunicazione**
  - Dove lavori? - In una scuola.
  - Dove abiti? - Abito in Cina, a Beijing.
  - |직업|
- **Grammatica**
  - 부정관사 : un, uno, una

- 부분관사 : dei, degli, delle ...
- 동사 : 직설법현재(4) 규칙활용 도표 - lavorare, abitare, studiare, parlare
- 수형용사(1) : 20~100 (기수)

Episodio "Marco와 Max는 지금 태국에서 파스타를 만들고 있을까?"

Europa e Italia 이탈리아의 강과 호수

Lezione 7 E Lei che cosa prende? * p.67
그럼 당신은 무엇을 드시겠습니까?

Cultura "식사는 한 끼 때우는 것이 아니라 즐거움이다"

Conversazione I signori desiderano? - Io prendo un cornetto e un caffe' macchiato.

Comunicazione
- Cosa desidera? - Io prendo / Per me / Vorrei un cornetto.
- E da bere? - Un quarto di vino bianco, per cortesia.
- Vuole il menu'? - No, grazie. Vorrei solo un primo / un secondo.
- Desidera ancora qualcos'altro? - Si', grazie. Che cosa avete oggi?
- Scusi, mi porta ancora mezza minerale / un po' di pane / un tovagliolo?
- E poi il conto, per cortesia.
- E' possibile prenotare un tavolo? - Si', dica!
- Grazie mille! - Prego, si figuri!
- |식사 메뉴|

Grammatica
- 동사 : 직설법 현재(5) - volere, prendere, preferire, capire, finire, spedire
- 직접대명사(1) : mi, ti, lo, la, La; ci, vi li, le

Episodio "지금도 잊지 못할 Vulcano 식당!"

Europa e Italia 이탈리아의 바다와 해안

Lezione 8 È possibile prenotare un tavolo? * p.79
테이블 예약 가능한가요?

Cultura "예약도 약속이다!"

Conversazione Buongiorno. Scusi, e' possibile prenotare un tavolo per le otto?

Comunicazione
- Vorrei prenotare un tavolo per 4 persone a nome Bosun Choi.
- Vorrei un tavolo all'aperto / nel settore (non) fumatori.
- Cameriere (a), prego. Mi puo' portare la lista dei vini?
- Vorrei ordinare.
- Che cosa mi consiglia?
- Qual e' il piatto del giorno?
- Qual e' la specialita' locale?
- Potrei cambiare l'ordinazione?
- |식탁에 세팅되는 것들|

I.N.D.I.C.E

- **Grammatica**
  - 동사 : 단순조건법 (1) - volere, potere, dovere
  - 부정법
- **Episodio** "너 한국에서 부자니?"
- **Europa e Italia** 이탈리아의 산, 구릉, 계곡

Lezione 9 Che cosa fai nel tempo libero?   * p.88
여가 시간에 뭐하니?

- **Cultura** "그들의 여가가 부럽다!"
- **Conversazione** Che cosa fai nel tempo libero? - Io di solito faccio sport.
- **Comunicazione**
  - Ti / Le piace la cucina italiana? - Si', molto.
  - Ti / Le piace cucinare? - Si', moltissimo.
  - Ti / Le piacciono i film gialli? - No, non molto.
  - Le piacciono i film gialli? - No, per niente.
  - A me piace l'arte moderna. - Anche a me. / A me invece no.
  - A me non piace la musica classica. - Neanche a me. / A me invece si'.
  - Scusi, che ora e'? / che ore sono? - E' l'una. / E' mezzanotte. / E' mezzogiorno.
  - Scusi, sa che ore sono? - Sono le tre e venticinque.
  - Studio l'italiano per lavoro.
  - Studio l'italiano perche' amo l'Italia.
- **Grammatica**
  - 빈도부사 : non ~ mai < qualche volta < spesso < di solito < sempre
  - 간접대명사(2) : mi, ti gli, le, Le, ci, vi, gli
  - 전치사관사 : al, del, dal, sul, nel ...
  - 장소 전치사 : A, IN
  - 동사 : 직설법 현재(6) - cucinare, mangiare, navigare, giocare, leggere, piacere
- **Episodio** "A me mi piace!", "이탈리아에서 친구만 되면 안 되는 것이 없다?!"
- **Geografia economica e culturale** 이탈리아의 운송

Lezione 10 Buongiorno, Senta, avete una camera doppia per il prossimo fine settimana?
안녕하세요, 저기요, 나음 주말 트윈베드 방 있나요?   * p.101

- **Cultura** "이탈리아 호텔은 굴뚝 없는 중소기업이다!"
- **Conversazione** Buongiorno. Senta, avete una camera doppia per il prossimo fine settimana?
- **Comunicazione**
  - Scusi, e' possibile portare animali? - No, mi dispiace.
  - Scusi, e' possibile pagare con la carta di credito? - No, mi dispiace.
  - Scusi, e' possibile avere un'altra coperta? -No, mi dispiace.
  - Avrei un problema : qui c'e' il riscaldamento che non funziona.
  - Preferisco l'hotel Torcolo perche' non e' caro.

- La camera viene 112 euro.
- Nel prezzo non e' compresa la colazione.
- Per la conferma il receptionista desidera il numero della carta di credito.
- Buona sera. Senta, chiamo dalla camera 128. Avrei un problema.
- Quanto viene l'appartamento per due settimane?
- Che giorno e' oggi? - Martedi'.
- Quanti ne abbiamo oggi? - E' il 21 gennaio.
- |호텔| |12달| |요일|

Grammatica
- 동사 : 직설법 현재(7) - potere, venire
- 단순 조건법(2) - avere, essere, parlare, vendere, dormire
- 수형용사(2) : I ~ X (서수), 100 ~ (기수)
- c'e' / ci sono
- 시간의 전치사
- 날짜

Episodio "7인의 악사는 지금도 그곳에서 연주하고 있을까?"

Geografia economica e culturale 이탈리아의 산업

Lezione 11 Ah, e com'è la citta'? * p.117
아, 그렇군요. 도시는 어떻습니까?

Cultura "작은 도시가 매혹적인 이탈리아!"

Conversazione
- Ah, e com'è la città?
- Ah, a me piace molto. Ci sono tante cose da vedere ...

Comunicazione Che cosa è? - È una zona industriale.

Grammatica
- 동사 : 직설법 현재(8) - conoscere, sapere
- 부분관사 : del, dei, della, delle, dello, degli
- 장소부사 : CI
- 명사와 형용사의 성수일치
- 제1그룹형용사 : famoso, picolo, antico, moderno
- 제2그룹형용사 : industriale, grande, importante, elegante, pesante, verde
- C'è un ~ ? / Dov'è il ~ ?, molto (agg. / avv.)

Episodio "강남역 8번 출구로 가주세요"

Geografia economica e culturale 이탈리아의 농업과 식품 산업

Lezione 12 Mi scusi, sa che autobus va in centro? * p.128
실례합니다, 어떤 버스가 시내로 가나요?

Cultura "Signori, signore, i biglietti per favore!"

Conversazione Mi scusi, sa che autobus va in centro?

I.N.D.I.C.E

- **Comunicazione**
  - E a quale fermata devo scendere? - Alla prima / seconda / terza.
  - Dov'e' la fermata dell'autobus? - Di fronte al supermercato.
  - C'e' una banca qui vicino? - Si', Lei adesso gira a destra.
  - C'e' un ristorante qui vicino? - Mi dispiace, non lo so.
  - A che ora comincia lo spettacolo? - A mezzogiorno. / Alle due.
  - Quando arriva il treno da Perugia? - Alle 18.32.
- **Grammatica**
  - 동사 : 직설법 현재 (9)
    - arrivare, cominciare, continuare, girare, fermare, chiedere, credere, scendere, partire
  - 의문사 : 의문대명사, 의문형용사, 의문부사
- **Episodio** "고의성 없는 나의 '범죄'를 하늘이 아셨을까."
- **Geografia economica e culturale** "Made in Italy"

Lezione 13 E tu che cosa hai fatto ieri?   * p.138
근데 너 어제 뭐했니?

- **Cultura** "하루를 넷으로 나눈다?"
- **Conversazione**
  - E' stata una giornata molto bella! E tu che cosa hai fatto?
    - Mah, niente di particolare perche' sono rimasta a casa quasi tutto il giorno.
- **Comunicazione**
  - Che cosa hai fatto stamattina? - Ho fatto sport.
  - Che cosa ha fatto ieri? - Sono andato al cinema.
- **Grammatica**
  - 근과거 : avere / essere 현재+과거분사
  - 규칙 과거분사 : parlato, ripetuto, capito
  - 불규칙 과거분사 : rimasto, venuto, fatto, letto, messo, preso, visto
  - 절대적 최상급 : molto(avv.)+형용사, 형용사+issimo / a / i / e
  - Qualche(some) / Tutto(all)
- **Episodio** "'쪼개기' 없이 달려 온 결과가 아닌가!"
- **Geografia economica e culturale**   이탈리아의 관광

Lezione 14 Che tempo fa? / Come è il tempo?   * p.148
날씨 어때?

- **Cultura** "차디찬 돌에 앉아 가슴까지 차게 하는 아이스크림을 먹다보면"
- **Conversazione** Che tempo fa? - Bellissimo. C'e' il sole, fa caldo.
- **Comunicazione**
  - Quando è stata l'ultima volta che hai letto un libro?
  - Che tempo fa oggi? / Com'è il tempo oggi? - È bello / brutto.

- **Grammatica**
  - 감탄문 : Che + 형용사 / 명사!, Come + 동사!
  - 부정어의 위치
- **Episodio** "Aiuto, aiuto!" 사람 살려, 사람 살려요!
- **Geografia economica e culturale** 이탈리아의 고전 작가

Lezione 15 Cosa desidera oggi? - Vorrei del parmigiano. * p.159
오늘은 뭘 드릴까요? – 파르미산 치즈 주세요.

- **Cultura** "이탈리아인들의 주요 식재료는 어떤 것들이 있나?"
- **Conversazione**
  - Oh, buongiorno signora Ferri, allora cosa desidera oggi?
    - Due etti di mortadella, ma la vorrei affettata sottile, sottile, per cortesia.
  - E quanto ne vuole? - Circa mezzo chilo.
- **Comunicazione**
  - Dove preferisci comprare? / Dove preferisce comprare? - Al mercato.
  - Cosa desidera? - Vorrei del formaggio.
  - Quanto / Quanta / Quanti / Quante ne vuole? - Due etti.
  - Il prosciutto come lo vuole? - Cotto / Crudo.
  - Va bene così? - Sì, perfetto.
  - Ancora qualcosa? / Altro? / Qualcos'altro? - Nient'altro, grazie.
  - Che stagione preferisci / preferisce? - La primavera / L'estate / L'autunno / L'inverno.
  - |식품| |조리법| |사계절|
- **Grammatica**
  - 수량
  - 부분관사 : del, della, dello
  - 수동태 SI : si vende, si vendono
  - 직접대명사(2) : mi, ti, lo, la, La, ci, vi, li, le
- **Episodio** "caffè espresso, cappuccino, Campari, pizza, pasta"
- **Geografia economica e culturale** 이탈리아의 20세기 작가

Lezione 16 Ti alzi presto la mattina? * p.172
넌 아침에 일찍 일어나니?

- **Cultura** "41%가 일주일에 단 한 번 늘 같은 친구들과 저녁에 외출한다."
- **Conversazione** Ah, allora ti alzi presto la mattina.
- **Comunicazione**
  - Quando cominci a lavorare? - Alle 9. / Prima delle 9. / Dopo le 6. / Molto tardi.
  - Quando finisci di lavorare? -Alle 19. / Prima delle 9. / Dopo le 6. / Molto tardi.
  - Lavoro dalle 9 alle 12 e mezza.
  - Lavoro fino alle 17 / di mattina / di pomeriggio.
  - Ti alzi presto la mattina? / Si alza presto la mattina?

I.N.D.I.C.E

- Che orari hai?
- Tanti (affettuosi) auguri per i tuoi 50 anni!
- Complimenti. Sei stato bravissimo!
- Felicitazioni vivissime per il vostro matrimonio!
- Congratulazioni!
- Buone vacanze!
- Buon viaggio! / Natale! / anno! / appetito!
- Alla salute! / Cin cin!
- |기념일 Feste e ricorrenze|

Grammatica
- 재귀동사(2) : chiamarsi, alzarsi, lavarsi, truccarsi, riposarsi, svegliarsi, vestirsi
- 시간의 표현
- 형용사
- 부사 : 형용사 + mente

Episodio "10명 중 8명은 자신의 습관에 노예가 된다!"

Geografia economica e culturale 이탈리아의 예술가

Lezione 17 **Cerco un pullover da uomo. - Che taglia?** * p.184
남성용 풀로버를 찾는데요. - 몇 사이즈 입으시죠?

Cultura "오래 된 묵은 것에도 가치가 있음을 알아야"

Conversazione
- Buonasera. Desidera? - Cerco un pullover da uomo.
- Che taglia? - La 50 o la 52.

Comunicazione
- Cerco un maglione. - Che taglia? / Che porta?
- Quanto costa questa camicia? - 100 euro.
- A me piacciono i jeans stretti, ma non mi piacciono larghi. E a te? / E a Lei?
- A lui piacciono i maglioni pesanti, ma non gli piacciono leggeri.
- A lei piacciono le sciarpe di lana, ma non le piacciono di seta.
- A noi piacciono le gonne corte, ma non ci piacciono lunghe.
- |색깔 형용사| |의류| |의류관련 형용사구|

Grammatica
- 동사 : costare, piacere, sembrare
- 형용사 : 불변하는 색깔 형용사
- 비교급 : più~ di ~ / più~ che ~
- 최상급 : 상대적(l'uomo più alto ~),
   절대적(una macchina velocissima = una macchina molto veloce)
- 지시대명사 : Questo(this) / quello(that)
- 간접대명사(3) : mi, ti, gli, le, Le … + sembra / piace / va / consiglia
- 관계대명사 : CHE(il quale / la quale / i quali / le quali)

Episodio "그 흔한 명품 핸드백 좀 사오라고"

Geografia economica e culturale   이탈리아의 고전음악가

Lezione 18 E che ne dici di quei mocassini?   * p.198
근데 너 그 모카신 신발 어때?

- Cultura   "쇼핑센터에서 만나자!" (오늘날 이탈리아 젊은이들의 문화)
- Conversazione   E che ne dici di quelli? - Sono meno cari e secondo me sono pure comodi.
- Comunicazione
  - Che ne dici di quel modello?
    - Veramente vorrei un capo più elegante.
    - No, è troppo classica. Preferisco una cravatta più giovanile.
    - No, sono troppo eleganti. Preferisco gli stivali meno eleganti.
  - Ancora qualcos'altro? - No, è tutto. Quant'è?
  - Potrei provare la 42?
  - Secondo me i pantaloni sono più pratici delle gonne.
  - Preferici un abbigliamento elegante o sportivo?
  - Quale colore preferisce?
  - |의류| |의류관련 형용사|
- Grammatica
  - 동사 : 직설법 현재(10) – dire
  - 지시형용사 : (that) quello, quegli, quel, quei, quella, quelle
                (this) questo, questa, questi, queste
  - 변의형 : anellino, lavoretto, maglietta, telefonino
- Episodio   "대한민국은 학비와 주택 마련에 일생을 다 보낸다."
- Geografia economica e culturale   이탈리아의 현대음악가

Lezione 19 Da piccola avevo un cane.   * p.206
어렸을 때 난 개 한 마리 갖고 있었다.

- Cultura   "81.7%의 어린이들은 집에서 동물을 키웠거나 키우고 있다."
- Conversazione   Da piccola avevo un cane.
- Comunicazione
  - Dove andavi / andava in vacanza da bambino?
  - Normalmente andavamo al mare.
  - Quando eri / era piccolo, dove vivevi / viveva? - Vivevo a Seoul.
  - Avevi / Aveva un animale? - Sì.
  - Come si chiamava? - 'Minguk'.
  - Com'era? - Era intelligentissimo.
  - La gente prima aveva meno soldi per viaggiare.
  - Dove sei / è nato? - Sono nato a Seoul.
  - Com'eri / era da bambino?
  - Hai / Ha sempre vissuto a Roma?

I.N.D.I.C.E

- Ti / Le piaceva andare a scuola?
- Cosa facevi / faceva nel tempo libero? 넌 여가시간에 뭘 하곤 했니?
- Cosa pensavi / pensava di fare da grande? 넌 커서 뭘 하려고 생각했니?
- |동물|

🖐 Grammatica
- 동사 : 직설법 불완료과거
    - essere, dire, fare; aspettare, pensare, andare, vivere, riuscire; svegliarsi, accompagnarsi

💬 Episodio "그들은 왜 고양이 고기를 먹는가!"

📎 Geografia economica e culturale 이탈리아의 철학자와 과학자

Lezione 20 Giovanni, tu dove andavi in vacanza da bambino? * p.218
지오반니, 넌 어릴 때 어디로 휴가를 가곤했니?

🌐 Cultura "인간미 없는 죽은 회색의 도시에서"

💧 Conversazione Giovanni, tu dove andavi in vacanza da bambino?

》》 Comunicazione
- Normalmente / Di solito andavamo al mare.
- Da piccolo(a) / Da bambino(a) andavo al mare.
- Una volta / A 13 anni / Nel 1998 / 6 anni fa siamo andati (e) in montagna.
- Era molto spesso malata.
- Ha lasciato Palermo quando aveva sette anni.
- Non ricorda molto della citta' dove e' nata.
- Suo padre si arrabbiava raramente.
- A scuola si annoiava molto.
- Nel tempo libero andava volentieri in montagna.
- Ballava volentieri.
- Leggeva e scriveva molto volentieri.

🖐 Grammatica
- 근과거의 용법
- 불완료과거의 용법
- 대명사적 소사 : CI

💬 Episodio "3주 간의 이탈리아 언어문화 기행을 마치며..."

📎 Geografia economica e culturale 이탈리아의 영화

- |일러두기|
- m.남성명사, f.여성명사, s.단수, pl.복수, v.tr.타동사, v.intr.자동사, v.aus.조동사, v.rifl.재귀동사, p.ps.과거분사, p.pr.현재분사, agg.형용사, avv.부사, prep.전치사, pron.대명사, cong.접속사, escl.감탄사

음과 철자 (Suoni e scrittura)

알파벳(Alfabeto)

a	a	h	acca	q	cu		외래문자
b	bi	i	i	r	erre	j	i lunga
c	ci	l	elle	s	esse	k	cappa
d	di	m	emme	t	ti	w	doppia vu
e	e	n	enne	u	u	x	ics
f	effe	o	o	v	vi / vu	y	ipsilon / i greca
g	gi	p	pi	z	zeta		

발음(Pronuncia)

1) 자음 16개와 모음 5개가 만나 소리를 낸다.
2) h(acca)는 묵음이다. ha는 '아', ho는 '오'.
3) 양순음 'ba'와 순치음 'va' 구분해서 읽어야 한다.
4) 자음 'q'는 항상 모음 'u'를 달고 다닌다.

	b	c	d	f	g	h	l	m	n	p	qu	r	s	t	v	z
a	ba		da	fa		ha	la	ma	na	pa	qua	ra	sa	ta	va	za
e	be		de	fe		*	le	me	ne	pe	que	re	se	te	ve	ze
i	bi		di	fi		*	li	mi	ni	pi	qui	ri	si	ti	vi	zi
o	bo		do	fo		ho	lo	mo	no	po	quo	ro	so	to	vo	zo
u	bu		du	fu		*	lu	mu	nu	pu	quu	ru	su	tu	vu	zu

	c	g	sc	gn	gl
a	ca(까)	ga(가)	sca(스까)	gna(냐)	gla(글라)
e	che / ce(께 / 체)	ghe / ge(게 / 제)	sche / sce(스께 / 쉐)	gne(네)	gle(글레)
i	chi / ci(끼 / 치)	ghi / gi(기 / 쥐)	schi / sci(스끼 / 쉬)	gni(니)	gli(리*)
o	co(꼬)	go(고)	sco(스꼬)	gno(뇨)	glo(글로)
u	cu(꾸)	gu(구)	scu(스꾸)	gnu(뉴)	glu(글루)

5) 자음 'c'와 'g'가 강한 모음 'a, o, u'와 짝을 이룰 경우와 약한 모음 'e, i'와 짝을 이룰 경우 소리가 달리 난다. 그러나 'h'를 삽입하여 동일한 음가를 갖도록 한다.
   ca, che, chi, co, cu; ga, ghe, ghi, go, gu

6) 'gli'를 '글리'라고 읽지 않도록 조심한다.
7) 이탈리아어는 기본적으로 쓰여진 대로 읽기 때문에 쉽게 읽혀진다. 다음과 같은 독특한 발음들만 주의하면 된다.

Lettera singola/composta	Pronuncia	Esempio
c(+a, o, u)	까, 꼬, 꾸	carota, colore, cuoco
ch(+e, i)	께, 끼	anche, chilo
c(+e, i)	체, 치	cellulare, citta'
ci(+a, o, u)	챠(치아), 쵸(치오), 츄(치우)	ciao, cioccolata, ciuffo
g(+a, o, u)	가, 고, 구	Garda, gonna, guanto
gh(+e, i)	게, 기	lunghe, ghiaccio
g(+e, i)	제, 쥐	gelato, Gigi
gi(+a, o, u)	쟈(지아), 죠(지오), 쥬(지우)	giacca, giornale, giusto
gli	리	gli, biglietto, famiglia
gn		disegnare, signora
h	묵음	hotel, ho, hanno
qu	꾸	quasi, quattro, questo
r		riso, rosso, risposta
sc(+a, o, u)	스까, 스꼬, 스꾸	scarpa, sconto, scuola
sch(+e, i)	스께, 스끼	schema, schiavo
sc(+e, i)	쉐, 쉬	scelta, sci
sci (+a, e, o, u)	쉬아, 쉬에, 쉬오, 쉬우	sciarpa, scienza, lascio, sciupare
v		vento, verde, verdura

강세(Accento)

1) 대부분의 어휘들은 끝에서 두 번째 음절에 강세가 온다. 이유는 소리내기 편해서이다.
2) 강세에는 4가지가 있다.
   • 끝 음절에 오는 강세(accento sull'ultima sillaba) : cit-ta'
     (글을 쓸 때, 끝 음절 강세는 반드시 표기되어야 한다)
   • 끝에서 두 번째 음절에 오는 강세(accento sulla penultima sillaba) : stra'-da
   • 끝에서 세 번째 음절에 오는 강세(accento sulla terz'ultima sillaba) : me'-di-co
   • 끝에서 네 번째 음절에 오는 강세(accento sulla quart'ultima sillaba) : te-le'-fo-na-no

Lezione 01 | **Buongiorno, io sono Luciano Pavarotti.**
Prima | 안녕하세요, 저는 루치아노 빠바롯띠입니다.

Cultura

Gianni 일까요, Versace 일까요?

Gianni 일까요, Versace 일까요?
Leonardo Da Vinci, Leonardo Di Caprio, Gianni Versace, Luciano Pavarotti ...

이들의 이름은 우리에게 매우 친숙하다. 그런데 성씨는 어떤 것일까?
Gianni 일까요? 아니면 Versace 일까요?
Versace이다. 따라서 Pavarotti도 성씨인것이다.

그럼, '레오나르도 다 빈치'와 '레오나르도 디 까프리오'의 성씨는 과연 무엇일까요?
Vinci 인가? Da Vinci 인가?
Da Vinci입니다. 또한 영화배우인 그의 성씨도 Di Caprio입니다.

여기서 Da와 Di는 출신을 의미하는 전치사이다. 다시 말해서 Vinci 출신, Caprio 출신이라는 의미다. 이 사람들을 존칭으로 호칭할 경우 어떻게 불러야 하죠?
- Signor Da Vinci, Cosa fa? (다 빈치 선생님, 무슨 일 하세요?)
- Signor Di Caprio, Dove abita? (디 까프리오 선생님, 어디 사세요?)

Conversazione

A : Buongiorno! Io sono Bosun Choi.
안녕하세요. 저는 최보선입니다.

B : Buongiorno! Io sono Luciano Pavarotti.
안녕하세요. 저는 루치아노 빠바롯띠입니다.

A : Signor Pavarotti, **cosa fa (Lei)?**
빠바롯띠 선생님, 무슨 일 하세요?

B : **Sono cantante.** E Lei signor Choi?
저는 성악가입니다. 그런데, 최 선생님, 당신은요?

A : Sono insegnante, insegno l'italiano a scuola.
저는 강사입니다. 학교에서 이탈리아어를 가르쳐요.

B : Ah, sì? Lei è contento?
아, 그러세요? (하시는 일에) 만족하세요?

A : Sì, certo. Sono molto contento.
그럼요, 물론이죠. 매우 만족합니다.

B : ArrivederLa, Signor Choi!
또 뵙겠습니다. 최 선생님!

A : ArrivederLa, Signor Pavarotti!
안녕히 가세요. 빠바롯띠 선생님!

해설
signor(e) m. (Mr.) 미스터, 선생님(호칭). * 성이 뒤따를 경우 어미 'e' 탈락. signor Park.
cosa pron. (what) 무엇, 무슨 일.
cantante m. / f. (singer) 가수, 성악가.
insegnante m. / f. (teacher) 교사, 강사.
insegno v.tr. (I teach) 나는 가르친다. * 주격인칭대명사 / 직설법 현재 → p.62
italiano m. (Italian) 이탈리아어.

Lezione 1

→ **scuola** f. (school) 학교.
→ **contento** agg. (satisfied, happy) 만족하는, 행복한.
→ **certo** avv. (of course, certainly) 물론.
→ **molto** avv. (a lot, much) 매우, 대단히, 무척.
→ **ArrivederLa!** (See You again!) 또 뵙겠습니다. * a(to) + ri(again) + vedere(see) + La(You) 당신을 다시 뵐 때 까지 (안녕히 계세요). 직접목적어 La가 동사 rivedere에 붙으면서 모음 'e'는 생략된다. 소리의 수월성 때문이다.

≫ Comunicazione 🎧

격식을 갖춘 인사 :
상대에게 존대의 호칭 signora, signorina, professore, dottore 등을 사용할 경우

- Buongiorno, signora Gucci!
  안녕하세요, 굿치 부인! (아침부터 오후 3,4시까지)
- Buonasera, signor Muti!
  안녕하세요, 무띠 선생님! (오후 3,4시부터 저녁 늦게까지)
- Buonanotte, signorina Kim!
  안녕히 주무세요, 미스 킴! (저녁 만남 후 헤어질 때)

A : **Buongiorno, professore!**
    안녕하세요, 교수님!
B : Buongiorno, signor Choi!
    안녕하세요, 최 선생님!

친구 사이의 격의 없는 인사 :
상대의 이름 Paola, Francesca, Mario, Leonardo 등을 호칭할 경우

A : **Ciao, Paola!**
    안녕, 빠올라!
B : Oh, ciao Francesca!
    오, 안녕 프란체스까!

* Ciao, buongiorno, Paola!도 가능하다.

헤어질 때 인사

- ArrivederLa!
  안녕히 가세요!, 또 뵙겠습니다! (존칭에 사용)
- Arrivederci!
  잘 가!, 또 보자! (친구 사이에 사용)
- A presto!
  곧 만나자! / 곧 만나요!
- A domani!
  내일 보자! / 내일 뵐게요!
- Ciao!
  안녕! (만날 때, 헤어질 때 모두 사용)
- Alla prossima volta!
  다음에 보자! / 다음에 뵐게요!
- Buonanotte!
  잘 자! / 안녕히 주무세요!

해설

→ **Buongiorno (Good morning)**
안녕하세요. * buono(good) + giorno. buono의 어미 'o'는 명사 giorno와 만나면서 탈락된다. 소리의 수월성 때문인데, 부정관사의 규칙을 따른다. 즉, un giorno라고 하듯이 buon giorno라고 한다. 반면, sera, notte는 여성명사이므로 형용사는 buona가 온 것이지요. 붙여 쓰기도하고 분리하기도 해요.

→ **Arrivederci! (See you again!)**
잘 가!, 또 보자! * a(to) + ri(again) + vedere(see) + ci(us) 우리 다시 만날 때 까지 (안녕). 직접목적어 ci 가 동사 rivedere에 붙으면서 모음 'e'는 생략된다. 소리의 수월성 때문이다.

→ **A presto! (See you soon!)**
* presto 곧, 빨리

→ **A domani! (See you tommorrow!)**
* domani 내일

→ **Alla prossima volta! (See you next!)**
* prossima volta (next time) 다음 번

Grammatica

주격인칭대명사(Pronomi personali)

io	나는	noi	우리들은
tu	너는	voi	너희들은
lui, lei, Lei	그는, 그녀는, 당신은(존칭)	loro	그들은, 당신들은(존칭)

동사(Verbi)

1) 이탈리아어 동사는 주어에 따라 활용을 달리한다.
2) 규칙활용동사와 불규칙활용동사가 있다.

* 직설법 현재(Indicativo presente) → gr.6

	불규칙활용동사		규칙활용동사
	essere (to be)	**fare** (to do)	insegn**are** (to teach)
io	**sono**	**faccio**	insegn**o**
tu	**sei**	**fai**	insegn**i**
lui, lei, Lei	**è**	**fa**	insegn**a**
noi	**siamo**	**facciamo**	insegn**iamo**
voi	**siete**	**fate**	insegn**ate**
loro	**sono**	**fanno**	insegn**ano**

Episodio

"에운쏙 이안그, 기오운그인 킴, 쎄오운가에 온그!?"

여러분의 이름을 영문으로 써 놓고 이탈리아인들에게 읽게 해 보라.
Eunsook Yang (양은숙)
Kyoungjin Kim (김경진)
Seoungae Hong (홍성애)

우리는 양은숙이라고 읽는다. 그러나 그들은 과연 어떻게? 에운쏙 이안그!?!?
경진씨나 성애씨, 모두 웃고 있네요. 그러나 두 분도 만만치 않아요.
기오운그인 킴!?!? 어머나 이걸 어째.
쎄오운가에 온그!?!? 무너지죠?

그래서 내 이름도 이탈리아에서는 '보순 초이'라고 한다. Bosun CHOI로 표현하니까. H[acca]는 묵음, Y[ipsilon]과 J[i lunga]는 'i'로 소리 내기 때문이다. 모음 A(아), E(에), I(이), O(오), U(우) 다섯 자만 잘 읽어도 이탈리아어 발음 절반은 끝난 것이나 다름없다. 어때요? 무척 쉽죠?

그래서 이탈리아의 한국 유학생들이 현지에서 이름을 이탈리아식으로 바꾸기도 한다. 이탈리아 친구들이 쉽게 부르게 해야 하니까. Marina Yang, Cristina Kim, Angela Hong 등으로… 그러나 성씨를 바꿀 수는 없지요. 귀한 혈통이니까요.

Europa e Italia | 개관 (una visione d'insieme)

이탈리아는 유럽 국가들 가운데 하나이며 유럽의 콘텍스트에 놓을 때 비로서 이해될 수 있다. 세계 지도를 볼 때, 유럽은 마치 국가들로 이루어진 모자이크 벽화와도 같다. 그러나 유럽에는 잊어서는 안 되는 위대한 문화적 통일 전통이 존재한다. 2000년 전, 라틴어는 웨일즈(Wales)에서 헝가리까지, 포르투갈에서 터키에 이르는 지역에서 사용되었고, 1000년 전에는 로마 가톨릭 대성당들이 전 유럽에 세워지고 있었으며, 수 세기 동안 예술, 문화, 철학적 동향들은 여러 나라들에서 동시대적이고 공동체적인, 이른바 "유럽적"인 것이 되었다. 바로 이런 점 때문에 유럽의 한 부분이라는 사실을 기억하지 않고서는 이탈리아를 연구한다는 것은 불가능하다.

따라서 유럽은 비록 많은 국가와 언어로 나뉘어져 있지만 하나이며, 이탈리아 역시 문화, 예술적 전통, 음악, 문학에 있어서 하나이다. 그러나 수 세기를 거치면서 유럽은 독립 국가들로 분할되어갔다. 그리고 이탈리아는, 이러한 통합과 다양성 사이의 긴장으로 인해 이탈리아 문화적 매력, 국부, 그리고 인문학적 예술적 유산의 3분의 1을 차지하는 나라로 탄생하게 된다.

Lezione 02 Seconda | Scusi, Lei come si chiama?
실례합니다만 성함이?

 Cultura

"한국인들이여! 한국적인 예의를 그들에게 보여줘라!"

이탈리아 사람과 처음 만났을 경우, 상대를 'tu'로 칭할 것인가, 'Lei'로 칭할 것인가. 이것이 문제인데, 친구, 가족, 격식을 갖추지 않는 상황에서는 'tu'로 칭하고, 처음 만나는 사람이거나 연배가 높은 사람, 그리고 의사처럼 존경을 표시해야할 경우 'Lei'로 칭한다. 또 상대를 signore, signora, signorina, professore, dottore 등으로 호칭할 경우에는 반드시 'Lei'로 칭해야 문법적이다. 그리고 오래 전부터 알고 지내 왔으나 나이 차이가 많은 경우엔 우리 한국의 경우와 같다.

그런데 우리는 한 살이라도 많으면 영원히 선배이지만, 이탈리아인에게는 처음엔 'Lei'로 칭하더라도 어느 정도 친해지면 'tu'라고 한다. 오히려 여러 번 만나 친해졌는데도 계속해서 'Lei'로 높이면 "저 사람은 나와 아직도 멀게 느끼는 구나"라고 생각한다. 'tu'는 2인칭이고 'Lei'는 3인칭이죠. 그래서 우리가 싸울 때 "삼자는 빠져!"하며 화를 낸다. 3인칭이란 나(1인칭, io)와 너(2인칭, tu)를 제외한 다른 모든 생명체, 무생물체를 지칭하는 것이다. 그들의 삶에서 중요하게 생각하는 것 가운데 하나가, '친구(amico)'이므로 한두 번 만난 사이면 바로 'tu'로 들어가는 것이 좋다. 그래야 빨리 친해질 수 있다.

나는 대학교 2년 선배와 지금까지 34년 간 만나고 있는데 아직도 '형'이라는 존칭어를 붙여 불러야 대화가 이루어진다. 다만 문장에 존칭보조어간을 생략해도 되지만 말이다.
"윤선이 형! 어제 왜 전화 안했어?"
"보선아, 미안하다."

내 나이 지금 57세인데도 59세인 선배에게 깍듯하게 두 손으로 술을 따라야 한다. 말투는 친근하게 반말해도 예의범절만은 지켜야 한다는 규범이 우리 관습에 깊숙이 박혀있다. 아름다운 미덕이다. 그들은 한 손으로 술을 따르고 머리를 툭 치고 한다. 그들의 관습이다. 어느 것이 더 좋다 나쁘다 할 수 없지만, 어른 앞으로 지나갈 때 머리를 약간 숙이고 예의를 갖추는 우리의 예절은 교양 있는 이탈리아인들에게 귀감이 되는 것 같다.

"이탈리아의 한국인들이여! 한국적인 예의를 그들에게 보여줘라!"

Conversazione

A : **Scusi, Lei come si chiama?**
실례합니다만, 선생님 성함이 어떻게 되시죠?

B : Giuseppe Verdi. E Lei?
쥬셉뻬 베르디입니다. 그럼 당신은요?

A : **Mi chiamo Arturo Toscanini.**
제 이름은 아르뚜로 또스까니니입니다.

X : Ciao, sono Giuseppe, e tu come ti chiami?
안녕, 나는 쥬셉뻬라고 해. 근데 너는 이름이 뭐니?

Y : Arturo. E tu?
아르뚜로. 근데 너는?

Z : Io Aida.
난 아이다라고 해.

Lezione 2

M : Buongiorno, sono Giuseppe Verdi.
  안녕하세요. 저는 쥬셉뻬 베르디입니다.

N : Piacere, Arturo Toscanini.
  반갑습니다. 아르뚜로 또스까니니입니다.

O : La signora Genovesi ...?
  제노베시… 부인이시죠?

P : Sì, sono io, e Lei è il signor ...?
  네, 저예요. 그럼 당신은 ...?

O : Ragazzi. Marcello Ragazzi.
  라갓찌, 마르첼로 라갓찌입니다.

해설
- **scusi** v.tr. (excuse) 실례합니다, 용서 하세요.
  * (Lei) scusare(용서하다)!, scusa는 tu에 대한 명령형, 즉 '용서해, 미안해, 미안한데'. 명령형 → p.53
- **come** avv. (how) 어떻게.
- **si chiama** v.rifl. (you call Yourself) 당신은 당신 자신을 부른다(불리어진다). * 재귀동사 → p.25
- **mi chiamo** v.rifl. (I call myself) 나는 나를 부른다(불리어진다).
- **ti chiami** v.rifl. (you call yourself) 너는 너 자신을 부른다(불리어진다).
- **E** cong. (and) 그리고, 그런데.
- **piacere** m. (pleasure) 즐거움, 기쁨, 반가움. * 동사(piacere)로 쓰일 때는 ~가 좋다, ~가 마음에 들다.

⟫⟫ Comunicazione 🎧

격식을 갖춘 사이

A : Lei come si chiama?
  당신 성함이 어떻게 되죠? (당신은 자신을 어떻게 부르죠?)

B : Mi chiamo Arturo Toscanini.
  제 이름은 아르뚜로 또스까니니입니다. (저는 저를 아르뚜로 또스까니니라고 불러요.)

A : Piacere.
  반갑습니다.

B : Piacere.
반갑습니다.

격의 없는 사이

A : (Tu) Come ti chiami?
네 이름 뭐니? (너는 자신을 어떻게 부르니?)

B : (Mi chiamo) Giuseppe.
(내 이름은) 쥬셉뻬야. (나는 나를 쥬셉뻬라고 불러.)

A : Piacere.
반갑다.

B : Piacere.
반가워.

Grammatica

재귀동사(Verbi riflessivi)

1) 주어의 행위가 자신에게로 돌아온다고 하여 재귀동사라 한다. 즉, 주어 = 목적어.
2) 원형은 chiamare (타동사) + si (재귀대명사 oneself) = chiamarsi
3) chiamare의 어미 'e'가 탈락되는 이유는 소리 때문이다. 언어는 곧 '소리' 입니다.
4) mi = myself, ti = yourself, si = himself, herself, Yourself
   ci = ourselves, vi = yourselves, si = themselves

* 직설법 현재   규칙활용 도표 → gr.6

	chiamarsi(call oneself)	자신을 부르다
io	**mi** chiam**o**	나는 **나 자신을** 부른다
tu	**ti** chiam**i**	너는 **너 자신을** 부른다
lui, lei, Lei	**si** chiam**a**	그는, 그녀는, 당신은 **자신을** 부른다
noi	**ci** chiam**iamo**	우리는 **우리 자신을** 부른다
voi	**vi** chiam**ate**	너희는 **너희 자신을** 부른다
loro	**si** chiam**ano**	그들은 **그들 자신을** 부른다

Lezione 2

5) 다른 재귀동사들을 살펴보자.

	alzar**si** 자신을 일으키다	lavar**si** 자신을 씻기다	truccar**si** 자신을 화장시키다
io	**mi** alzo	**mi** lavo	**mi** trucco
tu	**ti** alzi	**ti** lavi	**ti** trucchi
lui, lei, Lei	**si** alza	**si** lava	**si** trucca
noi	**ci** alziamo	**ci** laviamo	**ci** trucchiamo
voi	**vi** alzate	**vi** lavate	**vi** truccate
loro	**si** alzano	**si** lavano	**si** truccano

Episodio

"우리들이 본받아야 할 예절입니다"

볼로냐 국립대학교 유학시절의 이야기다. 34세에 다소 나이 든 한국인 유학생인 나 말고는 동양인은 없었다. 나머지는 거의 대부분 패기 넘치는 쾌활한 이탈리아 젊은이들 뿐 이었다. Soravia 교수의 언어학 강의실은 학생들로 넘쳐 조금만 지각해도 앉을 자리가 없을 정도로 인기가 높았다.

나이에 관계없이 친구가 되는 서양 문화 덕에 나는 짧은 시간에 쉽게 이탈리아 친구들을 사귈 수 있었다. 다른 지역의 국립대학보다 진보적인 볼로냐 대학교는 타지에서 온 많은 학생들이 절반 정도를 차지하고 있는 듯 했다.

그들 가운데 유독 내게 관심을 가져 준 친구가 Arezzo 출신 Antonio였다. 학년 초 집을 못 구해 Firenze에서 기차로 통학하던 나는 가끔 그와 같은 기차를 탈 수 있었다. 그는 한국에 대해 궁금한 것이 무척 많았던 모양이었다. 우선 언어학도라 그랬던지 한글자모를 알고 싶어 했고, 한국 노래를 한 곡 알려달라고도 했다.

나는 그가 요구하는 대로 열심히 우리의 문화를 전해주었고, 그도 무척 신기해하면서 더욱 친해지게 되었다. 그래서 강의실의 자리를 잡아주기도 하고... 그렇게 시간이 흘렀는데, 어느 날 나는 늦잠을 자는 바람에 강의 시간에 늦어 친구가 잡아 놓은 자리로 가야만 했다. 그러나 앞뒤 양옆으로 틈이 없었고, 가능한 길은 Soravia 교수님 앞으로 지나갈 수밖에 없었다. 양해를 구한다는 표시로 나도 모르게 머리를 약간 숙이고 교수님 앞을 지나가 친구가 잡아 놓은 자리에 앉으려는 순간, 강의가 잠시 중단되었다.

나는 정신없이 달려온 까닭에 흐르는 땀을 막 닦으려는데, 교수님은 나를 흐뭇한 표정으로 한 번 바라보신 후, 이탈리아 학생들에게 이렇게 말씀하셨다.
"지금 여러분들은 한국인 유학생이 내 앞을 지날 때, 어떤 자세를 취했는지 보셨습니까? 참으로 우리들이 본받아야 할 예의범절입니다." 나는 몸 둘 바를 몰라 했다. 너무도 당연한 예절이었는데 칭찬까지 받다니 쑥스러웠다.

Soravia 교수님이 당시 그렇게 말씀하셨던 이유를 나는 다음 날부터 유심히 관찰한 결과 해답을 얻을 수 있었다. 지각했음에도 너무도 당당하게 아무렇지도 않은 듯이 뻣뻣하게 교수님 앞을 지나가는 것이 아닌가. 이것 때문에 가끔은 강의실 분위기가 산만해지기도 했다.

어느 날 내 친구 Antonio는 강의실에 늦게 나타났다. 이번에는 내가 그의 자리를 맡아 놓고 있었다. 나는 그가 어떻게 하고 나에게로 올 것인가 유심히 그를 바라보았다. 교수님은 열강을 하고 계셨고…

그는 나를 한 번 보더니 그 날 일을 생각했다는 듯이 어색한 자세로 허리를 과도하게 굽히며 엉거주춤 교수님 앞을 지나오는 것이 아닌가… 그의 얼굴은 이미 홍조가 되었다. 그 모습을 본 교수님은 속으로 빙그레 웃으시는 것 같았다.

보통 우리는 외국어를 배울 때 언어 뿐 만 아니라 그들의 문화도 함께 익히는 것이 중요하다고 말한다. 그러나 우리의 정신과 문화 전통까지 송두리째 그들에게 맞춰야 할 필요는 없다고 본다. 좋은 우리 것은 보여주어야 한다. 그들로부터 배울 것은 배워야 한다.

바로 이런 점 때문에 한국인의 정체성이 확고하지 않은 상태에서 유학을 할 경우 문제가 생기는 것이 아닌가 하고 나름대로 판단해 본다.

지금 Soravia 교수님은 은퇴하셨을 것이고, 친구 Antonio는 무엇을 하고 있을까. 궁금하다.

Lezione 2

Europa e Italia | 유럽의 지리적 환경과 언어

유럽은 동쪽으로 광활한 영토를 지니는 반면, 대서양 방향으로 유럽 중앙(프랑스와 독일)은 일련의 반도들로, 다시 말해서, 북부에는 스칸디나비아 반도와 브리튼 섬들(이들도 유럽 대륙에 가까이 있어 반도로도 볼 수 있는데), 남부에는 발칸 반도와 이탈리아 반도 그리고 이베리아 반도로 나뉘어 진다.

동유럽에서는 특히 슬라브어가, 북유럽에서는 게르만어가 통용되는 반면, 남서유럽에서는 라틴어에 기원을 두고 있는 로망스어(이탈리아어, 포르투갈어, 스페인어, 루마니아어, 프랑스어)가 우세하다.

유럽에 언어 문화적 차이가 존재하는 이유는 과거 지역 간의 커뮤니케이션을 가로막았던 주요 산맥들 때문이다. 피레네 산맥(i Pirenei)은 스페인과 프랑스를 나누고 있고, 알프스 산맥(le Alpi)은 북부 이탈리아의 평원을 둘러싸고 있다. 이탈리아의 등줄기에 위치하는 아펜니노 산맥(l'Appennino)은 이탈리아를 동서로 나누고, 발칸 반도(i Balcani)는 크로아티아에서 그리스까지 걸쳐있으며, 스칸디나비아 산맥(le Alpi Scandinave)은 노르웨이와 스웨덴을 분리하고 있다. 마지막으로 우랄 산맥(gli Urali)은 시베리아와 아시아로부터 러시아를 분리해 주고 있다.

대서양으로부터 비를 동반한 비구름이 유럽으로 지속적으로 몰려오고, 많은 량의 비는 큰 강을 형성하였으며 그 위에 대도시들이 탄생하게 된다. 테임즈 강(il Tamigi)의 런던, 센느 강(la Senna)의 파리, 포 강(il Po) 유역의 밀라노, 라인 강(il Reno)의 스트라스부르그, 다뉴브 강(il Danubio)의 비엔나, 부다페스트, 벨그라도, 부카레스트, 타고 강(il Tago)의 리스본, 그리고 유럽 최장의 강인 볼가 강(il Volga)은 러시아를 북에서 남으로 가로질러 흐른다.
반면, 이탈리아, 스페인, 발칸 반도 국가들과 같은 지중해의 반도들은 여름이 길고, 건조하며, 하천이 짧아 물이 부족하다.

Lezione 03 | E Lei di dov'è?
Terza | 당신은 고향이 어디세요?

Cultura

"너희 남부 사람들은 게으르고 매일 사랑 타령이나 하는구나"

이탈리아 여행은 주로 기차를 이용하는 경우가 많은데, 우리의 KTX에 해당하는 EuroStar(에우로스타)보다 저렴한 Intercity(인떼르씨띠)가 그들의 문화를 이해하는데 더 효율적이다. 기차의 구조는 측면 복도를 중심으로 6인실로 10칸 정도 분리되어 있다. 그 한 칸을 스꼼빠르띠멘또(scompartimento)라고 부른다.

나는 혼자 여행을 무척 즐기는데, 그 이유는 방해받지 않고, 생각하는 여행이 가능하기 때문이다. 방문할 곳의 역사 문화 지리적 정보를 미리 꼼꼼히 챙기고, 여행일지도 정리하다보면, 마음씨 좋게 생긴 털털한 아저씨가 내게 말을 걸어온다.

"Lei è giapponese?" 일본 사람이세요?

Lezione 3

"No, sono coreano." 아니요. 한국 사람인데요.
"Ah, coreano." 아, 한국 분이시군요.
"..."

이렇게 대화는 시작되어 점점 깊어간다. 북부 사람들보다 중남부 사람들이 더욱 정겨워 자주 말을 건넨다. 경제적 풍요를 누리는 북부 이탈리아인들은 일과 돈 밖에 모른다고 남부 사람들이 비판한다. 그러면 '너희 남부 사람들은 게으르고 매일 사랑 타령이나 하는 사람들이다' 하며 북부 사람들은 반박한다. 특히 남부 지방(Napoli 이남 지역)은 1960년부터 시작된 경제개발의 혜택을 받지 못해 국민소득에서 중북부 지방과 큰 차이가 있다. 인종적으로도 북부 사람들은 신체 조건이 좋은 북유럽의 영향을 많이 받은 반면, 남부는 북아프리카나 아랍의 피가 섞여있다.

이렇듯이 보이지 않는 지역 간 갈등을 감지할 수 있는데, 낯선 그들끼리도 인사를 주고받은 후 바로 알고 싶은 것은 고향인가 보다.

"Lei di dov'è?" 고향이 어디세요.
"Sono di Napoli." 나폴리에요.
"Ah, sì? Anch'io di Napoli." 아, 그래요? 저도 나폴리에요.
"Piacere." 반가워요.
"Piacere." 반가워요.

기차 안은 갑자기 소란스러워진다. 고향 사람을 만난 것이다. 지역 정서가 저마다 독특해서 이런 말도 있다. "이탈리아라는 국가는 없어도 각 도시는 존재 한다." 그러니 자신의 고향이 곧 국가라는 개념으로 이해하는 것 같다. 로마제국 붕괴 후, 도시국가 체제로 오랜 기간 유지되어 와서 그런 것인지도 모르겠다. 우리의 영호남 갈등은 갈등도 아니다. 이것은 통치자의 정치적 목적으로 의도되었던 것인데 반해, 그들은 오랜 역사 속에서 정체된 하나의 정신이 되어버린 것이다.

"여러분! 고향이 어디세요?"

Conversazione

A : ... Lei è italiana?
　　당신은 이탈리아 분(여자)이세요?

B : Sì. E Lei? È giapponese?
　　네. 그럼 당신은? 일본 분이신가요?

A : No, sono coreana.
아니요. 저는 한국 사람(여자)입니다.

B : Ah, coreana!
아, 한국 분이시군요.

A : Sì. sono di Seul. **E Lei di dov'è?**
네, 서울이 고향입니다. 그런데 당신은 고향이 어딘가요?

B : **Di Milano.**
밀라노입니다.

X : Sei tedesco?
너 독일 사람(남자)이니?

Y : No, sono austriaco. E tu, di dove sei?
아니, 난 오스트리아 사람(남자)이야. 근데 넌 어느 나라 사람이니?

X : Sono coreano, di Busan.
난 한국 사람(남자)이고 부산이 고향이야.

Conversazione

해설
- **italiana** f. (italian) 이탈리아 여자. italiano m. 이탈리아 남자.
- **giapponese** m. / f. (japanese) 일본 남자 / 여자.
- **coreana** f. (korean) 한국 여자. coreano m. 한국 남자.
- **tedesco** m. (german) 독일 남자. tedesca f. 독일 여자.
- **austriaco** m. (austrian) 오스트리아 남자. austriaca f. 오스트리아 여자.

≫ Comunicazione 🎧

- (Tu) **Di dove sei?**
  너 어디 출신이니? (고향이 어디니?, 어느 나라 사람이니?)
- (Sono) di Genova.
  제노바 사람이야.
- (Sono) **italiano.**
  이탈리아 사람(남자)이야.

Lezione 3

- (Lei) Di dov'è?
  당신은 어디 출신이세요? (고향이 어디세요?, 어느 나라 분이세요?)
- Sono di Genova.
  저는 제노바 출신입니다.
- Sono italiano.
  저는 이탈리아 사람(남자)입니다.

Comunicazione

| 해설 | → **dove** avv. (where) 어디.
→ **di dov'è** (where are You from) 고향이 어디인가요. * dove è의 축약형. 전치사 di (from)는 출신을 의미.
→ **di dove sei** (where are you from) 고향이 어디니. |

📝 Grammatica

형용사(Aggettivi)

1) 형용사는 명사를 수식하며 명사와 성, 수 일치한다.
2) 형용사에는 두 그룹이 있다.
   <u>제1그룹 형용사</u> : 원형이 'o' 어미를 갖는 것. corean**o**, bell**o**, ner**o**, ross**o** ...
       ross**o** (m.s 남성단수) ross**i** (m.pl 남성복수)
       ross**a** (f.s 여성단수) ross**e** (f.pl 여성복수)
   <u>제2그룹 형용사</u> : 원형이 'e' 어미를 갖는 것. frances**e**, grand**e**, gentil**e** ...
       grand**e** (mf.s 남성 / 여성단수) grand**i** (mf.pl 남성 / 여성복수)
3) 성 / 수 변화가 없는 형용사들도 있다. 일반적으로 색깔 형용사이다.
    rosa (분홍), viola (보라), blu (파란), beige (베이지)

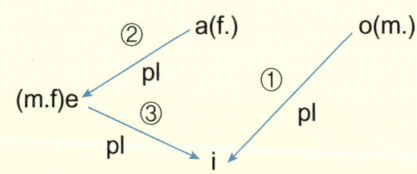

⟨명사와 형용사의 성, 수 변화에 적용되는 메커니즘⟩

	제1그룹 형용사 (-o)	
국가명	남성 단수 / 복수	여성 단수 / 복수
Corea	coreano / -i	coreana / -e
Italia	italiano / -i	italiana / -e
Germania	tedesco / -chi	tedesca / -che
Austria	austriaco / -i	austriaca / -che
Svizzera	svizzero / -i	svizzera / -e
Spagna	spagnolo / -i	spagnola / -e
Russia	russo / -i	russa / -e
America	americano / -i	americana / -e

	제2그룹 형용사 (-e)	
국가명	남성 / 여성 단수	남성 / 여성 복수
Inghilterra	inglese	inglesi
Francia	francese	francesi
Portogallo	portoghese	portoghesi
Giappone	giapponese	giapponesi
Cina	cinese	cinesi

* Coreano: 명사로 쓰일 경우, 한국남자 혹은 한국어.
　　　　 형용사로 쓰일 경우 , 한국의 ex) il ristorante coreano

전치사(Preposizioni)

대표적인 전치사로는 **a** (to / at), di (of / from), da (from / by), su (on), in (in), con (with), per (for), fra / tra (between) 등이 있으나 쓰임새가 매우 다양하여 뒤에서 다시 다루기로 해요. (p.96) 위의 대화에 나타난 전치사 di는 출신을 의미한다.
Di dove è (Lei)? 당신은 어디 출신인가요?

Episodio

"안 – 녕 – 하 – 세 – 요!"

내가 1990년 여름, 이탈리아에 처음 갔을 때, 로마 Fiumicino 공항 입국 로비에서 밖으로 막 나서려는데, 30대 이탈리아 남자가 내게 다가와 '곰방와' 하는 것이다. 택시 기사였다. 나를 일본 사람으로 알았던 것이다. 그도 그럴 것이 한국의 해외여행은 1980년대 후반부터 활발해지기 시작했고, 특히 유럽 여행객은 그리 많지 않았었다.

반면 일본은 일찍부터 유럽을 휩쓸고 다녀 이탈리아인들에게 무척 친근했던 것이었다. 나는 은근히 화가 치밀어 올라 차갑게 'No, sono coreano.'라고 응수하고 발걸음을 재촉했던 적이 있다. 그때 그는 얼굴이 빨갛게 되어 어디론가 총총히 사라졌었다.

2년 뒤, 다시 로마를 찾았을 때, 나는 깜짝 놀랐다. 가슴에 인포메이션의 이니셜 'i'를 단 친절한 남자가 '안~녕~하~세~요!' 하는 것이 아닌가. 인사정도 한국말로 하는 것이 놀라운 것이 아니라, 내가 한국인인 것을 어떻게 알았는가 하는 것이었다. 기분은 나쁘지 않았다.

1994년부터 이탈리아는 서서히 한국의 저력에 대해 두려워하기 시작했고, 지금은 자동차, 휴대폰, TV, 에어컨 등 명품 Made in Korea가 깊숙이 그들의 생활 속에 자리 잡고 있다. 삼성 'Anycall'(지금은 스마트 폰이지만)은 그들에게 명품이 된지 오래되었다. 서로 못 가져서 아우성이다.

"Viva Corea!"

Europa e Italia | 유럽 인구의 대이동(Europa: le grandi migrazioni)

과거 중동(Medio Oriente)과 중앙아시아(Asia centrale) 평원으로부터 인구가 유입되었던 유럽은, 미국과 오세아니아로 떠난 이민 역사 200년 만에, 오늘날 특히 아시아, 아프리카로부터 이민자들이 유입되는 대륙이 되었다.

✔ 로마제국 이전의 유럽 인구

유럽 인구의 기원은 중동을 거쳐 아프리카로부터 유입되었으나, 빙하시대였던 기원 전 10,000년까지는 인구 증가와 문화의 발전은 크지 않았다. 기원 전 6~7000년 경, 기후가 안정됨에 따라 점차 러시아와 중동으로부터 "인도유럽어족(indoeuropee)"이 유입되었는데, 그들 중에는 라틴족들도 있었다. 토착 유럽인들은 그러한 새로운 이민족들에 의해 흡수되거나, 현재 스페인 내의 바스크족(i baschi)들이나 프랑스 내의 브레토니족(i bretoni)들처럼 대서양 쪽으로 밀려나가기도 했다. 이런 이민족들의 침입은 북부 이탈리아, 프랑스, 영국을 점령하는 켈트족(i Celti)이 마지막이었다. 그 후, 기원 전 250년 경, 로마제국은 안정되면서 게르만 유럽과 스칸디나비아 유럽을 제외하고는 이민족의 침입을 차단시켰다.

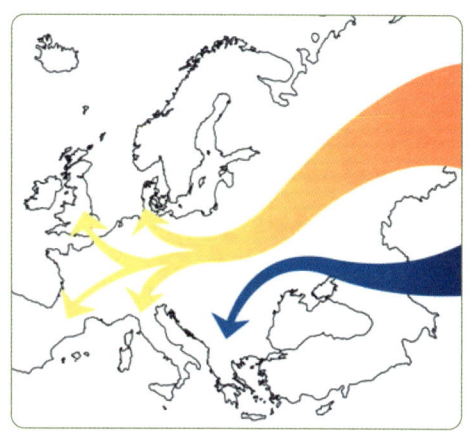

✔ 로마제국의 몰락

5세기 동안(기원전 250년~기원후 250년), 로마제국은 지중해와 서유럽의 상황을 안정적으로 되돌려 놓았다. 그 후, 기원 후 250년 경, 게르만족과 동유럽 인구가 비옥한 평원 지대로 남하했다. 그 규모가 너무도 광범위하여 막아낼 수 없을 정도였고, 결과적으로 로마제국을 쇠퇴의 길로 내몰았다.

8세기에 새로운 침입이 현실화되었다. 아랍인들의 유입이었는데, 그들은 마호메트교로 밝혀진 새로운 종교의 전달자들이었으며, 스페인(700년 동안 거기에 머물렀는다), 말타, 시칠리아를 점령했다. 대규모 침입의 마지막 주인공은 슬라브족들이었는데, 유럽 대륙의 동부 전체를 점령하였다.

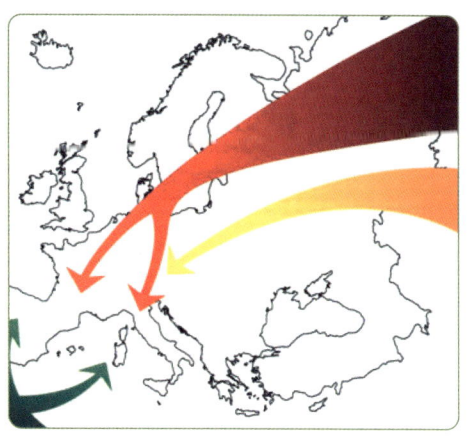

Lezione 3

✔ 유럽으로부터 이주

수 세기에 걸쳐 유럽 인구는 어려운 경제, 사회적 조건 속에서도 꾸준히 증가했다.

1492년 아메리카 대륙 발견, 아프리카 주변을 맴돌던 여행이 저 멀리 인도로 향하게 되는 것, 1768년 호주 발견, 이러한 역사적 사건들은 식민지, 식량, 일거리를 찾아 광범위한 유럽 인구의 외부 세계 이주를 가능하게 했다.

몇몇 이주는 영국, 스페인, 포르투갈, 프랑스처럼 식민지 개척이 주 목적이었던 반면, 다른 이주들은 유럽의 대기근이 외부 세계로의 이주 원인이었다. 아일랜드인, 독일인, 이탈리아인, 폴란드인, 우크라이나인 등등은 빵과 일자리를 찾아 미국이나 호주로 떠났던 것이다.

✔ 유럽으로 이주

그러나 역사는 되풀이 되었다. 1960년부터 유럽은 자식을 덜 갖게 되고, 그에 따라 이탈리아, 스페인 같은 나라는 인구가 감소하기 시작했다. 과거에 일자리를 찾아 유럽을 떠나게 했던 기근은 오늘날 아시아인들과 아프리카인들을 미래를 찾아 유럽으로 이주하게 하는 원인이 되었다.

이주는 유럽 내에서도 있었다. 5~60년도에 이탈리아인, 스페인인, 포르투갈인, 그리스인들은 북유럽으로 이주했고, 오늘날 터키인들과 구소비에트 연방 국가 거주민들은 일자리와 미래를 찾아 서유럽으로 이주했다.

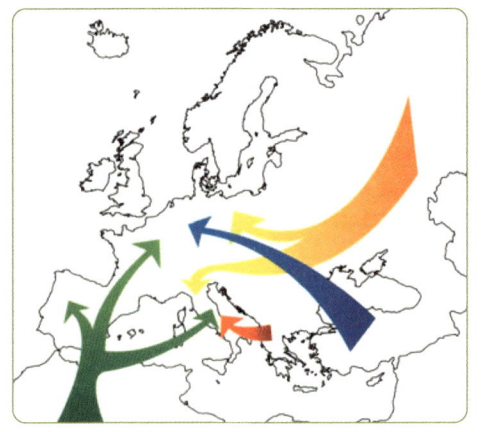

Lezione 04 | Qual è il Suo numero di telefono?
Quarta | 당신의 전화번호가 뭐죠?

Cultura

"Via Garibaldi 23, per favore!"

이탈리아 주소는 매우 간결하다. 예를 들어 주소가 'Via Garibaldi 23, 20023 Milano, Italia'인 친구 집을 찾아 간다고 가정해 보자. 우선 기차를 타고 밀라노로 간다. 역 구내의 'Informazioni'에서 무료로 지도를 받은 후, Via Garibaldi를 찾아 물어물어 간다. 길이 시작되는 건물 1층과 2층 사이에 거리 이름이 새겨져 있거나 표지판이 서 있을 것이다. 이제 다 찾은 것이나 마찬가지다. 번지는 지그재그로 이쪽 길과 맞은 편 길에 순서대로 번갈아 있다.

이번엔 택시를 탔다. 기사에게 'Via Garibaldi 23, per favore!' 하면 그만이다. 반면 우리는 '강남역 1번 출구 쪽으로 가주세요' 혹은 '광화문 교보문고로 가주세요' 한다. 도착해서 위치를 추적하여 목적지에 이른다. 주소만 가지고는 찾기가 어려운 서울이지만 지하철이 잘 발달되어 그나마 다행이다. 밀라노는 3개 노선 밖에 없다. 그것도 노선이 짧다. 역시 지하철은 대한민국이다.

휴대폰이 대중화되기 전에 이탈리아인들도 공중전화를 사용했는데, 과거에는 gettone라는 전화토큰이 있었고, 그 후 전화카드가 사용되어 오고 있다. 전화카드의 특징은 좌측상단에 삼각형 모양으로 점선이 그어져있어서 구입 후 이것을 절단하고 전화기에 삽입해야 된다. 전화기 준비 음은 '뚜~뚜~뚜...' 마치 통화 중인 것처럼 들리지만 시작 음이다.

일반전화 번호를 보자. 02-2345678. 02는 밀라노 지역번호이며, 2345678은 우리의 국과 번호가 혼합되어있는 숫자다. 그러니까 번호를 알려줄 때, 차례대로 또박또박 불러주면 그만이다. 어떤 학교 전화번호는 +39 02 7631 6680이다. +는 한국의 경우 001이나 00766 등으로 누르고, 이탈리아 국가번호 39, 밀라노 지역번호 02를 누른 후, 7631 6680을 차례대로 누르란 의미다. 우리나라의 코드가 +82인 것은 여러분도 알고 있을 것이다.

우리의 휴대폰 번호는 010이지만 이탈리아는 0331, 0332, 0334, 0347 등 네 자리이다. 10유로, 20유로짜리 등의 정액 칩을 끼워 사용하는 휴대폰도 있다. 유학생들이 즐겨 사용한다. 여권과 일정액 준비만으로 쉽게 휴대폰 이용 가입이 된다.

Conversazione

A : **Qual è il Suo indirizzo?**
당신의 주소는 뭐죠?

B : Via Garibaldi, 23.
가리발디 가 23번지입니다.

A : **E il Suo numero di telefono?**
그럼 당신의 전화번호는요?

B : 5083135. Però ho anche il cellulare: 0347-7621782.
5083135인데, 휴대폰도 있어요. 번호는 0347-7621782입니다.

A : Come, scusi?
미안한데요, 다시 말씀해주실래요?

B : 0347-7621782.

Conversazione

해설

→ **qual**(e) pron. (which) 무엇, 어떤 것. * quale è 모음 'e'가 충돌하므로 'e' 모음 탈락.
→ **Suo** agg. (Your) 당신의. * 소유형용사 Suo는 뒤따르는 명사 indirizzo와 성수일치. → p.40
→ **indirizzo** m. (adress) 주소.
→ **Via** f. (street) 가, 거리. * 이탈리아 주소는 Via, Viale, Piazza 등으로 시작한다.
→ **numero** m. (number) 번호, 숫자.
→ **telefono** m. (telephone) 전화.
→ **di** prep. (of) ~의. * 전치사관사 → p.96
→ **Però** cong. (but, nevertheless, however) 그러나, 그런데.
→ **ho** v.tr. (I have) (나는) 소유한다, 갖고 있다. * (io) avere. → p.41
→ **anche** cong. (also, too) 역시.
→ **cellulare** m. (cellulare phone) 휴대폰(= il telefonino).
→ **come** avv. (how) 어떻게요, 다시 말씀해주시겠어요. * 여기서는 상대의 말을 못 알아들었을 경우 되묻는 표현.
→ **scusi** v.tr. (excuse me) 미안합니다, 실례 합니다 * (Lei) scusare! 명령형 → p.53

≫ Comunicazione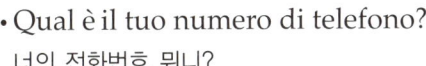

- Qual è il tuo numero di telefono?
  너의 전화번호 뭐니?

- **Come, scusa?**
  미안한데, 뭐라구?

- Qual è il Suo numero di telefono?
  당신의 전화번호가 뭐죠?

- **Come, scusi?**
  죄송한데요, 다시 말씀해 주시겠어요?

- Qual è il tuo indirizzo?
  너의 주소 뭐니?

- Via / Viale / Piazza Roma 23.
  로마 가 / 로마 광장 23번지.

- Qual è il Suo indirizzo?
  당신의 주소가 뭐죠?
- Via / Viale / Piazza Spagna, 23.
  스페인 가 / 스페인 광장 23번지입니다.

Grammatica

소유형용사(Aggettivi possessivi)

1) 형용사는 명사와 성, 수 일치한다.
2) 사물을 소유하는 사람의 성, 수에 형용사를 일치시키는 것이 아니라, 사물에 성수일치 되어야 한다. '그녀의 외투'를 la sua cappotto라고 해서는 안 되고 'il suo cappotto'라고 해야 한다.
3) loro는 남성 / 여성 / 단수 / 복수 동형이다.

io	**mio**, mia, miei, mie	나의	la mia **casa** 나의 집
tu	**tuo**, tua, tuoi, tue	너의	il tuo **libro** 너의 책
lui	**suo**, sua, suoi, sue	그의	il suo **cappotto** 그의 외투
lei	**suo**, sua, suoi, sue	그녀의	il suo **cappotto** 그녀의 외투
Lei	**Suo**, Sua, Suoi, Sue	당신의	la Sua **borsa** 당신의 가방
noi	**nostro** / a / i / e	우리들의	il nostro **gatto** 우리들의 고양이
voi	**vostro** / a / i / e	너희들의	la vostra **camera** 너희들의 방
loro	**loro**	그들의	la loro **amicizia** 그들의 우정

수 형용사(Aggettivi numerali)

1) 기수와 서수가 있다.
2) 기수는 영어로 one, two, three ..., 서수는 first, second, third ...
3) 기수는 성수일치 없고, 서수만 성수일치 한다.

* 기수(Numeri cardinali)   수 형용사 → gr.10

0	zero	10	dieci
1	uno	11	un**dici**
2	due	12	do**dici**
3	tre	13	tre**dici**
4	quattro	14	quattor**dici**
5	cinque	15	quin**dici**
6	sei	16	se**dici**
7	sette	17	**dici**assette
8	otto	18	**dici**otto
9	nove	19	**dici**annove
		20	venti

→ p.63, p.111

동사(Verbi)

* 직설법 현재 불규칙활용 동사

	avere	**essere**
io	ho	sono
tu	hai	sei
lui, lei, Lei	ha	è
noi	abbiamo	siamo
voi	avete	siete
loro	hanno	sono

정관사(Articoli determinativi)

남성 정관사 **il, lo**

lo를 사용하는 경우

1) 's + 자음'으로 시작하는 남성명사 : **st**udente, **sv**izzero ...

Lezione 4

2) **z**로 시작하는 남성명사 : **z**io, **z**aino ...
3) **x, pn, ps, sc, gn**로 시작하는 남성명사 : **sc**iocco ...
4) 모음 **a, e, i, o, u**로 시작하는 남성명사 : **a**mico, **e**ffetto, **i**ncendio, **o**rologio, **u**rologo

위의 네 가지 경우를 제외한 나머지 대부분의 남성명사에 정관사 'il'을 사용한다.

끝 모음에 강세가 오면 단, 복수 동형이다.
il t**è** → i t**è**, la specialit**à** → le specialit**à**

대부분 남성명사인 외래어는 어미변화가 불가능하여 관사로 성수를 구분한다.
il **toast** → i **toast**, il computer → i computer

단수		복수	
il	treno 기차 panino 샌드위치 giornale 신문 caffè toast	i	treni panini giornali **caffè** * 끝 모음 강세는 불변 **toast** * 외래어는 불변
lo	**st**udente 학생 **sc**ompartimento 열차 6인용 객실 **z**io 삼촌, 숙부 **pne**umonite 폐렴 **ps**icologo 정신과 의사 **sc**iocco 바보, 얼간이 **gn**occo 이탈리아 식 떡 **a**lbergo (l'albergo) 호텔 **e**ffetto (l'effetto) 효과 **i**ncendio (l'incendio) 불, 화재 **o**rologio (l'orologio) 시계 **u**rologo (l'urologo) 비뇨기과 의사	gli	studenti scompartimenti zii pneumoniti psicologi sciocchi gnocchi alberghi effetti incendi (gl'incendi) orologi urologi

여성 정관사 la

단수		복수	
la	strada 길, 도로 pizza 피자 stagione 계절 **specialità** 특수성 isola (l'isola) 섬 amica (l'amica) 여자친구 erba (l'erba) 잔디, 풀	le	strade pizze stagioni **specialità*** 끝 모음 강세는 불변 isole amiche erbe (l'erbe)

모음축약(Abbreviazione)

lo la	어떤 모음과도 축약 ex) l'albergo, l'orologio
gli	i만 축약 ex) gl'incendi
le	e만 축약 ex) l'erbe

1) l'albergo는 lo albergo, l'amico는 lo amico의 축약형인데, lo의 모음 'o'는 강한 모음이므로 모든 모음들과 축약된다.
2) 또한 l'isola는 la isola, l'amica는 la amica의 축약형으로서 역시 la의 모음 'a'도 강한 모음이라 축약이 된다.
3) 그러나 gli alberghi, gli amici, le isole, le amiche들은 축약이 불가능하다. gli의 'i'와 le의 'e'는 약한 모음이라 자신과 똑같은 모음이 올 경우에만 축약된다.
   gli incendi → gl'incendi 불, 화재들 : l**e e**lezioni → l'elezioni 선거들

Episodio

"대한민국 전화 만세! 대한민국 화장실 만세!"

1990년, 이탈리아 여행 초보시절이었다. 피렌체 Santa Maria Novella 역에 도착하여 친구에게 전화 걸기 위해 카드를 샀다. 공중전화기로 가서 카드를 넣었다. 안 들어갔다. 억지로 다시 넣어 보았다. 고장이구나 생각하고 바로 옆 부스로 가서 다시 시도했다. 결과는 마찬가지. 순간 내 뒤에는 어느덧 줄이 길게 늘어서있었다. 친구에게 전화해서 마중 나오라고 해야 하는데 점점 난감해지며 진땀만 흘렸다.

이때 뒤에서 누군가 내게 다가왔다. 소매치기가 많다는 정보를 듣고 온 터라 내심 긴장했지만 나의 지나친 걱정이었다. 친절하게 노신사는 좌측상단 삼각형 모양의 점선을 절단하고 다시 해 보라는 것이었다. 카드는 쏙 빨려 들어갔다. 이윽고 준비 음이 '뚜~뚜~뚜~'하고 울렸다. 나는 또 고장인 줄 알고 그 노신사에게 자리를 내 주며 고맙다는 인사를 하고 뒤돌아 역 밖으로 나왔다.

"아니, 왜 이리 힘이 드는 거야. 전화하기도 이렇게 어려우니 말이야." 담배를 꺼내 물고 한숨지으며 다시 다른 전화기를 찾아 시도했다. 이때 또 나에게 시련이 닥쳤다. 갑자기 화장실이 급했다. 기차역이라서 어렵지 않게 찾아 막 들어가려는데 입구에 버티고 있던 뚱뚱한 아주머니가 가로막고 돈을 내라는 것이었다. 사용료였던 것이었다.

"무슨 이런 경우가 다 있어." 대한민국이 많이 그리웠다. 볼 일을 마치고 어둡기 전에 친구 집으로 가야한다는 일념으로 다시 전화기를 들었다. 똑같은 음이었다. 이판사판 그냥 보튼을 눌렀다. 기계식이라서 빨리 눌러도 끝 번호가 전달될 때까지 기다려야 했다. 한국은 전자식이라 빨리 누르면 빨리 걸리는데 … 순간, "여보세요!" 반가운 친구 목소리가 들리는 것이 아닌가. 난 그만 울컥했다. 지금 생각하면 웃음이 절로 나지만 나는 그 날을 잊을 수가 없다.

"대한민국 전화 만세! 대한민국 화장실 만세!"

Europa e Italia | 다양성에서 통합까지(dalla diversità all'Unione)

유럽 지도를 보면, 첫 인상이 다양성으로 형성되는 모자이크 벽화처럼 보일 것이다. 이는 정확한 표현이다. 유럽은 다양한 천의 목소리로 이루어져 있다. 또한 어떤 경우엔 하나로 통합되기도 했다. 오늘날에는 새로운 유형의 유럽 통합(EU) 체제에서 살고 있는 것이다.

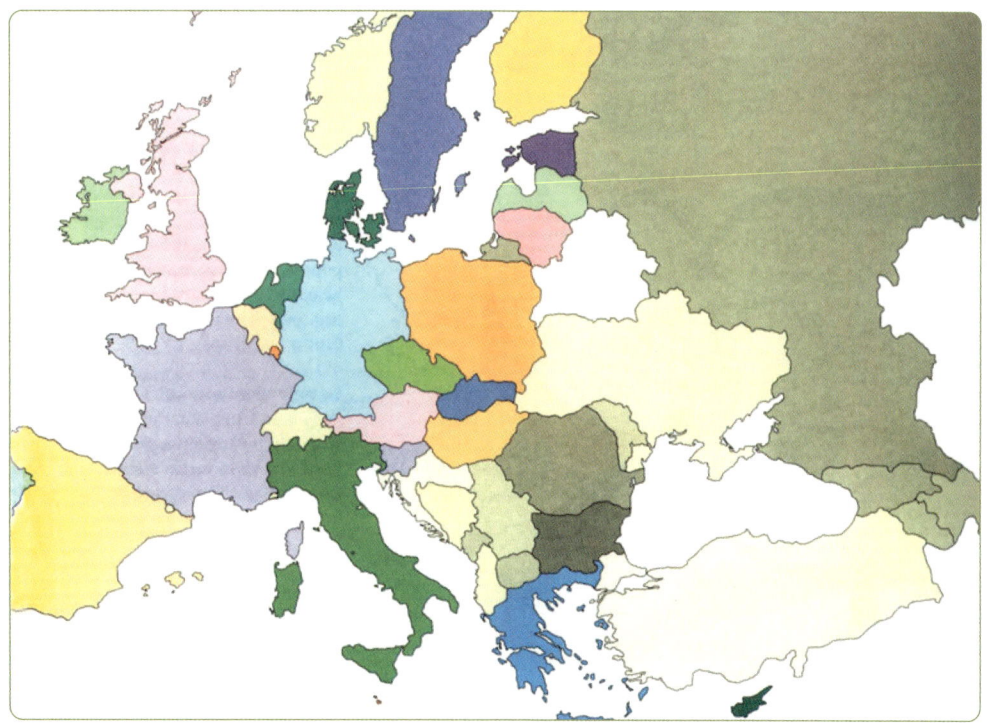

✔ 유럽 국가들(Gli Stati Europei)

위의 지도에서 이탈리아어로 표기된 유럽 국가들을 찾아보자!

Albania, Austria, Belgio, Bielorussia, Bosnia, Bulgaria, Cechia (Repubblica Ceca), Croazia, Danimarca, Estonia, Filandia, Francia, Germania, Gran Bretagna, Grecia, Irlanda, Islanda, Italia, Lettonia, Lituania, Lussemburgo, Macedonia (ex-Repubblica Yugoslava), Moldavia, Norvegia, Olanda (Paesi Bassi), Polonia, Portogallo, Romania, Russia, Serbia, Slovacchia, Slovenia, Spagna, Svezia, Svizzera, Ucraina, Ungheria, Turchia, Cipro.

이외에도 매우 작은 국가들도 있다. 그들 국가들이 어디에 있는지 알고 있나요?

Andorra, Liechtenstein, Monaco, San Marino, Vaticano.

Lezione 4

✔ 로마제국의 통일(L'Unità Romana)

고대 세계의 슈퍼 파워인 로마제국은 약 5세기(기원 전 250년~기원 후 250년) 동안, 영토의 통일을 실현시키려고 노력하였다. 이유는 도시, 도로, 공중욕탕 등등을 함께 공유하는 "시민(civile)"으로 살 수 있도록 하기 위함이었다. 이탈리아 북부 대평원 넘어, 그리고 숲으로 뒤덮인 동쪽에도 통일이 필요한 영토들이 남아있었던 것이다. 사실, 위의 유럽 지도에서 보듯이, 로마는 유럽을 통일시키려는 것보다 지중해(il Mediterraneo : 로마인들은 지중해를 "mare nostrum 우리의 바다"라 불렀음) 통일에 더욱 관심을 갖고 있었다. 로마제국은 과도한 영토확장 때문만 아니라, 북유럽과 아시아에서 양질의 삶, 비옥한 땅, 따뜻한 기후를 찾고 있었던 야만족들(barbari) 때문에 붕괴되었다.

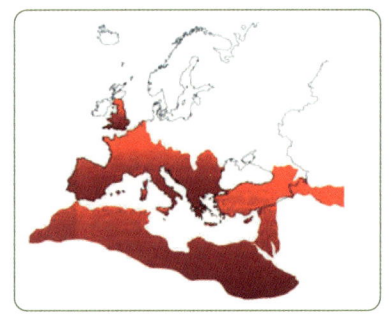

✔ 카를로 마뇨의 통일(L'Unità di Carlo Magno)

프랑크족의 왕이었던 카를로 마뇨는 800년 경, 신성로마제국(Sacro Romano Impero)을 세웠다. 이 제국의 중심은 더 이상 로마가 아니었고, 아퀴스그라나(Aquisgrana : 독일과 벨기에 국경에 위치하는 오늘날의 Aachen)가 중심이었고, 유럽의 남쪽이라기보다 북유럽의 제국이었던 것이다. 카를로 마뇨 제국은 그가 죽은 후 얼마 못가 막을 내렸고, 거의 1000년 동안 허상으로 존재하기 시작했다. 왕과 군주들이 실질적인 권한이 없는 황제를 선출하였다. 1500년대에 카를로 5세는 신성로마제국에 실질적인 생명력을 부여하는데 성공했지만, 마르코 폴로(Marco Polo)의 중국 기행, 바스코 데 가마(Vasco de Gama)의 아프리카 기행, 그리고 콜롬보(Colombo)의 아메리카 기행으로 이미 세상은 넓어져 버렸다. 따라서 "신성하고" "로마적인" 제국은 역사의 뒤안길로 사라지게 되었다.

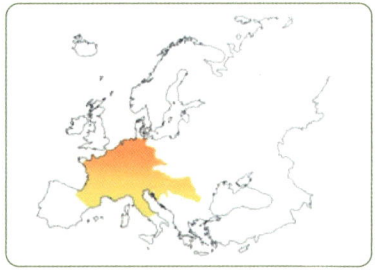

✔ 나폴레옹의 통일(L'Unità di Napoleone)

1700년대와 1800년대 사이에 폭풍우가 유럽을 강타했다. 이탈리아계 프랑스인이었던 나폴레옹이 유럽 전체를 정복한 것이다. 그러나 더 이상의 적은 없다고 판단할 무렵, 비록 프랑스 황제를 무찌르기 위해 영국(1066년 이 후 어느 누구에게도 점령당해 본 적이 없었음)이 후에 나설 것이었지만, 러시아의 황제 Zar들에 의해 나폴레옹의 꿈은 끝나게 되었다. 그러나 비록 짧은 기간 유럽을 지배하긴 했으나, 나폴레옹은 조직적, 구조적, 제도적 통합을 유럽에 선사하는데 성공했다. 그러한 통합은 오늘날 고등학교에서 대학까지, 주에서 자치도시까지 아직도 존재하고 있다.

Lezione 05 Quinta | Come sta? Come va? 어떻게 지내세요?
Questa è Eva. 얘는 에바라고 해.

🔖 Cultura

"상대방의 안녕을 기원하는 것은 곧 자신의 행복"

이탈리아인들의 안부인사도 건강과 밀접한 관계가 있는 것 같다.
"Come sta?"는 영어로 "How are you?"와 같이 건강을 묻는 표현이지만, "Come va?"는 요즘 근황을 묻는 표현으로 쓰이는 것이 조금 다르다. 왜냐하면 동사 stare(sta)는 상태를 의미하는 반면, andare(va)는 'to go'의 의미를 지니기 때문에 그렇다. 우리 인사에도 "요즘 수능 준비 어떻게 되가니?", "새로운 프로젝트는 잘 되 가니?" 등 건강 외적인 근황을 묻는 표현은 많다.

그러나 대답은 그들과 우리가 좀 다른 것 같다. 우리는 "응, 좋아.", "아니, 몸이 좀 안 좋아.", "응, 잘 되 가.", "아니, 좀 힘들어."하고 마무리 짓고 본론으로 들어가는 것이 일반적이다. 이탈리아인들은 거의 대부분 "Bene, grazie. E Lei?"(좋아요, 고마워요. 당신은요?)와 같이 자신의 건강 상태를 말하고 고맙다는 인사와 더불어 상대의 안부도 물어 본다.

Lezione 5

우리는 고맙다는 표현을 겉으로 하지는 않지만 마음속으로 이미 감사하고 있는 거라고 보며, 상대에게 되묻지 않아도 상대는 이미 알고 있는 듯하다. 이심전심이다. 그래서 한국의 부부들은 "사랑해요, 여보!", "나도 사랑해요, 자기야!"라고 매일 하지 않더라도 이혼율은 서양보다 매우 낮았다. 그런데 요즘 젊은 부부들은 서구화의 영향으로 그런 표현을 많이 하지만 이혼율은 몇 배가 증가했다. 이것은 무엇을 뜻하는 것일까? 외적인 표현보다 마음이 중요한 것이 아닐까?

나는 이탈리아 사람들로부터 "Come sta?"라는 인사를 받으면 무조건 "Bene, grazie. E Lei?"라고 답하고, 본론으로 바로 들어간다. 다소 냉정한 것 같지만 그들도 그러는데 어쩔 도리가 없는 것 아닌가.

이탈리아인들은 "Buongiorno, signor Choi!", "Buonasera, signorina Kim!"이라고 하면 되는 반면, 우리는 헤어질 때, "안녕히 가세요.", "안녕히 계세요"라고 하죠. 한국에 체류하는 이탈리아인들이 어려워하는 표현 중에 하나다.
우리는 "건강하시죠?"라고 묻는 것이 일반적일 것이다. "요즘 건강은 어떠세요?"라는 표현은 상대가 연로하시거나 병을 앓은 적이 있거나 그런 경우 아니면 잘 표현하지 않는 것 같다.

이탈리아 친구들은 헤어질 때, "Ciao, ciao, ciao, arrivederci, ciao!" 얼마나 호들갑을 떠는지 얼떨떨하지만 익숙해지면 매우 정감 있게 느껴진다. 'Ciao'는 베네치아 사투리가 표준어가 되었는데, 중국의 배가 베네치아 항구에 물건을 내리면서 그들끼리 **쌀라쌀라** 중국어를 했을 것이고, 그 중 '챠오'라는 소리가 마치 인사말인 줄 알았던 것 같다. 믿거나 말거나, 아무튼 인사 잘 합시다.

"상대방의 안녕을 기원하는 것은 곧 자신의 행복이라고 생각한다."

🌀 Conversazione 🎧

A : Buonasera, signora Vinci. **Come sta?**
안녕하세요. 빈치 부인. 어떻게 지내세요?

B : **Bene, grazie. E Lei?**
잘 지내요. 고맙습니다. 당신은요?

A : Non c'è male, grazie.
좋아요. 감사합니다.

Ah, Le presento il signor Rossi,
아, 당신께 롯씨 선생님을 소개합니다.

Signor Rossi, la signora Vinci.
롯씨 선생님, 빈치 부인이십니다.

B : **Piacere.**
  반갑습니다.
C : **Molto lieto.**
  대단히 기뻐요.

X : Ehi, ciao Vasco. Come stai?
  이봐, 안녕 봐스꼬. 어떻게 지내?
Y : Benissimo. E tu?
  아주 좋아. 근데 너는?
X : Anch'io, grazie. Senti, questa è Eva, una mia amica spagnola, di Siviglia.
  나도, 고마워. 저기 있잖아, 얘는 에바야, 내 스페인 여자친구고 고향은 세빌리아.
  E questo è Vasco, un mio amico.
  그리고 얘는 봐스꼬라고 해. 내 친구지.
Y : Ciao!
  안녕!
Z : Piacere!
  반갑다!
X : Sai, Eva parla molto bene l'italiano.
  너도 알겠지만, 에바는 이탈리아어를 아주 잘해.
Y : Ah, sì? Io invece purtroppo non parlo lo spagnolo!
  아, 그래? 근데 안타깝게도 나는 스페인어를 못 하는데!

| 해설 | → **sera** f. (evening) 저녁.
→ **signora** f. (Mrs.) 부인.
→ **sta** v.intr. (be) (상태가) ~하다, (어디에) 있다. * (Lei) stare → p.52
→ **bene** avv. (well) 잘. ↔ male
→ **grazie** escl. (thanks) 고마워, 감사합니다.
→ **Non** avv. (not) ~가 아니다, ~않다.
→ **c'è** ~ (there is ~) ~가 있다. * c'è = ci(there) + è(is). 모음축약 되었다.
→ **male** avv. (badly) 나쁘게. ↔ bene
→ **Le** pron. (to You) 당신께. * 간접대명사 → p.52, p.95, p.193
→ **presento** v.tr. (present) (나는) ~를 소개 한다. * (io) presentare → p.62
→ **molto** avv. (very much) 대단히, 매우, 무척. * 부사는 명사와 성수일치 없다.

Lezione 5

- **lieto** agg. (glad, happy) 기쁜, 반가운. * 형용사이므로 여자가 기쁘면 lieta로 표현한다.
- **benissimo** avv. (very well) 매우 좋아. * ben(e)+issimo. 절대적 최상급 → p.144
- **anch'io** (I ~ too, me too) 나도. * anche + io의 축약형. anche tu / Lei / noi / voi / loro
- **Senti** v.tr. (listen!) (너) 내말 좀 들어봐, 근데 있잖아, 저기 말이야. * (tu) sentire! 자신의 말을 시작하려 할 때 상대의 주의를 환기시키기 위한 표현이다. 명령형 → p.53
- **questa** pron. (this) 이 여자. * 남성을 지시하면 questo. 지시대명사 → p.193
- **mia amica** (my girl friend) 내 여자친구. * 소유형용사 → p.40
- **di Siviglia** (from Siviglia) 세빌리아 출신. * 전치사 di는 출신.
- **mio amico** (my boy friend) 내 남자친구.
- **Sai** v.tr. (You know) (너) 알다시피. * (tu) sapere. → p.122
- **parla** v.tr. (Eva speaks / talks) (에바는) 말한다. * (lei) parlare → p.62
- **molto bene** avv. (very well) 아주 잘.
- **italiano** m. (italian language) 이탈리아어. * lo + italiano = l'italiano 모음축약.
- **invece** avv. (instead, but) 반면에, 그러나. * 어순은 대부분 주어 다음에
- **purtroppo** avv. (unfortunately) 불행히도, 안타깝게도.
- **parlo** v.tr. (I speak / talk) 나는 말한다. * (io) parlare → p.62
- **spagnolo** m. (spanish language) 스페인어.
  * lo spagnolo 's + 자음'으로 시작하는 남성명사에는 정관사 lo.

»> Comunicazione 🎧

A : Ciao, come va? (= come stai?)
안녕, 어떻게 지내?

B : Benissimo, grazie.
아주 잘 지내. 고마워.

- Bene.
  잘 지내.
- Non c'è male.
  나쁘지 않아 / 좋아.
- Male.
  아파 / 잘 못 지내.
- Oggi sto proprio male.
  오늘 정말 아파.

A : Buongiorno, come va? (= come sta?)
안녕하세요, 어떻게 지내세요?

B : Benissimo, grazie.
아주 잘 지내요. 고마워요.

- Bene.
잘 지내요.

- Non c'è male.
나쁘지는 않아요 / 좋아요.

- Male.
몸이 아파요 / 잘 못 지내요.

- Oggi sto proprio male.
오늘 정말 아파요.

A : Come stai?
어떻게 지내니?

B : Oggi sto male.
오늘 아프다.

A : **Oh, mi dispiace.**
오, 저런, 안됐구나.

X : Le presento il signor Vasco Rossi. E questa è la Signora Francesca Totti.
당신께 봐스꼬 롯씨 선생님을 소개합니다. 그리고 이 분은 프란체스까 똣띠 여사입니다.

V : Piacere. (Vasco) Molto lieto.
반갑습니다. 대단히 기뻐요.

F : Piacere. (Francesca) Molto lieta.
반갑습니다. 대단히 기뻐요.

A : Chi è lei?
그녀는 누구니?

B : Questa è Maria, una mia amica italiana di Roma.
얘는 마리아라고 해. 로마 출신, 내 이탈리아 여자친구야.

Lezione 5

Comunicazione

해설
- **va** v.intr. (go) ~가 되어가다. * Come va? 건강과 근황을 묻는 인사('요즘 사업, 학업이 어떻게 되어가니?'). 'andare(가다)' 의 의미는 퇴색. Come sta?와 같이 사용된다.
- **oggi** avv. (today) 오늘.
- **proprio** avv. (exactly, just) 정말로.
- **mi** pron. (to me) 나에게. * 간접대명사 → p.52, p.95, p.193
- **dispiace** v.intr. (regret) ~가 유감이다. * (네가 아픈 것이) dispiacere. 주어는 3인칭단수.
- **Chi** pron. (who) 누구.

✎ Grammatica

동사(Verbi)

* 직설법 현재(Indicativo presente)

	규칙활용동사	불규칙활용동사	
	par**lare** (to speak, talk)	**andare** (to go)	**stare** (to be, stay)
io	parl**o**	vado	sto
tu	parl**i**	vai	stai
lui	parl**a**	va	sta
noi	parl**iamo**	andiamo	stiamo
voi	parl**ate**	andate	state
loro	parl**ano**	vanno	stanno

* 간접대명사(Pronomi indiretti)

io	**mi**	나에게
tu	**ti**	너에게
lui	**gli**	그에게
lei	**le**	그녀에게
Lei	**Le**	당신께
noi	**ci**	우리들에게
voi	**vi**	너희들에게
loro	**gli**	그들에게

명령형(Imperativo)

* 규칙형태

	ascolt - **are**	ripet - **ere**	sent - **ire**	
tu	ascolt - a			
		ripet - i	sent - i	직설법 현재와 동일
voi noi	ascolt - ate	ripet - ete	sent - ite	
	ascolt - iamo	ripet - iamo	sent - iamo	
Lei Loro	ascolt - i	ripet - a	sent - a	접속법 현재와 동일
	ascolt - ino	ripet - ano	sent - ano	

* 불규칙 형태

	andare	**avere**	**dare**	**dire**	**essere**
tu	va'	abbi	da'	di'	sii
Lei	vada	abbia	dia	dica	sia
voi	andate	abbiate	date	dite	siate
	fare	**sapere**	**stare**	**tenere**	**venire**
tu	fa'	sappi	sta'	tieni	vieni
Lei	faccia	sappia	stia	tenga	venga
voi	fate	sappiate	state	tenete	venite

Episodio

"그 친구가 그립습니다."

대학교 재학 시절 이탈리아어회화 시간이었다. 담당교수는 자상하시지만 호랑이 같으셨던 Angela 선생님이었다. 선생님은 이탈리아어로만 강의하셨고, 학생들에게 질문을 참 많이도 하셨다. 그래서 학생들은 예상 질문에 대한 답을 준비하지 않으면 강의실의 두 시간이 무척 길게 느껴졌다.

"김 호, come stai?" 선생님은 이탈리아어와 담 쌓은 김 호 학생에게 안부를 묻는 것으로 강의를 시작하려 하셨다. 공교롭게도 그날 그는 몹시 아파서 간신히 의자에 몸을 의지하고 있었기에 어떤 대답이 나올까 모두들 시선을 그에게 모았다.

Lezione 5

"Bene, grazie." 그는 간단히 말해 버렸다. "Sto male(아파요)."하면 "Perchè'(왜 아파요)?"라고 되물으시기 때문이었다. 그럴 경우 이탈리아어 밑천이 딸렸던 그 학생은 몹시 난처했을 테니까. 그는 선생님의 스타일을 이미 알고 있었기에 몸은 아파도 밝게 웃으며 그렇게 말해 버렸다. 위기를 넘겼다. 모두들 박장대소하며 순식간에 수업 분위기는 장난스러워졌다. Angela 선생님만 우리가 웃어대는 영문을 모르셨던 것이다. 그 후 선생님의 "Come stai?" 안부인사는 수업 시간에 그리 많이 하지 않으셨다. 다들 "Bene, grazie."라고 했을 테니까.

"그 친구가 그립습니다. Angela 선생님도 보고 싶습니다."(사실, 몇 년 전에 그분은 돌아가셨다.)

Europa e Italia | 이탈리아의 자연 경치 (Italia: il paesaggio)

이탈리아는 그렇게 크지 않다. 북부에서 남부까지 대략 1500 km에 이르고, 서부 토리노(Torino)에서 동부 트리에스테(Trieste)까지는 600 km에 이른다. 이처럼 작지만 이탈리아는 참으로 믿기 어려울 만큼 자연 경치의 다양성을 지니고 있다!

알프스 산맥(le Alpi)은 파다나 평원(Pianura Padana)을 에워싸고 있다. "Padana"는 이탈리아에서 가장 긴 Po 강의 라틴어 "Padus"에서 유래한다. 또한 알프스 산맥은 중앙 유럽에서 불어오는 찬 공기를 차단하는 역할을 한다. 알프스의 자연 경관의 특징은 하얀 눈과 푸른 소나무들이다. 수 세기 동안 알프스에 거주하던 사람들은 가난 속에서 살아왔으나, 오늘날 관광산업이 그들에게 부를 가져다주고 있다.

▲ 알프스 산맥에서 가장 높은 산은 "몬테 비앙코(il Monte Bianco)"로서 해발 4810m이다.

▲ 파도바(Padova) 근교의 작은 도시 : 고대의 성벽을 보존해 온 수 많은 도시 가운데 하나이다.

이탈리아에 평원은 그리 많지 않다. 주요 평원은 Po강 유역의 파다나 평원과 북동부의 베네토-프리울라나(Veneto-Friulana) 평원이다. 이들은 강 유역에 자리 잡고 있어 습한 평원이다. 강은 수 천 년 동안 산에 있던 토지, 나뭇잎, 구리들을 평원에 운반시켜 주었기에 평원은 매우 비옥하다. 또한 로마제국 시대에 건설된 그물 같은 도로들이 지나고 있어, 20 km마다 도시가 형성되어 있다. 다시 말해서 걸어서 하루 만에 이동할 수 있는 도시들인 것이다. 파다나 평원을 하늘에서 바라본다면, 마치 하나의 도시처럼 보일 것이다. 왜냐하면 현재 집과 공장들이 평원 대부분을 덮고 있기 때문이다.

이탈리아 반도의 중부 지역은 지구상에서 가장 매혹적인 자연 경관을 지니는 곳 중에 하나이다. 지난 3000년 동안 가꾸어 왔기에 감미롭게 변화되었으며, 오늘날 여전히 포도나무, 올리브나무, 곡식으로 뒤덮여 있다. 토스카나(Toscana), 움브리아(Umbria), 마르케(Marche) 주로 수많은 외국인들이 이주해 온다.

▲ 시에나(Siena) 도시 근교의 전원

▲ 스트롬볼리(Stromboli) 섬에 있는 피코그란데(Ficogrande) 해변

이탈리아 남부 지역과 시칠리아의 자연 경관의 특징은 건조하고 척박하다. 그렇다고 매력적이지 않은 것은 아니다. 여름에 대단히 덥고 비도 거의 오지 않지만, 겨울엔 대단히 푸르다. 또한 칼라브리아(Calabria) 주에서 여러분들은 북부 유럽을 생각나게하는 숲을 발견할 수 있을 것이다. 남부 지역의 에트나(Etna) 산에서 베수비오(Vesuvio) 산에 이르기까지 화산도 발견된다.

사르데냐(Sardegna) 섬은 바다로 둘러싸여 있기 때문뿐만 아니라, 이탈리아 반도의 다른 섬들과는 다른 지질학적 특성 때문에 -즉, 산과 바위 등등- 독특하다. 사르데냐 섬은 뾰족한 바위들로 인해 대단히 거칠지만, 역시 아름다운 지역임에는 틀림없다.

Lezione 06 | Che lavoro fai?
Sesta | 어떤 일 하니?

 Cultura

"mammoni"의 수가 급격하게 늘고 있는 실정

이탈리아인의 직업에는 보편적인 의사, 변호사, 교사, 은행원, 공무원, 회사원 등이 있고, 구두 및 의류 제작자, 금은 세공, 악기 제작자 등의 수공업자들이 있다. 최근에는 정보통신 분야의 직업이 신세대들에게 유망 직종으로 손꼽히고 있다. 또한 기차와 버스 검표원도 존재한다. 그 외 농업인과 공장노동자들과 같은 직업군도 있다.

그러나 전 세계적인 현상인 구직란을 이탈리아도 피해갈 수 없는 현실이다. 힘들고 고된 일을 피하려고 하고, 농사는 짓기 싫어하며, 정년이 확실히 보장되는 직업만을 찾다 보니 30세가 넘도록 실업 상태에 있는 젊은이들을 많이 볼 수 있다. 이런 이유로 최근 이탈리아에는 "mammoni(부모 집에 얹혀 사는 젊은이들)"의 수가 급격하게 늘고 있는 실정이다.

이탈리아의 젊은이들은 30세가 훌쩍 넘을 때까지도 아버지 어머니 집에서 함께 살아간다. 실제로 20

세 전에는 어느 젊은이도 부모로부터 독립하는 경우를 찾아보기 극히 어렵다. 20세에서 24세까지의 청년 가운데 남자의 90.4%와 여자의 78.1%가 부모와 함께 거주한다. 25세에서 29세까지의 청년 가운데 남자의 60%와 여자의 34%가, 30세에서 34세까지는 남자의 41%, 여자의 62%가 부모와 함께 산다.

이런 현상은 아마도 확실한 일자리를 구하기 어려워서, 그리고 독립해서 살아 갈 집이 없어서 이기도 하지만, 부모와 함께 지내는 것이 여러모로 편안한데에 원인이 있는 것 같다. 이것은 아마도 역사적으로 모계중심 사회였던 것도 한 가지 원인이 될 수 있을 것 같다.

Conversazione

A : Siete di qui?
너희들 이곳 출신이니?

B : No, siamo di Napoli, ma abitiamo qui a Bologna.
아니, 우리는 나폴리 출신이야. 근데 여기 볼로냐에서 살아.

A : Ah, di Napoli! E che cosa fate di bello? Studiate?
아, 나폴리 출신! 근데 재미있게 잘 지내니? 너희들 공부하니?

C : No, io lavoro in una scuola di lingue.
아니, 난 외국어학원에서 일해.

A : Sei insegnante?
강사야?

C : No, faccio la segretaria.
아니, 사무직원이야.

A : E tu che lavoro fai?
근데 넌 어떤 일 하니?

B : Io sono impiegata in un'agenzia pubblicitaria. E tu dove lavori?
난 광고회사 직원이야. 그럼 넌 어디서 일해?

A : In uno studio fotografico.
포토 스튜디오에서 일해.

C : Quanti anni hai?
넌 몇 살이니?

A : Ventidue. E tu?
스물둘. 너는?

Lezione 6

C : Venti.
   스물.

A : **Che lingue parli?**
   몇 개 국어 하니?

B : **Parlo l'inglese, il tedesco e il francese. E tu?**
   영어, 독일어 그리고 불어를 할 줄 알아. 넌?

A : Il greco, il russo e il portoghese.
   그리스어, 러시아어 그리고 포르투갈어를 해.

Conversazione

해설

→ **Siete** v.intr. (be) (너희들은) ~이다, ~에 있다. * (voi) essere → p.41

→ **di** prep. (from) ~출신이다.

→ **qui** avv. (here) 여기, 이곳.

→ **siamo** v.intr. (be) (우리들은) ~이다, ~에 있다. * (noi) essere

→ **ma** cong. (but) 그러나, 그런데.

→ **abitiamo** v.intr. (live, inhabit) (우리는) 산다, 거주한다. * (noi) abitare → p.62

→ **a Bologna** 볼로냐에 * 전치사 'a'는 장소의 의미. 도시 명 앞에 사용.

→ **Ah** escl. (감탄사) 아!

→ **che cosa** (what) 무엇. * 의문형용사 (che) + cosa → p.134

→ **fate** v.tr. (do) (너희들은) ~를 한다. * (voi) fare → p.20

→ **bello** agg. (beautiful, lovely) 아름다운, 잘 생긴, 재미있는, 좋은 * 형용사 'bello'가 'che cosa'를 수식하여 '재미있는 무엇'이라는 의미를 주려고 하는데 문제가 있군요. 'che cosa'는 ' 무엇 '의 의미인 의문사(의문형용사 + 명사)이므로 성의 구분이 없어요. 형용사는 명확한 성이 있는 명사만을 수식하기에 직접 수식을 못하고 전치사 di를 앞세워 수식합니다. 마치 영국의 엘리자베스 여왕이 늘 흰 장갑을 끼고 다니는 것과 같아요. di가 결국 흰 장갑이 되는 거군요. 이 처럼 형용사는 '순결하고, 고결하고, 기품 있는 품사' 라고 하면 어떨까요?

→ **Studiate** v.tr. (study) (너희들은) ~를 공부 한다. * (voi) studiare → p.62

→ **lavoro** v.intr. (work) (나는) 일 한다. * (io) lavorare → p.62

→ **in** prep. (in) ~에서, ~안에.

→ **scuola** f. (school) 학교, 학원.

→ **lingue** f.pl. (languages) 언어들. * lingua (s.)

→ **faccio** v.tr. (do) (나는) ~를 한다. * (io) fare

→ **segretaria** f. (secretary) 비서, 사무직, 행정여사원. * 직업을 표현할 경우, fare와 쓰일 때 정관사는 필수, 반면 essere와 쓰일 경우는 정관사 생략. Sono segretaria.

→ **che lavoro** (which work) 어떤 일. * che(의문형용사) + lavoro → p.134

→ **fai** v.tr. (do) (너는) ~를 한다. * (tu) fare
→ **impiegata** f. (employee) 여직원. * impiegato m.
→ **agenzia** f. (agency) 회사. * una + agenzia의 축약형.
→ **pubblicitaria** agg. (advertising) 광고의. * 여성명사 agenzia를 수식. 형용사는 대부분 명사 뒤에서 수식하는데 형용사가 명사의 성수와 일치되어야 하기 때문.
→ **studio** m. (studio) 스튜디오. * 's + 자음'으로 시작하는 남성명사의 부정관사 'uno'. → p.61
→ **fotografico** agg. (photographic) 사진의. * 남성명사 studio를 수식.
→ **Quanti anni** (How many years) 몇 년. * quanti(의문형용사) + anni.
→ **Che lingue** (Which languages) 어떤 언어들. * che(어미변화 없는 의문형용사) + lingue.
→ **parli** v.tr. (you speak / talk) (너는) ~를 말한다. * (tu) parlare
→ **Parlo** v.tr. (I speak / talk) (나는) ~를 말한다. * (io) parlare
→ **inglese** m. (English) 영어.
  * lo + inglese = l'inglese. 축약형. 모음으로 시작하는 남성명사의 정관사는 lo.
→ **tedesco** m. (German) 독일어. * 언어는 대부분 남성.
→ **francese** m. (Franch) 프랑스어, 불어.
→ **greco** m. (Greek) 그리스어, 희랍어.
→ **russo** m. (Russian) 러시아어, 노어.
→ **portoghese** m. (Portuguese) 포르투갈어.

▶▶ Comunicazione 🎧

A : (Tu) Che lavoro fai? = Che cosa fai?
  넌 어떤 일 하니?

B : Sono segretaria. = Faccio la segretaria.
  사무직.

X : (Lei) Che lavoro fa? = Che cosa fa?
  당신은 어떤 일 하세요?

Y : Sono segretaria. = Faccio la segretaria.
  사무직이에요.

A : (Tu) Dove lavori?
  넌 어디서 일해?

Lezione 6

B : In una scuola.
　　학원 / 학교에서.

X : (Lei) **Dove lavora?**
　　당신은 어디서 일하세요?

Y : In un ospedale.
　　병원에서요.

A : (Tu) **Dove abiti?**
　　넌 어디 사니?

B : Abito in Corea, a Seul.
　　대한민국 서울에서 살아.

X : (Lei) **Dove abita?**
　　당신은 어디 사세요?

Y : Abito in Cina, a Pechino.
　　중국 베이징에서 살아요.

A : (Tu) Sei di qui?
　　너 이곳 출신이니?

B : Sì.
　　응.

X : (Lei) È di qui?
　　당신은 이곳 출신이세요?

Y : No, sono di Roma.
　　아니요, 로마 출신입니다.

A : (Tu) Quanti anni hai?
　　넌 몇 살이니?

B : Ventitre(23).
　　스물셋.

X : (Lei) Quanti anni ha?
　　연세가 어떻게 되세요?

Y : Sessantadue(62).
　　예순 둘입니다.

- Quarantotto(48).
  마흔 여덟입니다.

X : (Lei) Quanti anni ha?
　　연세가 어떻게 되세요?

Y : Indovina.
　　맞춰보세요.

X : 45?
　　마흔 다섯?

Y : No, di più / di meno.
　　아니요, 더 많아요. / 더 적어요.

| 직업 |

l'operai**o** m. l'operai**a** f. 노동자
il commess**o** m. la commess**a** f. 점원
l'insegn**ante** m. l'insegn**ante** f. 교사, 강사. * - ante 어미를 갖는 명사는 남성여성 동형
l'inferm**iere** m. l'inferm**iera** f. 간호사. * - iere m. - iera f. (~하는 사람)
il farmac**ista** m. la farmac**ista** f. 약사 * - ista 어미를 갖는 명사는 남성여성 동형
lo student**e** m. la student**essa** f. 학생 * 접미사 essa를 첨가시켜 여성으로.

✎ Grammatica

부정관사(Articoli indeterminativi) un, uno, una

uno
1) 's + 자음'으로 시작하는 남성명사 : **st**udente, **sv**izzero ...
2) z, pn, ps, sc, gn로 시작하는 남성명사 : **sc**iocco ...
위의 두 가지 경우를 제외한 나머지 모든 남성명사에 부정관사 **un**을 사용한다.
모든 여성명사에는 **una**

un	carrello 쇼핑 카트 libro 책 biglietto 티켓 binario 플랫폼 tavolino 작은 탁자 telefonino 휴대폰 caffè 커피	dei	carrelli libri biglietti binari tavolini telefonini caffè* (강세 붙은 끝 모음은 무변)
	annuncio 알림, 광고	degli	annunci
uno	**st**raniero 외국인 **sp**ort 스포츠 **sp**ecchio 거울 **z**aino 배낭, 쌕 **ps**icologo 정신과 의사 **gn**omo 땅의 혼	degli	stranieri sport* (외래어는 무변) specchi zaini psicologi gnomi
una	birra 맥주 bottiglia 병 città 도시 valigia 여행가방 stazione 역 commessa 여점원 aranciata (un'aranciata) 오렌지주스 impiegata (un'impiegata) 여직원	delle	birre bottiglie città* (강세 붙은 끝 모음은 무변) valigie stazioni commesse aranciate impiegate

dei, degli, delle등은 **부분관사**로서 부정관사의 복수 형태이다. 영어의 some.

동사(Verbi)

* 직설법현재 규칙활용동사(Indicativo presente: verbi regolari) 도표

	제1활용동사 - are	제2활용동사 - ere	제3활용동사 - ire	(-isc- 삽입사)
io	- o	- o	- o	- isc - o
tu	- i	- i	- i	- isc - i
lui, lei, Lei	- a	- e	- e	- isc - e
noi	**- iamo**	**- iamo**	**- iamo**	**- iamo**
voi	- ate	- ete	- ite	- ite
loro	- ano	- ono	- ono	- isc - ono

이탈리아어 동사원형은 세 그룹으로 나뉜다. 대부분 규칙활용 하는데, 주어에 따라 활용어미가 다르다. 그렇지만 어렵지 않다. 주어가 io, tu, noi의 경우 세 그룹의 동사 모두 활용어미가 동일하다. voi에 있어서 - are 동사는 - ate, - ere 동사는 - ete, - ire 동사는 - ite이므로 규칙성이 있다. 다만 3인칭이 다소 복잡한데, - are는 - a, - ere는 -e, 그러나 - ire는 - i여야 하는데, tu에서 이미 사용되었기에 옆집 - ere와 함께 가고 있다. 따라서 3인칭복수도 같은 구조로 형성되고 있다.

	불규칙활용동사		규칙활용동사			
	essere (to be)	**fare** (to do)	lavor**are** (to work)	abit**are** (to live)	studi**are** (to study)	parl**are** (to speak)
io	**sono**	**faccio**	lavor**o**	abit**o**	studi**o**	parl**o**
tu	**sei**	**fai**	lavor**i**	abit**i**	stud**i** *	parl**i**
lui, lei, Lei	**è**	**fa**	lavor**a**	abit**a**	studi**a**	parl**a**
noi	**siamo**	**facciamo**	lavor**iamo**	abit**iamo**	stud**iamo** *	parl**iamo**
voi	**siete**	**fate**	lavor**ate**	abit**ate**	studi**ate**	parl**ate**
loro	**sono**	**fanno**	lavor**ano**	abit**ano**	studi**ano**	parl**ano**

* studiare : (tu) studi-i, (noi) studi - iamo에서 - i 모음끼리 충돌하여 하나가 탈락한다.

기수(Numeri cardinali)

영어의 수읽기 구조와 같다.

20	venti	30	trenta
21	vent**uno** ⇐ venti + uno (모음축약) *	**31**	trent**uno** ⇐ trenta + uno (모음축약) *
22	venti**due**	**38**	trent**otto** ⇐ trenta + otto (모음축약) *
23	venti**tre**	39	trenta**nove**
24	venti**quattro**	40	quar**anta**
25	venti**cinque**	50	cinqu**anta**
26	venti**sei**	60	sess**anta**
27	venti**sette**	70	sett**anta**
28	vent**otto** ⇐ venti + otto (모음축약) *	80	ott**anta**
29	venti**nove**	90	nov**anta**
		100	cento

* 모음축약이 일어날 수밖에 없는 구조이다. uno와 otto는 모두 첫 모음을 지니는데 10단위의 숫자가 앞에 오면 자연스럽게 모음축약이 생기는 것입니다.

Lezione 6

Episodio

"Marco와 Max는 지금 태국에서 파스타를 만들고 있을까?"

볼로냐에서 페라라 방향으로 기차로 40분 거리에 인구 3000명의 작은 코무네가 있다. 나는 피렌체에서 통학하기가 어려워 볼로냐에 집을 구하려 했지만 실패하고, 이곳 Poggio Renatico까지 오게 되었다. 기내에서 만난 친절한 이탈리아 사람의 소개였다. 나의 가족과 살기에 더 없이 다정하고 따뜻한 마을이었다. 볼로냐 대학까지 통학하는 데는 여전히 불편하긴 했지만 말이다. 마을을 걸어 다니면 모든 마을 사람들은 나와 우리 가족을 신기하게 쳐다보는 듯 했다.

우리 집 앞에 20대 초반의 청년 Marco가 부모님과 함께 살고 있었다. 그의 직업은 벽돌공이었고, 그의 친구 Max는 부모와 함께 과일 농장을 하고 있었다. 처음엔 경계심으로 우리들을 바라보던 그들은 얼마 안가서 우리와 친한 이웃이 되었고, 정을 나누는 사이로 발전되었다. 친구들과 어울리기를 좋아했던 나는, 그들과 단골 빠에 자주 들르곤 했다. 술도 마시고, 이탈리아 젊은이들은 과연 어떤 일들을 하고 어떤 꿈을 지니며 살고 있는가 궁금하기도 했다.

우리나라처럼 대부분 대학을 졸업하는 것이 아니라, 일부만 대학에 가고 대부분은 중학교나 고등학교를 졸업하고 취업을 하게 된다. 그러나 거기도 일자리가 부족하기는 마찬가지였다. 대학만 8년째 다니는 백수도 있고, 식당 종업원, 빠 종업원, 공사장 인부, 슈퍼마켓 점원, 상점 점원 등등. 보수도 95년 당시 원화로 70만원 정도. 그들 대부분은 부모님과 함께 살아가야 했다. 돈을 저축해 미래를 나름대로 대비하는 듯 했다.

하루는 Marco와 Max가 나를 찾아와 영어를 가르쳐 달라고 부탁했다. 이유는 태국에 가서 이탈리아 레스토랑을 열고 싶다는 것이었다. 그들은 돈이 어느 정도 모이면 꿈이 없는 작은 마을을 떠나 성공해 보려는 것이었다. 사실 이탈리아의 대도시들도 그렇지만, 우리 서울이나 부산처럼 그렇게 역동적이지도 재미있지도 않은 것 같았다. 한창 혈기왕성한 그들이 희망찬 미지의 세계를 꿈꾸는 것은 아마도 당연한 것일 것이다.

그들은 돈을 내게 주고 영어를 배우겠다고 했으나 나는 거절했고 그냥 같이 공부하자고 했다. 그들이 버는 돈이 얼마 되지도 않는데 어찌 받을 수 있었겠는가. 미안해서였을까, 매번 Max의 과일 농장에서 과일을 잔뜩 들고 왔다. 먹다먹다 지쳐 때로는 버리기까지도 했다.

그들은 내가 축구를 좋아한다고 했더니 그들만의 '동네 리그'에 나를 소개했던 것이다. 5월 어느 날 나는 동네 축구장으로 그들의 손에 이끌려 갔다. 단순한 게임인줄만 알았는데, 매우 진지했다. 온 동네 주민들도 거의 다 모였다. 빌려 준 낡은 축구화를 신고 유니폼도 입고 여권조사도 모두 마치고 경기장으로 입장했다. 벤치를 지키던 나는 3대 0으로 뒤지던 후반 30분 경 관중석에서 "체, 체, 체 ~

"하는 함성을 들을 수 있었다. 나를 부르는 소리였다. '최'를 '체'로 불렀던 것이다. 동네 주민들은 이미 모두 나를 알고 있는 듯했다. 감독은 어차피 진 게임이니 나를 들여보냈다. 홈팬들의 환호를 받으며 경기장에 들어서서 그들에게 정중히 인사하고 게임을 풀어나갔다. 경기 종료까지 공은 딱 세 번 만져봤다. 그러나 실수는 없었다. 동양인이 그들과 함께 게임을 했다는 것에 관중들은 조금은 들뜨고 흥분되었던 것 같았다.

젊은 청년들은 그렇게 나름대로의 문화 속에서 삶을 살아가고 있었다. 24시간 내내 불이 켜져 있고, 술 취하고, 노래 부르고, 다투고 하는 우리의 밤거리는 없어도, 그들은 조용히 가끔 있는 이벤트를 즐길 뿐이다. 그리고 그들의 꿈을 펼치기 위해 기회만 되면 마을을 벗어나 도시로 가려는 희망의 눈빛만은 살아있었다.

"Marco와 Max는 지금 태국에서 파스타를 만들고 있을까?"

Europa e Italia | 이탈리아의 강과 호수(Italia: i fiumi e i laghi)

이탈리아는 지중해 한 가운데로 삐져나온 일종의 "땅의 혀(lingua di terra)"에 비유되며, 바로 이런 이유로 큰 강이 형성되지 못했다.

✓ 강(Fiumi)

지리학적인 관점에서 볼 때, 이탈리아는 네 지역으로 구성되어있다. 파다나 평원(Pianura Padana: 라틴 사람들은 "Gallia cisalpina"라고 불렀는데, 이는 알프스 산맥의 이남 지역의 뜻임), 지중해로 뻗어나온 긴 장화 모양(stivale)의 반도, 그리고 두 개의 큰 섬(Sicilia, Sardegna)이다. 그러나 알프스 산맥에서 발원하는 큰 강인 Po강 유역에만 유일하게 평원이 펼쳐진다.

* Po강은 이탈리아에서 가장 긴 강으로서 피에몬테 주(il Piemonte)에서 시작하여 아드리아티코 해(l'Adriatico)로 빠져나가 거기서 부채꼴 모양의 우하나 개펄인 델타 하구(foce a delta)를 이룬다. 또한 많은 강들은 북쪽, 남쪽에서 Po강으로 유입된다. 주요 강으로 유입되는 작은 강을 지류라고 부른다.
* 북쪽에서 흘러들어오는 지류(affluenti)는 알프스 산맥과 큰 호수에서 내려오는 것이라서 일년 내내 풍부한 수량을 갖고 있다. 반면, 남쪽(아페니니 산맥)에서 Po 강으로 흘러들어가는 지류는 봄에만 많은 수량을 포함하지만 가을철 우기가 오기 전인 여름에는 거의 메말라 있다.
* Po강 유역 평원을 토스카나 주(Toscana)와 분리시키는 아페니노 산맥(l'Appennino tosco - emiliano, 즉 아페니니 산맥을 세 부분으로 나눌 경우 북쪽 산맥)으로부터 남쪽으로 내려오는, 이탈리아 반도에서 가장 큰 두개의 강이 있다. 하나는 피렌체(Firenze)를 가로지르는 아르노 강(l'Arno)과 다른 하나는 로마가 건립된 테베레 강(il Tevere)이다.

Lezione 6

* 기타 다른 모든 강들은 반도를 따라 내려가는 아페니니 산맥에서 출발하여 바다에 이르고 그 길이는 수십 km에 지나지 않는다. 이런 특성은 두 개의 큰 섬인 시칠리아와 사르데냐의 강들도 같은 맥락이다. 이런 강들은 대단히 불규칙하여 많은 비가 내릴 때는 재난을 일으키며 여름에는 거의 메말라 있게 된다.

✔ 호수(Laghi)

그림에서 보듯이, 호수는 두 가지 유형으로 나뉜다.

* "물의 거울(specchi d'acqua)"이라고 하는 북부의 호수들은 좁고 길다. 호수 바닥은 과거에 얼음으로 뒤덮여 있었고, 많은 수량은 평원 보다는 더욱 온화한 기온을 유지시켜 주기 때문에, 대단히 중요한 기후적 조건을 지닌다. 롬바르디아 주(Lombardia)와 베네토 주(Veneto) 사이에 있는 가르다 호수(il Lago di Garda)가 가장 크다.

* 반도의 호수들은 움브리아 주(Umbria)와 랏찌오 주(Lazio)에 집중되어 있다. 이들 호수는 원형의 형태를 띤다. 왜냐하면 가장 큰 트라시메노(il Trasimeno) 호수를 제외하고 다른 모든 호수들이 분화구에 물이 가득한 사화산에 형성된 것들이기 때문이다.

▲ 위성에서 바라 본 Po강의 삼각주, 위에는 베네치아의 개펄이 보인다.

✔ 강, 호수 그리고 사람(Fiumi, Laghi e Uomo)

대다수의 유럽 국가들의 강(corsi d'acqua)은 수 세기 동안 커뮤니케이션의 주요 수단이었고, 또한 오늘날에도 고속도로처럼 물품 수송의 수단으로 사용되고 있다. 그러나 이탈리아에서는 그것이 불가능하다. 왜냐하면 북부는 평원이 여러 지역으로 나뉘어져 있기 때문이며, 반도의 강은 물이 적고 수량이 불규칙하기 때문이다. 20세기에 역대 이탈리아 정부들은 환경의 문제로 인하여 육로를 통한 운송을 우선하기로 결정했다. 그러나 강은 기본적인 기능을 지녀왔다. 바다와 멀

▲ 피렌체의 아르노 강. 왼쪽에 도시의 심장인 베키오 다리(il Ponte Vecchio)가 보인다.

리 떨어진 거의 모든 대도시들은 마실 물뿐만 아니라, 에너지를 생산하고, 1차 산업을 위한 물을 보장해주는 강에서 탄생했다는 사실이 그것이다.

Lezione 07 Settima | E Lei che cosa prende?
그럼 당신은 무엇을 드시겠습니까?

🏔 Cultura

"식사는, 한 끼 때우는 것이 아니라, 즐거움이다"

간단하게 요기하려면 bar에 간다. 아침식사를 보통 그들은 집에서 하기보다는 자주 가는 단골 bar에서 cappuccino와 cornetto(크라상)을 주문하게 되는데, 먼저 계산대에서 주문하고 정산을 하면 영수증을 준다. 이것을 바로 옆에 있는 barista에게 건네면 준비해 줄 것이다. 간단한 안부를 물어가며 잠시 여유를 즐긴다. 점심식사 때는 주로 panino(프로쉬우토를 끼워 넣은 빵 등)와 음료수를 주문하며, 퇴근 후 집으로 가는 길에 잠시 들러 식욕을 돋우기 위한 aperitivi를 마시는데, 주로 쓴 맛을 내는 알콜(Campari)을 예로 들 수 있다. 이탈리아인들에게 bar는 제 2의 famiglia(가정)라고 해도 과언은 아닐 만큼 그들의 생활 깊숙이 자리하고 있다.

식당은 소규모의 가정적인 분위기가 나는 저렴한 trattoria와 고급스런 분위기의 값비싼 ristorante가 있다. 이탈리아인들은 거의 대부분 단골집만 간다고 봐야 할 것이다. 길가다 아무데나 들르는 경우는 극히 예외적일 정도다. 그들이 여러분들을 초대한다면 반드시 그들이 자주 가는 식당으로 안내할 것이다.

주문할 경우, 한국에서처럼 너무 서두르지 말고 천천히 메뉴를 즐길 필요가 있다. 이것도 즐거움이 될 수 있다. 이탈리아 메뉴는 크게 다섯 부분으로 나뉘는데, 식욕을 돋우기 위한 전채(antipasti), 파스타 요리인 첫 번째 식사(primi piatti), 주 요리인 두 번째 식사(secondi piatti), 샐러드나 감자튀김 따위의 곁들이는 코스(contorno), 그리고 후식(dessert)과 음료이다. trattoria나 ristorante나 구분은 비슷하지만 가격이 차이가 난다.

주문하는 사람은 코스별로 모두 주문하지 않아도 된다. 보통 전채는 생략되고, 허기의 정도에 따라 첫 번째, 두 번째 식사를 모두 주문하거나, 두 가지 코스 중 하나만 주문하면 된다. contorno는 보통 두 번째 식사를 주문할 경우에 같이 주문하는데, insalata mista 혹은 감자튀김 정도를 주문한다. 음료는 와인이나 생수를 선택하고, 후식은 dolce 혹은 caffè로 마무리하면 된다.

식사는 코스대로 준비되어 나오므로 천천히 음식을 즐기며 대화를 하면 될 것이다. 와인이나 acqua minerale(생수)도 간간히 마시면서 즐거운 시간을 갖는다. 이러다 보면 한두 시간은 금방 흘러가게 된다.

테이블에서 cameriere(웨이터)를 불러 계산서를 부탁하고 자신의 테이블에서 계산한다. 거스름돈을 가져오면, 나갈 때 약간의 팁을 테이블에 올려놓으면 보다 정중히 여러분을 배웅할 것이다.

🌀 Conversazione 🎧

In un bar(어느 빠에서)

A : **I signori desiderano?** (=Cosa desiderano, signori?)
뭘 드시겠습니까, 손님?

B : **Io prendo un cornetto e un caffè macchiato.**
저는 크라상 하나와 까페 막끼아또 한 잔 마실게요.

A : E Lei, signora?
부인, 당신은요?

C : Anch'io vorrei un cornetto e poi ... un tè al limone.
저도 크라상 하나, 그리고 레몬차 주세요.

A : I cornetti con la crema o con la marmellata?
크림 크라상을 드릴까요 아니면 쨈 크라상 드릴까요?

C : Mmm … con la crema.
　　음 … 크림이 든 걸로 주세요.

B : Per me invece con la marmellata.
　　반면에 저는 쨈이 든 걸로 주세요.

A : E Lei che cosa prende?
　　그럼, 손님은 뭘 드시겠습니까?

D : Mmm, solo un tè al latte.
　　음, 밀크 차 한 잔만 주세요.

A : Bene, allora due cornetti, due tè e un macchiato.
　　좋습니다. 그럼 크라상 두 개, 차 두 잔 그리고 까페 막끼아또 한 잔 주문하셨습니다.

해설
- **signori** m.pl. (gentlemen) 선생님들 (여기서는 손님들). * il signore s.
- **desiderano** v.tr. (want, desire) (손님들은) ~를 원한다. * (loro) desiderare
- **prendo** v.tr. (take) (나는) ~를 먹겠다, 마시겠다. * (io) prendere
- **cornetto** m. (brioche, croissang) 크라상, 브리오쉬.
- **caffè** m. (coffee) 까페.
- **macchiato** agg.[p.ps.] (stained, marked) 얼룩진, 밀크가 섞인. * macchiare(stain, mark)의 과거분사 (p.ps.)로서 형용사로 쓰인다. 이탈리아에서는 과거분사가 형용사로 사용되는 경우가 많다.
- **vorrei** v.tr. (I would like) (저는) ~을 원해요. * (io) volere 조건법 → p.84
- **e poi** cong. (and then) 그리고 나서.
- **tè** m. (tea) 차.
- **limone** m. (lemon) 레몬. * a+il limone = al limone 레몬이 첨가된. 전치사 a는 첨가의 의미. al은 전치사관사. 전치사관사 → p.96
- **cornetti** m.pl. (brioches, croissangs) 크라상들, 브리오쉬들. * il cornetto s.
- **crema** f. (cream) 크림. * con una crema 크림이 든.
- **o** cong. (or) 혹은.
- **marmellata** f. (jam) 쨈.
- **Per me** (for me) 나를 위해, 나는 ~을 먹겠어요. * 직접대명사 강세형 → p.75
- **invece** avv. (instead, but) 반면, 그러나. * 일반적으로 두 번째 어순을 지킨다.
- **prende** v.tr. (take) (당신은) ~를 먹는다, 마신다. * (Lei) prendere
- **solo** avv. (only) 단지, 오직.
- **latte** m. (milk) 밀크. * a + il latte = al latte 우유가 들어간. 전치사 a는 첨가의 의미. al은 전치사관사.
- **allora** avv. (then, so) 그러면, 자 이제. * 화제를 전환할 때 주로 표현.

In trattoria(식당에서)

A : **Buongiorno signora, vuole il menù?**
안녕하세요, 부인. 메뉴판 원하세요?

B : No, grazie, **vorrei solo un primo. Che cosa avete oggi?**
아니에요, 고마워요. 첫 번째 식사만 하고 싶군요. 오늘 무슨 요리 있죠?

A : Spaghetti ai frutti di mare, tagliatelle ai porcini, tortellini in brodo, minestra dei fagioli ...
해산물 스빠겟띠, 돼지고기 딸리아뗄레, 국물 또르뗄리니, 콩 스프 등등 ...

B : Ah, va bene così, **per me gli spaghetti.**
아, 그 정도면 됐어요, 스빠겟띠로 주세요.

A : E per il ragazzo?
그럼 이 청년은 뭘 드실건가요?

B : Vuoi anche tu la pasta o preferisci qualcos'altro?
너도 빠스타 먹을래 아니면 다른 거 뭐 좋아하는 거 있어?

C : Mm, una cotoletta con le patatine fritte.
음, 감자튀김이 곁들여진 커틀렛 먹을래요.

A : **E da bere?**
그럼 마실 것은요?

B : Un quarto di vino rosso e mezza minerale, per piacere.
레드와인 4분의 1리터와 생수 2분의 1리터 주세요.

A : Gasata o naturale?
탄산수 드릴까요 아니면 생수 드릴까요?

B : Naturale. E tu ... che cosa vuoi?
생수 주세요. 그럼, 넌 뭘 마실래?

C : Ehm ... una coca ... senza ghiaccio.
엠 ... 코카콜라 ... 얼음 없이.

Conversazione

해설
→ **In trattoria** 식당에서. * 가족적인 분위기의 작은 공간에 많지 않은 메뉴를 갖고 있는 저렴한 식당으로 그 지역의 요리를 접할 수 있다. 반면 il ristorante는 비싸고 고급스러운 이미지.
→ **vuole** v.tr. (want) (당신은) ~를 원한다. * (Lei) volere → p.75
→ **menù** m. (menu) 메뉴(판).

- **primo (piatto)** (first dish) 첫 번째 식사(주로 빠스타 종류). * piatto 접시, 요리.
- **oggi** avv. (today) 오늘.
- **Spaghetti** m.pl. 스빠겟띠. * 항상 복수로 쓰인다.
- **frutti di mare** m.pl. 해산물들(바다의 과일들). * a(첨가) + i frutti di mare 해산물이 첨가된. 전치사관사 ai → p.96
- **tagliatelle** f.pl. 딸리아뗄레 (빠스타 종류).
- **porcini** m.pl. (pork) 돼지고기. * a(첨가) + i porcini 돼지고기가 첨가된. 전치사관사 ai.
- **tortellini** m.pl. 또르뗄리니 (빠스타 종류).
- **brodo** m. (soup) 국물.
- **minestra** f. (soup) 스프.
- **fagioli** m.pl. (beans) 콩들. * di(재료) + i fagioli 콩을 재료로 한. 전치사관사 dei.
- **va bene** (O.K) 좋아요. * andare(go) + bene. '잘 되어 간다'에서 유래.
- **così** avv. (so, in this way, therefore) 그 정도로, 그렇게 되서, 그러므로.
- **ragazzo** m. (boy, boyfriend) 소년, 청년, 애인.
- **la pasta** f. 빠스타(밀가루 음식의 총칭). * pasto 밀가루 반죽.
- **preferisci** v.tr. (prefer) (너는) ~을 선호한다. * (tu) preferire → p.75
- **qualcos'altro** (anything / something else) 다른 어떤 것. * qualcosa(something) + altro(else)
- **cotoletta** f. (cutlet) 커틀렛. * chop 돼지고기 재료, cutlet 송아지나 어린 양고기 재료.
- **patatine** f.pl. (potatos) 썬 감자들. * patata(감자) + ina(변의형 어미) = patatina(썬 감자).
- **fritte** agg.[p.ps.] (fried) 튀긴. * frigere(튀기다)의 과거분사 fritto가 형용사로 파생. 그러므로 명사와 성수일치 의무.
- **bere** v.tr. (drink) ~를 마시다. * (qualcosa) + da(용도) + bere(마시다) 마실 것. da mangiare 먹을 것. da fare 할 일.
- **Un quarto** (a quarter) 1/4리터. * 분자는 기수, 분모는 서수로 표기. uno quarto가 아닌 이유는 부정관사 규칙을 준수해야 하기 때문이다. uno libro(X), un libro(O).
- **vino rosso** (red wine) 적포도주. * 형용사 rosso는 명사 vino와 성수일치.
- **mezza** agg. (half) 반, 1/2. * mezza (acqua)=mezzo litro di acqua 물 1/2 리터
- **minerale** agg. (mineral) 미네랄의.
- **per piacere** (please) 부탁합니다, ~을 주세요. * piacere 기쁨, 즐거움
- **Gasata** agg.[p.ps.] (aerated, fizzy) 가스 채운. * (acqua) gasata. 동사 gasare의 p.ps.
- **Naturale** agg. (natural) 자연의. * (acqua) naturale 생수.
- **senza** prep. (without) ~없이.
- **ghiaccio** m. (ice) 얼음.

Lezione 7

›› Comunicazione 🎧

A: **Cosa desidera?** / I signori desiderano?
뭘 드시겠습니까?

B: **Io prendo** un cornetto.
저는 크라상 하나 먹을게요.

Per me un cornetto.

Vorrei un cornetto.

A: E da bere?
그럼 마실 것은?

B: **Un quarto di vino bianco,** per cortesia.
$\frac{1}{4}$리터 화이트와인 주세요.

Un quarto di vino bianco, per favore.

Un quarto di vino bianco, per piacere.

A: Vuole il menù?
메뉴판 원하세요?

B: No, grazie. **Vorrei** solo un primo / un secondo.
아니요. 고마워요. 첫 번째 식사만 할게요 / 두 번째 식사만 할게요.

Sì, grazie.
네, 고마워요.

A: **Desidera ancora qualcos'altro?**
다른 거 더 드시겠습니까?

B: Sì, grazie. **Che cosa avete oggi?**
네, 고마워요. 오늘 어떤 요리가 있죠?

No, grazie, va bene così.
아니요. 고마워요. 됐어요.

A: Scusi, **mi porta ancora mezza minerale** / un po' di pane / un tovagliolo?
죄송하지만, 생수 500cc / 빵 좀 / 냅킨 / 더 갖다 주시겠어요?

E poi il conto, **per cortesia.**
그리고 계산서, 부탁해요.

A : **È possibile** prenotare un tavolo?
테이블 예약이 가능한가요?

B : **Sì, dica!**
네, 말씀하세요.

A : **Grazie mille!**
대단히 감사합니다.

B : **Prego, si figuri!**
천만에요, 편히 하세요!

Comunicazione

해설

→ **Che cosa (voi) avete oggi?** 직역하면, '너희들은 오늘 무엇을 갖고 있지?' 이지만 Lei에 대한 존칭 대신 Voi를 사용하기도 한다. 따라서 '당신은 오늘 무엇을 갖고 있죠?', 다시 말해서 '오늘 어떤 요리가 좋은 가요?' 정도로 보면 된다.

→ **mi porta** v.tr. (bring me) 내게 ~를 갖다 주세요. * mi 간접대명사 → p.52 (Lei) portare!

→ **un po' di ~** (a little of ~) 약간의 ~.

→ **pane** m. (bread) 빵.

→ **tovagliolo** m. (napkin) 냅킨.

→ **conto** m. (bill) 계산서.

→ **prenotare** v.tr. (reserve) 예약하다.

→ **possibile** agg. (possible) 가능한. * prenotare가 주어. 3인칭 단수 취급.

→ **dica** v.tr. (tell) 말씀하세요. * (Lei) dire(말하다)! 명령형 → p.53

→ **mille** agg. (very, very much) 숫자 1000, 대단히, 매우.

→ **prego** escl. (don't mention it, welcome, not at all) 천만에. * pregare (긴칭하나)에서 파생.

→ **si figuri!** v.rifl. (not at all) 마음 편히 하세요! * (Lei) figurarsi(imagine, 재귀동사)! 재귀동사명령형은 일반동사의 명령형에 대명사를 첨가하면 된다. Lei에 대한 명령형은 대명사가 동사 앞으로, tu, noi, voi에 대한 명령형은 동사 뒤에 붙는다. (tu) Figurati! (Lei) Si figuri!

Lezione 7

|식사 메뉴|

- Antipasti(전채)
  Insalata di mare 해산물 샐러드
  Pomodori ripieni 내용물 채운 토마토

- Primi piatti(첫 번째 요리)
  Tortellini in brodo 국물 또르뗄리니
  Tagliatelle ai porcini 돼지고기 넣은 딸리아뗄레
  Lasagne al forno 오븐 라자냐
  Risotto ai funghi 버섯 리조또
  Spaghetti ai frutti di mare 해산물 스빠겟띠
  Spaghetti al pomodoro 토마토소스 스빠겟띠

- Secondi piatti(두 번째 요리, 주요리)
  <u>Carne</u> (육류)
  Cotoletta alla milanese 밀라노 식 커틀렛
  Braciola di maiale ai ferri 돼지고기 석쇠구이
  Pollo allo spiedo 닭꼬치
  Arrosto di vitello 송아지 로스구이
  <u>Pesce</u> (어류)
  Trota alla mugnaia 송어요리
  Sogliola 가자미 요리

- Contorni(vegetables, 야채류)
  Insalata mista (혼합) 샐러드
  Patate fritte 감자튀김
  Spinaci al burro 버터에 익힌 시금치
  Peperoni alla griglia 그릴에 구운 피망

- Dessert(후식, 디저트)
  Frutta fresca 신선한 과일
  Macedonia 과일 펀치
  Fragole 딸기
  Gelato 아이스크림
  Tiramisù 띠라미쑤

Grammatica

동사(Verbi)

직설법 현재(Indicativo presente)

	불규칙활용동사	규칙활용동사	
	volere (to want)	prend**ere** (to take)	prefer**ire** (to prefer)*
io	**voglio**	prend**o**	prefer - isc - **o**
tu	**vuoi**	prend**i**	prefer - isc - **i**
lui, lei, Lei	**vuole**	prend**e**	prefer - isc - **e**
noi	**vogliamo**	prend**iamo**	prefer**iamo**
voi	**volete**	prend**ete**	prefer**ite**
loro	**vogliono**	prend**ono**	prefer - isc - **ono**

* 제 3활용 동사(- ire) 가운데 preferire 처럼 삽입사 - isc - 를 갖는 대표적인 동사들이 있다.

capire(이해하다) capisco, capisci, capisce, capiamo, capite, capiscono

finire(끝내다, 끝나다) finisco, finisci, finisce, finiamo, finite, finiscono

spedire(발송하다) spedisco, spedisci, spedisce, spediamo, spedite, spediscono

직접대명사(Pronomi diretti)

1) ~을 / 를로 번역된다.
2) 무강세형은 활용된 동사 앞에 오거나 동사원형 뒤에 바로 붙어 나올 수 있다.
3) 강세형은 주로 전치사와 함께 사용된다. per me, di te, da lui ...

	무강세형 (forme atoni)		강세형 (forme tonici)
io	**mi**	나를	**me** *
tu	**ti**	너를	**te** *
lui	**lo**	그를/그것(남성 단수)을	lui
lei	**la**	그녀를/그것(여성 단수)을	lei
Lei	**La**	당신을	Lei
noi	**ci**	우리들을	noi
voi	**vi**	너희들을	voi
loro	**li, le**	그들을/그것들(남성 복수)을, 그녀들을/그것들(여성 복수)을	loro

* Voglio **te.** (나는 너를 원한다) 강세형이 단독으로 목적어 역할을 하기도 한다.

Lezione 7

Episodio

"지금도 잊지 못할 Vulcano 식당!"

1991년 이탈리아에 유학 중인 대학 동기들과 Luigi Pirandello의 고향 시칠리아 Agrigento를 방문했을 때의 일이다. 점심 무렵, 일행은 생선요리를 하는 식당을 찾았다. 한적한 곳에 자리 잡은 Vulcano(화산) 레스토랑이었다.

배가 나온 중년의 푸짐한 체격의 cameriere가 메뉴를 들고 왔다. 다들 이탈리아어를 잘 했기에 우리는 자신감으로 충만하여 각자 메뉴를 들여다보았다. 그런데 생선 요리를 주로 하는 ristorante여서 그런지 음식 명칭에 생선이름이 모두 들어가 있는 것이 아닌가. 기초적인 생선은 알고 있었지만 색다른 맛을 느껴보기 위해 다른 것을 주문하기로 하고 또 다시 메뉴를 '연구'하기 시작했다. 그러나 우리 네 명 모두가 모르는 생선이 있었다. 웬지 그것이 맛있을 것 같아 cameriere를 불러 물어보기로 했다.

그는 먼 동양에서 온 우리들에게 열심히 친절하게 그 생선을 설명하기 시작했다. 시칠리아 사투리가 많이 섞여서 그런지 잘 알아들을 수도 없었다. 어리둥절한 우리를 곧 눈치 채고는 어디론가 급히 가더니 잠시 후, 그는 쟁반에 그 생선을 직접 들고 나오는 것이 아닌가. 우리는 무척 놀라 아연 질색할 수밖에 없었지만 한편으로는 매우 고마웠다. 그런데 미안하게도 맛이 없어 보인다는 표정을 짓자, 또 눈치 빠른 그는 주방으로 달려갔다.

이번에는 주방장과 주인까지 대동하고 나타났다. 황당했다. 몸 둘 바를 몰랐다. 이것마저 거부한다면 그들에게 미안해서 식사를 할 수 없을 것 같아 그것을 주문하기로 의견을 모았다. 참으로 경험하지 못했던 아름다운 광경이었다. 네 명은 서로 다른 생선 요리를 주문하여 조금씩 맛보며 즐거워했다. 친절한 cameriere는 식사 중에 가끔씩 우리에게 와서는 맛있느냐고 묻기도 하고, 어디서 왔나, 어디를 방문하려고 하느냐 등 너무도 살갑게 우리를 대해 주었다.

식사 후에 다음에 또 만나자는 인사(Arrivederci!)를 하고 나서 Pirandello 생가로 가려면 어떻게 가야하는가 하고 물었다. 버스가 자주 있는 것도 아니고 해서 걸어가려던 참에 사장이 나서면서 그곳까지 데려다 주겠다고 하는 말에 우리는 또 한 번 뒤로 넘어질 뻔 했다.

"지금도 잊지 못할 Vulcano 식당과 사람들!"

Firenze 역 앞에 뷔페식 인스턴트 식당이 있었다. 친구 세 명이 들어섰다. 이탈리아어를 할 수 있는 사람은 나뿐이어서 주문을 하고 정산을 한 후 음식 코너로 가서 cameriera(웨이트리스)에게 계산서를 내밀었다. 그런데 표정이 그리 유쾌하지 않아 보였다. 주문한 음식을 접시에 담으면서 그런 표정을 지어보였던 것이다. 왜 그럴까? 뭐가 문제인가?
세 명이 똑같은 메뉴를 주문했던 것이다. 서로 다른 것들을 주문해서 다양한 맛을 안 보고 획일적으로 같은 것을 먹는다는 것이 그녀에게는 이상하게 보였던 것이다. 그녀는 그저 우리가 주문한 것을 접시에 담아 주면 그만이었을 텐데, 마치 자신이 먹을 것처럼 생각했던 것은 아닐까?

이처럼 이탈리아인들은 다양성을 추구하는 것이 획일화된 것보다 즐거움을 더 느낄 수 있다고 보는 것 같았다.

"이제부터 한국에서도 친구들과 식사를 주문할 때 '돌솥비빔밥 세 개 주세요'라고 하지 말아야지!"

Europa e Italia | 이탈리아의 바다와 해안(Italia: i mari e le coste)

이탈리아는 지중해로 뻗어나간 "장화 모양(stivale)"의 나라이며, 바다는 수 천 년 동안, 정복과 상업을 위해 출항하는 함선의 통로였으며, 식량과 경제적 부의 원천이었다. 물론 오늘날에도 북부 아프리카로부터 가난한 이민자들과 물품들을 실어 나르는 선박들의 통로이기도 하다. 10세기 초에는 이탈리아의 경제, 문화적인 회복을 가져다 준 제노바(Genova), 피사(Pisa), 아말피(Amalfi), 베네치아(Venezia)와 같은 해양 공화국들(le Repubbliche Marinare)이 있었다.

✔ 모래와 바위(Sabbia e roccia)

우리는 강을 이야기하면서 지질학적으로 두 개의 이탈리아가 존재한다는 것을 보았다. 알프스 산맥과 아페니노 산맥에 둘러싸인 북부 이탈리아, 그리고 지중해로 뻗어 내린 반도가 그것이다. 이런 두 지역의 차이는 해안에 근거하고 있다. 북부 지역의 거대한 파다나 평원은 Po 강, 아디제(Adige)강, 피아베(Piave)강, 탈리아멘토(Tagliamento)강에 의해 형성되었고, 산악의 바위들이 비, 바람에 풍화되어 강

시칠리아 해안의 두 모습 : Belice의 모래 언덕과 북쪽 Trapani 근교 바위 해변

을 따라 흙과 모래로 변형되면서 바다로 옮겨져 왔다. 동해 바다인 아드리아티코 해안(l'Adriatico)의 조수간만의 차이가 극히 제한적이어서 흙, 구리, 자갈과 같은 쇄석들이 만조, 간조에 의해 운반되지 않고, 강 하구에 침적되어 해변과 개펄을 형성한다(몇 세기 전까지만 해도 라벤나에서 트리에스테에 이르는 해안은 하나의 개펄이었음).

Lezione 7

반면, 반도의 해안은 일반적으로 바위가 많고, 모래로 이루어진 강어귀의 규모는 작다. 해변이 있기는 하지만, 아드리아티코 북부 해안과 같이 넓게 분포되어 있지는 않다. 남쪽으로 내려갈수록, 조수간만의 차이는 더 커져, 개펄과 습지를 갖는 Po 강처럼 삼각주는 형성되지 못한다.

✔ 인간과 바다(Gli uomini e il mare)

북부 지역의 개펄들, 남부 지역과 섬의 강어귀는 고대부터 두 가지 기능을 갖고 있었던 작은 항구들을 형성했다.

항구들은 해안에 거주하는 사람들에게, 부분적으로는 도시 내륙에 거주하는 사람들에게 식량을 공급하는 어부들의 도착 지점이었다. 이탈리아에서 생선 요리는 매우 강한 전통을 지니며, 모든 해양 도시들은 전통적인 생선 요리 방식을 갖고 있다.

또한 항구들은 기본적으로 상거래를 위해 사용되었다. 수 세기 동안, 베네치아와 제노바는 지중해를 지배했는데, 그들의 배는 유럽에서 아시아로 물품을 실어 날랐다. 5세기 전, 유럽의 상거래를 확대시키기 위해 활동한 콜럼부스(Cristoforo Colombo), 카보토(Caboto) 형제, "America"의 기원이 된 아메리고 베스풋치(Amerigo Vespucci)라는 위대한 항해사들이 있었다.

비록 20세기의 미친듯한 경제 개발이 여러 지역에서 개펄, 강어귀, 암벽, 해변을 훼손시켰지만, 오늘날의 해안은 무엇보다 관광의 목적으로 사용되고 있다. 그러나 서서히 환경에 대한 관심이 높아지고 있고, 바다는 식량의 원천으로서 뿐만 아니라 주요 관광 자원으로서의 가치를 인정받게 되었다. 이탈리아의 관광 산업은 전체 GDP의 11%를 차지한다.

◀ 고대 베네토 지역의 개펄 지도는 알프스 산맥으로부터 흘러내려 온 물줄기가 매우 풍부하다는 것을 보여준다. 베네치아 사람들이 17세기부터 브렌타 강(il Brenta)과 피아베 강(il Piave)을 옮기기 위해 파놓은 세 개의 운하들을 관찰할 수 있다. 사실, 퇴적물이 쌓인 운하들은, 베네치아에게 삶의 원천이자 이민족의 침입을 방어하는 수단이었던 개펄을 없애고 있었다. 아래 그림은 크루즈 여객선이 베네치아의 심장부를 가로지르고 있다.

Lezione 08
Ottava | È possibile prenotare un tavolo?
테이블 예약 가능한가요?

Cultura

"예약도 약속이다!"

우리나라의 경우, 각 종 행사의 피로연과 같은 특수한 경우에만 식당 예약이 이루진다고 볼 수 있다. 고급 레스토랑의 경우도 간혹 예약을 하지만, 일반적으로 인원이 몇 안 될 때는 곧바로 식당으로 간다. 굳이 단골 식당이 아니어도 중요한 손님을 모실 때는 메뉴가 더 중요한 것 같다. 물론 회사 근처 자신이 자주 가는 단골 식당으로 갈 수도 있지만 드문 것 같다. 이는 두 집 걸러 한 집이 식당인 우리의 경우 지극히 당연한 현상일 것이다.

반면 이탈리아는 일정한 지역의 식당 수가 법으로 정해져 있다. 그러므로 식당을 운영하려 해도 쉽게 되지 않는다. 기존의 식당이 폐업하기를 기다려야 할지도 모르는 일이다. 식당뿐만 아니라 거의 전 업종이 이런 법의 제재를 받는다. 이는 과다하게 많은 점포들이 서로 심한 경쟁을 하다보면 결국 업주들만 피해를 볼 것이라는 분배 정책의 일환인 것 같다.

Lezione 8

따라서 이탈리아를 여행하다 보면 주요 관광지를 빼고는 식당이 적절히 고르게 분포되어 있다는 것을 발견할 수 있다. 다시 말해서 아무 식당이나 들러 식사하는 것이 그들에겐 어색할 수밖에 없다. 그리고 맛을 따지고 식당 주인과 종업원과의 인간관계를 중시하는 그들의 문화로 인해 가능한 한 단골을 선호하는 것이 아닌가 생각한다.

단골손님들로 항상 분비는 식당에 가려면 예약은 필수이다. 그냥 갔다가는 헛걸음하고 실망할 것이다. 예약은 인원과 시간을 알리는 것은 우리와 같지만, 특별한 경우 창가나 발코니 등 구체적으로 예약하는 것이 좋을 것이다. 메뉴도 미리 알려준다면 좋은 재료를 준비해 둘 것이다. 단골이기에 가능하다.

예약을 했으면 반드시 약속을 지키는 것이 좋다. 이것은 손님의 신뢰에 대한 책임이다. 이탈리아인들과 신뢰를 쌓기가 무척 어려운데 한 번 쌓으면 오래간다. 친구처럼 지낸다면 더할 나위가 없을 것이고, 그러나 매번 약속을 어긴다면 그들의 얼굴 표정부터 달라지며 냉냉하게 여러분을 대할 것이다.

"예약도 약속이다!"

Conversazione

A : Ristorante Roma, buongiorno.
안녕하세요. 레스토랑 로마입니다.

B : Buongiorno. Scusi, è possibile prenotare un tavolo per le otto?
안녕하세요. 죄송합니다만, 8인용 테이블 예약되나요?

A : Certo. Per quante persone?
물론입니다. 몇 분이신데요?

B : Sei, forse sette.
아마 여섯 일곱 명 될 겁니다.

A : D'accordo. E a che nome?
알겠습니다. 그럼 어느 분 이름으로 예약할까요?

B : Lochmann.
로취만으로 해 주세요.

A : Come, scusi?
죄송한데요, 다시 말씀해 주시겠어요?

B : Lochmann, elle - o - ci - acca - emme - a - enne - enne.
로취만. 엘레 – 오 – 치 – 악까 – 엠메 – 아 – 엔네 – 엔네

A : Ah, va bene.
   네, 좋습니다.

B : Grazie mille!
   대단히 감사합니다.

A : Prego, si figuri! A più tardi!
   천만에요! 편히 하세요! 이따 뵙겠습니다.

Conversazione

해설
- **Ristorante** m. (restaurant) 레스토랑. * 고유 명칭은 일반명사 뒤에 온다. Università Hankuk.
- **possibile** agg. (possible) 가능한.
- **prenotare** v.tr. (reserve) 예약하다. * 동사원형 prenotare가 주어 역할. 부정법 → p.85
- **le otto (persone)** f.pl. (8 persons) 8인.
- **quante persone** (how many persons) 몇 사람. * quante(의문형용사) + persone. 성수일치 의무.
- **forse** avv. (maybe, perhaps, about) 아마도, 대략.
- **D'accordo** (Agreed!, All right!) 알겠습니다, 동의합니다. * (essere) di + accordo(동의).
- **che nome** (which name) 어떤 이름. * a che nome 어떤 이름으로.
- **più** avv. (more) 더. * più tardi 더 늦게, 이따(later).
- **tardi** avv. (late) 늦게. * A più tardi!(See you later!) 이따 봐요!. A domani! 내일 봐요!. 전치사 'a'는 시간, 때를 의미한다.

>>> Comunicazione

- A che ora apre?
  몇 시에 개점하나요?

- È necessario prenotare?
  예약이 필요한가요?

- **Vorrei prenotare un tavolo** per 4 persone a nome Bosun Choi.
  최보선 이름으로 4인 테이블 예약하고 싶은데요.

- È libero questo tavolo?
  이 테이블 비어 있나요?

- **Vorrei un tavolo** all'aperto / nel settore (non) fumatori.
  노천 테이블 / 흡연석 (비흡연석) 원하는데요.

Lezione 8

- Cameriere(a), prego. **Mi può portare** la lista dei vini?
  웨이터(웨이트리스), 와인 리스트 갖다 주시겠어요?

- Può portare una forchetta / un altro bicchiere / un altro coltello?
  포크 / 다른 잔 / 다른 나이프 갖다 주시겠어요?

- Può portare un posacenere?
  재떨이 갖다 주시겠어요?

- **Vorrei ordinare.**
  주문하고 싶은데요.

- **Che cosa mi consiglia?**
  제게 어떤 것을 추천하시겠습니까?

- **Qual è il piatto del giorno?**
  오늘의 요리가 뭔가요?

- **Qual è la specialità locale?**
  지역 특별요리는 무엇인가요?

- È piccante?
  메워요?

- Ben cotto, per favore.
  잘 익혀주세요.

- **Potrei cambiare l'ordinazione?**
  주문을 바꿀 수 있나요?

- Questo cibo è guasto.
  이 음식은 상했어요.

- La minestra è fredda.
  스프가 식었어요.

- La pasta è scotta.
  빠스타가 너무 익었어요.

- La carne è dura.
  고기가 질겨요.

- Questo piatto è ottimo.
  이 요리는 최고입니다.

- Complimenti allo chef.
  쉐프께 경의를 표합니다.

Comunicazione

해설

- **che ora** (what time) 몇 시. * a che ora 몇 시에.
- **apre** v.tr. (open) (식당이) 문을 열다. * (il ristorante) aprire
- **necessario** agg. (necessary) 필요한. * prenotare가 주어. 3인칭 단수.
- **Vorrei** v.tr. (I would like to) (나는) ~하고 싶은데요. * (io) volere 조건법 → p.84
- **libero** agg. (free) 자유로운, (자리, 좌석이) 비어있는.
- **all'aperto** avv. (outdoors) 밖에, 야외에, 노천에. * allo(at) + aperto(opened). aprire의 p.ps.
- **nel** ~ (in the ~) ~ 안에, 내부에. * in + il. 전치사관사 → p.96
- **settore** m. (sector, area) 구역, 지역.
- **fumatori** m.pl. (smokers) 흡연자들. * fumatore s. ← fumare(smoke) + tore(~하는 사람)
- **non fumatori** 비흡연자들.
- **Cameriere** m. (waiter) 웨이터. ← camera(room) + iere(홀에서 일하는 남자) * cameriera f.
- **Può** v.aus. (can) (당신은) ~할 수 있다, ~해 주실래요. * (cameriere, Lei) potere.
- **forchetta** f. 포크.
- **bicchiere** m. (glass) 잔. * un altro bicchiere 다른 잔 하나.
- **coltello** m. (knife) 나이프.
- **posacenere** m. (ashtray) 재떨이.
- **ordinare** v.tr. (order) 주문하다. * Vorrei ordinare ~. 주문하고 싶어요. volere, potere, dovere+동사 원형
- **consiglia** v.tr. (recommend, advice) (당신이) ~를 추천하다. * (Lei) consigliare
- **piatto** m. (dish, flat) 요리, 접시.
- **specialità** f. (speciality) 특별함.
- **locale** agg. (local) 지역적인.
- **piccante** agg. (hot) (맛이) 매운.
- **Ben(e) cotto** agg.[p.ps] (well done) 잘 익힌. * cotto(익힌) ← cuocere(익히다)의 p.ps. 많은 형용사들이 과거분사에서 파생되는 과정을 거쳐 만들어진다.
- **Potrei** v.aus. (I could) (제가) ~해도 되나요. * (io) potere(can) 조건법 → p.84

Lezione 8

→ **cambiare** v.tr. (change) 바꾸다.
→ **ordinazione** f. (ordination) 주문. * ordinazione ← ordin<u>are</u>(주문하다) + (a)zione(명사형 접미사)
→ **cibo** m. (food) 음식.
→ **guasto** agg. (decayed) (음식이) 상한.
→ **fredda** agg. (cold) 차가운, 식은.
→ **scotta** agg.[p.ps.] (overcooked) 너무 익은. * scotto ← scuocere(너무 익히다)의 p.ps.
→ **carne** f. (meat) 육류, 고기.
→ **dura** agg. (hard, tough) 질긴, 딱딱한, 둔한.
→ **ottimo** agg. (best) 최고의. * ottimo = molto buono = buonissimo 절대적 최상급 → p.144
→ **Complimenti** m.pl. (compliments) 축하, 경의.
→ **lo chef** m. (chef) 쉐프(fr.), 주방장. * allo chef ← a + lo chef 쉐프에게

|식탁에 세팅되는 것들|

il piatto 접시, il coltello 나이프, la forchetta 포크, il bicchiere 잔, il cucchiaio 스푼, il cucchiaino 티스푼, il tovagliolo 냅킨, il sale 소금, il pepe 후추, l'olio 올리브유, l'aceto 식초, il pane 빵, la bottiglia 병

Grammatica

동사(Verbi)

단순 조건법(Condizionale semplice)

1) 완곡한 의미를 부여하는 표현법. (욕구 · 욕망, 가능성 · 추측, 완곡한 제안 · 조언, 친절한 질문…)
2) 영어의 would, could, should로 볼 수 있다.

	volere	**potere**	**dovere**
io	vor**rei** (I would)	pot**rei** (I could)	dov**rei** (I should)
tu	vor**resti**	pot**resti**	dov**resti**
lui, lei, Lei	vor**rebbe**	pot**rebbe**	dov**rebbe**
noi	vor**remmo**	pot**remmo**	dov**remmo**
voi	vor**reste**	pot**reste**	dov**reste**
loro	vor**rebbero**	pot**rebbero**	dov**rebbero**

부정법(Infinitivo)

동사원형을 사용해야 하는 여러 가지 경우에 관한 규칙

1) **volere, potere, dovere** (조동사 v.aus.) + 동사원형
   Vorrei **prenotare** ~. ~을 예약하고 싶은데요.(I would like~)
   Potrei **ordinare** ~? ~을 주문해도 되나요?(Could I ~)
   Dovrei **fare** ~. 나는 ~해야 될 것 같다.(I should ~)
   Dovrei **fare** una passeggiata. 나는 산책해야 될 것 같아.
   Il treno deve **restare** fermo ancora mezz'ora.
   기차는 30분 더 머물러 있어야 한다.
   Non devi **preparare** la cena, stasera ceniamo fuori.
   너 저녁 식사 준비할 필요 없다. 오늘 저녁 우리 외식한다.

2) 동사원형이 명사 역할을 할 수 있다. 3인칭 단수로 취급한다.
   È possibile **prenotare** un tavolo per 4 persone?
   4인용 테이블 예약(하는 것)이 가능한가요?
   Mi piace più **mangiare** a casa che (mangiare) alla mensa.
   구내 식당보다 집에서 밥 먹는 것이 나는 더 좋다. * più A che B=more A than B
   Bisogna **comprare** il biglietto prima di salire sull'autobus.
   버스에 오르기 전에 버스표를 살 필요가 있다.
   * 비인칭 동사 bisognare + 동사원형(~하는 것이 필요하다). bisogna는 3인칭 단수.

3) 전치사 + 동사원형
   Finisco di **lavorare** alle 18. 나는 18시에 일(하는 것)을 끝낸다.
   Iniziamo a **lavorare** alle 9. 우리는 9시에 일(하는 것)을 시작한다.
   Carlo crede di **avere** ragione. 까를로는 (자신이) 옳다고 믿는다.
   Annarita cerca di **rispondere** a tutti. 안나리따는 모두에게 대답하려고 애쓴다.

 Episodio

"너 한국에서 부자니?"

1995년 내가 거주하던 Poggio Renatico의 동네 친구 Marco와 Maximiliano에게 저녁식사 대접을 하고 싶던 차에 마침 대학교 제자들이 여행하다가 나의 집을 방문해 주었다. 무척 반가운 마음에 이탈리아 친구들과 제자들을 데리고 근교 중국식 레스토랑에 테이블을 예약했다.

Lezione 8

들뜬 마음에 우리는 Marco의 소형승용차에 몸을 실었다. 이탈리아 자동차들이 대부분 작아 다소 불편하기는 했지만 중요하지 않았다. 기름 한 방울 안 나는 이탈리아는 될 수 있으면 불필요한 운행을 자제한다. 특히 시내에 갈 때는 주차 문제로 인해 대중교통 수단을 이용한다. 그도 그럴 것이 5700만 인구가 4200만대의 차를 보유하고 있으니, 보다 작은 자동차, 보다 연비가 높은 차를 선호하는 것은 당연하다.

아무튼 우리는 예약된 ristorante cinese(중국식 레스토랑)에 들어섰다. 나의 단골이 아니라 Marco의 단골이었기에 나는 마치 초대된 사람처럼 그의 처분대로 할 수밖에 없었다. 정해진 테이블에서 우리 다섯 명은 특별한 중국식 저녁 식사를 즐겁고 맛있게 먹었다. 제자들로부터 학교 소식도 전해 듣고 그들의 여행 이야기도 듣고...

어느 덧 많은 시간이 흘러 나는 cameriere(웨이터)에게 il conto(계산서)를 부탁했다. 리라를 사용하던 당시 10만 리라가 나왔다. 이는 원화로 5만원이었다. 그 정도면 다섯 명의 식사비용 치고는 많이 나온 것은 아니었다. 나는 재빨리 돈은 꺼냈다. 동시에 Marco와 Max도 같이 계산하자면서 내 손을 잡았다. 그것도 심각하게... 내가 낼 수밖에 없다는 이유를 설명한 후에야 그들은 꺼낸 돈을 거두었다.

식당을 나오면서 Max가 내게 하는 말, "너 한국에서 부자니?", "..." 이탈리아 청년들의 호주머니에서 10000리라 나오는 것을 그리 많이 보지 못했던 나로서는 충분히 이해할 수 있었으나, 우리 돈 5만원에 그렇게까지 말 할 줄은 미처 몰랐다. 나는 또 한 번 검소한 그들에게 경의를 표하고 싶을 정도였다.

Europa e Italia | 이탈리아의 산, 구릉, 계곡(Italia: i monti, le colline, le valli)

이탈리아 강을 통해 보았듯이, 이탈리아의 산악도 사실은 두 개로 나누어 생각해야 한다.
북부 지역에는 광활한 평원이 있으나, 지중해로 뻗어 내린 반도에는 평원이 매우 드물다. 이것은 어째서 이탈리아가 수 세기 동안 수 백 개의 작은 자치 도시로 분리되어 왔는가를 설명해 준다. 왜냐하면 산악 지대에서 물품 운송은 어려웠기 때문이었다.

✔ 산 (Monti e montagne)

"montagna"와 "monte" 간의 차이는 없다. 두 가지 모두 큰 바위들로 형성되고 해발 2000m 이상으로서, 몇 개월 동안 눈으로 덮여있는 것을 의미한다. 알프스 산맥에서 가장 높은 몬테 로사(il Monte Rosa)와 몬테 비앙코(il Monte Bianco) 같은 산들은 일 년 내내 눈으로 덮여있다. 아페니노 산맥의 산들은 알프스 산맥의 산들과 같이 높지는 않다. 그러나 가장 중요한 산들은 볼로냐와 피렌체 사이에 있는 치모네 산(il Cimone)과 아브룻쪼 주`(Abruzzo)에 있는, 반도에서 가장 높은 산, 그란 쌋쏘(Gran Sasso)가 그들이다. 또한 많은 화산들, 특히 나폴리에 있는 베수비오 산(il Vesuvio) 혹은 파도바에 있는 콜리 에우가네이(i Colli Euganei) 같은 휴화산, 그리고 시칠리아 섬 카타니아에 있는 에트나 산(l'Etna), 시칠리아 북부에 있는 화산섬인 스트롬볼리(Stromboli)와 불카노(Vulcano)섬과 같은 활화산들도 있다.

✔ 구릉 (Colli e colline)

이탈리아의 대부분은 평야 지대도 아니고, 그렇다고 산악 지대도 아니다. 구릉으로 형성되어 있다(이 경우에도 colle와 collina의 차이는 없으나, 용법에 있어서 "collina"는 일반 명사로 쓰이는 반면, "colle"는 고유명사를 동반한다). 그래서 이탈리아의 자연 경관은 물결치는 형상을 지니고 있으며, 수천 년 동안 경작에 의해 옥토로 변화되었다.

✔ 계곡(Valli e vallate)

이 경우에도 두 개념의 의미는 거의 비슷한데, "vallata"는 흔히 넓고 광범위한 계곡인데 반해, "valle"는 좁은 계곡을 의미한다.

알프스 산맥에는 빙하기에 파다나 평원까지 이르렀던 얼음 덩어리에 의해 형성된 광활한 계곡들이 있다. 프랑스로부터 내려오는 아오스타 계곡(la valle di Aosta), 스위스에서 내려오는 발텔리나 계곡(la Valtellina), 그리고 오스트리아와 연결되어 있는 아디제 계곡(la valle dell'Adige)들은 빙하기에 형성된 3대 계곡들이다. 계곡의 바닥이 원형으로 깎여 있다고 하여 "U"자형 계곡이라 칭하는 반면, 강물에 의해 깎인 계곡을 "V"자형 계곡이라 부른다. 아페니노 산맥에 형성된 거의 대부분의 계곡들이 "V"자형 계곡에 속한다.

▲ 알프스 산맥 북동쪽에 위치한 돌로미티 계곡(le Dolomiti).

▲ 롬바르디아 주에 있는 발텔리나(Valtellina). 전형적인 "U"자형 계곡.

Lezione 09 Nona | **Che cosa fai nel tempo libero?**
여가 시간에 뭐하니?

 Cultura

"그들의 여가가 부럽다!"

이탈리아 직장인들의 하루 일과는 bar에서 cappuccino와 cornetto(크라상)로 간단히 아침을 먹는 것으로 시작된다. 12시30까지 일을 하면 2시간 정도의 점심시간이 기다리고 있다. 직장과 집이 가까우면 집으로 가서 어머니나 아내가 준비한 따뜻한 pasta를 먹고, 잠시 휴식을 취하거나 눈을 붙인다. 오후 근무는 보통 저녁 5~6시경 끝난다. 귀가 길에 bar에 들러 aperitivi를 마신다. 저녁식사는 8시 경 가족과 함께 즐긴다. 식사 후 piazza로 산책을 하러 나간다. 이것이 이탈리아인들의 일상에서 갖는 여가라고 할 수 있다.

새벽부터 출근을 서두르고 아침을 뜨는 둥 마는 둥 허겁지겁 전철을 타고, 한 시간 이상을 수많은 인파에 묻혀 졸다가 인파에 떠밀려 가까스로 직장에 도착해 근무를 시작한다. 점심시간은 한 시간. 인근 식당에서 빠른 속도로 끝내고 산책할 곳도 마땅치 않으니, 바로 사무실로 들어와 오후 일을 준비한다.

저녁 7시경 격무를 끝내고 동료들과 친구들과 회사 근처에서 소주 몇 잔 하고, 또 다시 전철로 지친 몸을 이끌고 집에 오면 자정. 간단히 씻고 곧바로 취침. 이것이 우리나라 샐러리맨의 하루 일과 일 것이다. 여가라고는 찾아 볼 수가 없다.

주5일 근무가 정착되어 그나마 한국의 직장인들에게는 다행이다. 그러나 5일 동안 틈틈이 여가를 즐기지 못해 생긴 스트레스로 인해 그저 잠만 자고 싶을 뿐, 가족과 함께 여가를 즐길 엄두가 쉽게 나지 않는 것 같다. 공원이라도 가려하면 차로 한참을 이동해야 하고, 마땅히 한가한 여가를 즐길 만한 탁 트인 공간이 그리 충분하지 못한 것이 현실이다.

이탈리아인들의 주택은 3-4층의 빌라 혹은 단독 주택의 경우가 많아 화초를 가꾸기도 하고 집수리를 하기도 하며 차를 고치기도 한다. 한 동네에서 오래 살아 친한 이웃들이 많다. 그들과 이런저런 화제로 따뜻한 양지에 모여 앉아 대화를 나누는 모습을 많이 볼 수 있다. 걸어서 몇 분 거리에 있는 광장(piazza)에서 여유를 부리며 아이스크림도 먹고, 상점의 쇼윈도도 들여다보고, 벤치에 앉아 책도 읽는다. 단골 bar에 들러 맥주나 caffè를 마시기도 한다. passeggiata(산책)을 통해 어느 정도의 여가를 즐기며 스트레스를 날려버린다.

일요일이면 친구들을 집으로 초대해 파티를 열거나, 축구장으로 가 마음껏 소리 지른다. 지중해성 기후에 속해있어 무척 더운 7월말에서 8월말까지 여름휴가를 즐기는데, 직업에 따라 기간이 다르긴 하지만, 보통 2주에서 길게는 한 달을 휴양지나 집에서 보내고 부활절(Pasqua) 휴가 일주일, 12월22일 무렵부터 다음해 1월7일경까지 성탄절(Natale) 휴가를 보내는 이탈리아인들은 참으로 복 받은 사람들인 것 같다. 하루 일과에서 얻는 여가와 일년 중 얻는 휴가들은 고단한 삶에 지친 그들에게 여유와 인생의 즐거움을 주는 것 같다.

"그들의 여가가 부럽다!"

Conversazione

A : **Che cosa fai nel tempo libero?**
　　너는 여가 시간에 뭐하니?

B : **Io di solito faccio sport**: vado in palestra. E tu?
　　나는 주로 운동을 해. 체육관에 가. 근데 너는?

A : Io invece sto quasi sempre a casa: dormo a lungo, leggo o guardo la TV.
　　반면에 나는 거의 항상 집에 있어. 늘어지게 자고, 책을 읽거나 TV를 봐.

Lezione 9

B : Che cosa fai il fine settimana?
주말에 너는 뭐하니?

A : Mah, il sabato sera esco sempre con gli amici. Andiamo spesso in discoteca.
어, 토요일 저녁이면 나는 늘 친구들과 외출해. 우리는 자주 디스코텍에 간다.
E tu, che cosa fai?
그럼 너는 뭐하니?

B : Anch'io esco con gli amici, ma non andiamo mai a ballare.
나도 친구들과 외출하지만 절대 춤추러 가지는 않아.
Spesso mangiamo una pizza insieme e qualche volta andiamo al cinema.
자주 우리는 함께 피자를 먹고 가끔은 영화관에 간다.

Conversazione

해설

- **che cosa** (what) 무엇.
- **fai** v.tr. (do) (너는) ~을 한다. * (tu) fare 불규칙활용 ← p.20
- **tempo libero** m. (free time) 여가 시간. * 형용사 libero는 tempo에 성수일치.
- **di solito** avv. (usually, generally) 주로, 흔히.
- **faccio** v.tr. (do) (나는) ~한다. * fare + 명사 ~을 하다.
- **sport** m. (sports) 스포츠, 운동. * 외래어는 남성. 자음으로 끝나므로 어미변화 없다.
- **vado** v.intr. (go) (나는) ~에 간다. * (io) andare 불규칙활용 ← p.52
- **palestra** f. (gynasium) 체육관, 헬스클럽.
- **quasi sempre** avv. (almost always) 거의 항상.
- **sto** v.intr. (stay) (나는) ~에 머물다. * (io) stare 불규칙활용 ← p.52
- **casa** f. (home) 집. * a casa 집에.
- **dormo** v.intr. (sleep) (나는) 잔다. * (io) dormire
- **a lungo** (for a long time) 오랫동안, (잠을) 늘어지게.
- **leggo** v.tr. (read) (나는) ~를 읽는다. * (io) leggere
- **guardo** v.tr. (look) (나는) ~를 본다. * (io) guardare
- **il fine settimana** m. (weekend) 주말. * la fine(the end) + la settimana(the week) 복합어의 성은 거의 대부분 남성이다.
- **il sabato sera** m. (saturday evening) 토요일 저녁마다. * il sabato(토요일) + la sera(저녁) 복합어이므로 남성. 정관사가 쓰일 때는 '토요일 저녁마다'.
- **esco** v.intr. (go out) (나는) 외출한다. * (io) uscire 불규칙활용동사 (esco, esci, esce, usciamo, uscite, escono)
- **Andiamo** v.intr. (go) (우리는) 간다. * (noi) andare 불규칙활용동사
- **spesso** avv. (often) 자주.
- **discoteca** f. (discotheque, record library) 디스코텍, 레코드 가게.

- **non ~ mai** (never) 결코 ~하지 않는다.
- **ballare** v.tr. (dance) 춤을 추다. * andare a ballare 춤추러 가다. 동사 두 개가 연이어 오면 서로 싸우기에 영어의 'to 부정사'에 해당되는 'a' 혹은 'di'를 넣어야 한다. andare는 'a'와 함께 한다. andare a + 동사원형 ~하러 가다.
- **mangiamo** v.tr. (take, eat) (우리는) ~를 먹는다. * (noi) mangiare
- **insieme** avv. (together) 함께.
- **qualche volta** avv. (sometimes) 가끔, 종종. * qualche(some) + 단수
- **il cinema** m. (cinema) 영화관. * a + il cinema 영화관에. il cinematografo의 줄임말.

⟫⟫ Comunicazione 🎧

A : Che cosa fai nel tempo libero?
넌 여가 시간에 뭐하니?

B : Vado al cinema.
영화관에 간다.

Vado a teatro.
오페라 극장에 간다.

Vado in bicicletta.
자전거 탄다(타고 간다).

Faccio una passeggiata.
산책한다. * fare + 명사 ~하다.

Faccio la spesa.
장 본다.

Faccio yoga.
요가 한다.

Faccio ginnastica.
운동 한다.

Gioco a tennis.
테니스 친다. * giocare (놀다, 플레이하다) + a + 운동 종목

Gioco a carte.
카드놀이 한다.

Lezione 9

Ascolto musica.
음악 듣는다. *ascoltare 듣다, 감상하다.

Leggo il giornale.
신문 읽는다. *leggere 읽다.

Lavoro in giardino.
정원에서 일한다. *lavorare 일하다.

Cucino.
요리한다. *cucinare 요리하다.

Mangio fuori.
외식한다. *mangiare 먹다.

Navigo su Internet.
인터넷 검색한다. *navigare 항해하다, 검색하다.

A : Ti piace la cucina italiana?
네게 좋으니 이탈리아 요리가? (넌 이탈리아요리를 좋아해?)

B : Sì, molto.
응, 매우.

A : Ti piace cucinare?
네게 좋으니 요리하는 것이? (넌 요리하는 것 좋아해?)

B : Sì, moltissimo.
응, 아주 매우.

A : Ti piacciono i film gialli?
네게 좋으니 추리 영화들이? (넌 추리영화 좋아해?)

B : No, non molto.
아니, 그렇게 좋아하지는 않아.

A : Le piace la cucina italiana?
당신에게 좋아요 이탈리아 요리가? (이탈리아 요리 좋아해요?)

B : Sì, molto.
네, 매우 좋아해요.

A : Le piace cucinare?
당신에게 좋아요 요리하는 것이? (요리하는 것 좋아하세요?)

B : Sì, moltissimo.
　　네, 아주 좋아해요.

A : Le piacciono i film gialli?
　　당신에게 추리 영화들이 좋아요? (추리영화 좋아하세요?)

B : **No, per niente.**
　　아니요. 전혀.

A : A me piace l'arte moderna.
　　내게 좋다 현대예술은. (난 현대예술을 좋아해.)

B : **Anche a me. / A me invece no.**
　　역시 내게도 좋아. / 반면 내게는 안 좋아.

A : A me non piace la musica classica.
　　내게 안 좋다 고전음악은. (난 고전음악을 좋아하지 않아.)

B : **Neanche a me. / A me invece sì.**
　　내게도 안 좋다. / 반면 내게는 좋아.

A : Scusi, **che ora è? / che ore sono?**
　　죄송한데요, 몇 시죠?

B : È l'una.
　　한 시입니다.

　　È mezzanotte.
　　자정입니다.

　　È mezzogiorno.
　　정오입니다.

A : Scusi, **sa che ore sono?**
　　죄송합니다만, 몇 시인지 아십니까?

B : Sono le due e un quarto.
　　2시 15분입니다. (un quarto = $\frac{1}{4}$)

　　Sono le tre e venticinque.
　　3시 25분입니다.

　　Sono le quattro e trenta (mezza).
　　4시 30분 (반)입니다.

Sono le cinque meno venti.
20분 전 5시입니다. * meno는 마이너스.

- Studio l'italiano **per** lavoro.
  나는 일 때문에 이탈리아어를 공부한다.
- Studio l'italiano **perché** amo l'Italia.
  나는 이탈리아를 사랑하기에 이탈리아어를 공부해.

Comunicazione

해설

- **Ti** pron. (to you) 네게. * 간접대명사 → p.95
- **piace** v.intr. (like) ~가 좋다. * ti(네게) + piace(좋다) + la cucina italiana(이탈리아 요리가)
- **la cucina** f. (food, cooking) 음식, 요리.
- **cucinare** v.tr. (cook) 요리하다, 요리하는 것. * Le(당신에게) + piace(좋다) + cucinare(요리하는 것이).
- **moltissimo** avv. (very much) 아주, 매우. * molto + issimo 절대적 최상급 → p.144
- **piacciono** v.intr. (like) ~들이 좋다. * Le(당신에게) + piacciono(좋다) + i film gialli(탐정영화들이).
- **i film gialli** m.pl. (detective films) 탐정 영화들. * giallo(노란색)가 '탐정의'라는 형용사로 굳어진 이유는 'Mondadori' 출판사가 탐정소설들로 선풍적인 인기를 끌자 책 표지가 노랗다고 하여 그렇게 불려지게 되었다. il film s. i film pl. 외래어는 단복수 동형.
- **Le** pron. (to You) 당신에게. * 간접대명사
- **per niente** (nothing) 전혀.
- **A me** pron. (to me) 내게. * A me(강세형) = mi(무강세형) 간접대명사
- **l'arte** f. (art) 예술. * la+arte 모음축약.
- **moderna** agg. (modern) 현대적인, 근대적인.
- **la musica classica** f. (classic music) 고전음악.
- **Neanche** avv. (not even) ~ 도 역시 아니다. ⟷ anche ~ 역시.
- **mezzanotte** f. (midnight) 자정. * mezza(반) + notte(밤) 24시간의 반은 자정 12시.
- **mezzogiorno** m. (midday, noon) * mezzo(반) + giorno(낮) 24시간의 반은 정오 12시.
- **le (ore) due** (two o'clock) 두 시. * Sono le due. 2시입니다. 주어인 2시는 복수.
- **Studio** v.tr. (study) (나는) ~를 공부한다. * (io) studiare
- **per lavoro** (for work) 일 때문에, 일을 위해. * lavoro(일) ← lavorare(일하다)
- **perché** cong. (because) ~ 때문에, 왜냐하면.
- **amo** v.tr. (love) (나는) ~를 사랑한다. * (io) amare
- **Italia** f. (Italy) 이탈리아. * la + Italia = l'Italia. 국가명은 대문자로 시작. la Corea.

Grammatica

빈도부사(Avverbi di frequenza)

non ~ mai < qualche volta < spesso < di solito < sempre
- Esco **sempre** con gli amici.
  난 **늘** 친구들과 외출한다.
- **Di solito** la sera guardo la TV.
  흔히 저녁에 나는 TV를 본다.
- **Spesso** mangio fuori. (Mangio spesso fuori.)
  자주 나는 외식한다.
- **Qualche volta** vado al cinema.
  가끔 나는 영화관에 간다.
- **Non** vado **mai** a sciare.
  나는 **절대로** 스키 타러 가지 않는다.

간접대명사(Pronomi indiretti) → gr.17

1) '~ 에게'로 번역된다.
2) 무강세형 : mi, ti, gli, le, Le / ci, vi, gli
   강세형 : a me, a te, a lui, a lei, a Lei / a noi, a voi, a loro

		무강세형 (forme atone)	강세형 (forme toniche)
io	**mi**	나에게	= **a me**
tu	**ti**	너에게	= **a te**
lui	**gli**	그에게	= a lui
lei	**le**	그녀에게	= a lei
Lei	**Le**	당신께	= a Lei
noi	**ci**	우리들에게	= a noi
voi	**vi**	너희들에게	= a voi
loro	**gli**	그들에게	= a loro

3) 무강세형은 항상 활용된 동사 앞에 온다. 부정어 non은 무강세형 앞에, 강세형 뒤에 온다. 다시 말해서 무강세는 약한 형태이므로 막강한 동사와 바로 붙어 있어야 된다.

(Non) **Mi piace** sciare. 나에게 스키 타는 것은 좋다. (안 좋다.)
  A me (non) piace sciare.
(Non) **Ti piace** il corso d'italiano? 네게 이탈리아어 과정이 마음에 드니(안 드니)?
  A te (non) piace il corso d' italiano?
(Non) **Le piace** navigare su Internet? 당신께 인터넷 검색이 좋아요(안 좋아요)?
  A Lei (non) piace navigare su Internet?
4) 강세형은 강조할 때 혹은 단독으로 쓰일 때 주로 사용된다. **A me** non piace sciare. E **a te**?

전치사관사(Preposizioni articolate)

1) 전치사와 정관사의 결합 형태를 의미한다.

		il	**i**	**lo**	**gli**	**la**	**le**
a	to, at	al	ai	allo	agli	alla	alle
di	to, of	del	dei	dello	degli	della	delle
da	from, by	dal	dai	dallo	dagli	dalla	dalle
su	on	sul	sui	sullo	sugli	sulla	sulle
in	in	nel	nei	nello	negli	nella	nelle
con	with	con il cane					
per	for	per la mamma					
fra	between	fra l'Italia e la Corea					

2) di + il = dil이어야 하나 모음 'i'는 발음하기 어려워요. 그 보다 쉬운 'e' 모음으로 자연스럽게 변화되어 del로 발음해요.
3) in + il = inil이어야 하나 음성학적으로 그 보다 nil이 소리가 쉽고 또 그 보다 nel이 자연스러워요. '언어는 소리의 자연스러움이 우선입니다. 소리의 원리가 문법에 우선합니다.'

장소 전치사(Preposizioni di luogo): A, IN

상태동사(essere, stare), 동작동사(andare)와 함께 동일한 전치사가 사용된다.
- **Sono in** palestra. / **Vado in** palestra.
  난 체육관에 있다. / 난 체육관에 간다.
- **Sono a** casa. / **Vado a** casa.
  난 집에 있다. / 난 집에 간다.
- **Sono al** cinema. / **Vado al** cinema
  난 영화관에 있다. / 난 영화관에 간다.

동사(Verbi)

직설법 현재(Indicativo presente)   규칙활용동사 → p.62

	cucin**are** 요리하다	mangi**are** 먹다	navig**are** 검색 / 항해하다	gioc**are** 놀다	legg**ere** 읽다	piac**ere*** ~가 좋다
io	cucino	mangio	navigo	gioco	leggo	
tu	cucini	mangi	navig**h**i	gioc**h**i	leggi	
lui	cucina	mangia	naviga	gioca	legge	**piace**
noi	cuciniamo	mangiamo	navig**h**iamo	gioc**h**iamo	leggiamo	
voi	cucinate	mangiate	navigate	giocate	leggete	
loro	cucinano	mangiano	navigano	giocano	leggono	**piacciono**

* piacere 가 타동사로 쓰일 경우, 단수 1, 2인칭과 복수 1, 2인칭도 쓰인다.
  ex) Mi piaci? (너 나를 좋아하니?) Sì, ti piaccio molto. (응, 무척 좋아해.)

Episodio

"A me mi piace!", "이탈리아에서 친구만 되면 안 되는 것이 없다?"

1995년 Firenze 근교 한 마을에서 절친한 대학 동기 부부와 임시로 함께 살 때 일이었다. 친구 내외와 모처럼 pizza를 먹으러 그들의 단골집에 가게 되었다. 주인의 이름은 Renato. 단골집에 가면 초대받은 사람에게 주인을 소개하는 것이 자연스러운 과정이었다. 그는 당시 내 나이 또래로 보였고 인상도 좋았으며 pizza도 직접 구웠다. 종업원은 모두 가족이었고.

우리는 pizza를 다양하게 각자 한 판씩 주문해 맥주와 맛있게 먹고 있을 때 옆 테이블에 홀로 앉아 맥주를 마시던 50대 남자가 우리를 유심히 지켜보다가 내게 말을 걸었다.
"Speak english?" 둔탁하고 엉성한 발음의 영어 한 마디였다. 영어 못하기로 유명한 이탈리아 사람들이 떠올라 나는 잠시 속으로 웃고는 바로 대답했다.
"Parlo italiano." 그는 신기하다는 듯이 만면에 환한 미소를 띠우며 계속 우리와 대화하기를 원하는 듯 했다. 마침 우리도 심심하던 차에 흔쾌히 받아들이고 합석을 했다. 이런 저런 이탈리아 돌아가는 이야기며, 왜 이탈리아에서 살고 있는가, 무엇 때문에 이곳까지 왔는가 등등.

어느덧 술이 되어 점점 친해지게 되었고, 가끔 주인도 우리 테이블을 왔다갔다 괜스레 지나 다니며 우리 대화를 엿듣는 것 같았다. 당시 한국의 노래방 시스템은 가히 세계적이라 할 만큼 발전했지만 이곳 이탈리아는 원시적인 형태의 시스템을 갖추고 손님들의 흥을 돋우고 있었다. 그러나 그런대로 좋았다. 성격 좋은 주인의 강력한 요구에 나는 'O sole mio'를 부르고 말았다. 이때부터 나는 주인과 매우 가깝게 지낼 수 있었다.

대화가 무르익던 순간 50대의 그 남자는 대뜸 우리 여자 대학 동기가 말한 표현을 가지고 트집을 잡았다. 'A me mi piace la pizza'. 그의 주장은 'A me'와 'mi'는 똑같이 '나에게'라는 간접대명사인데, 중복해서 사용했으므로 비문법적인 문장이라는 것이다. 언어학을 전공한 나는 친구를 방어했다.

"언어라는 것은 반드시 문법적이어야 하는 절대 당위성은 없다. 의사전달의 수단이다. 반복을 통해서 강조도 할 수 있고, 말에 맛깔을 주기도 하므로 우리 친구의 이 표현은 문법적으로도 옳다."
우리 동기들은 고소하다는 표정으로 내게 힘을 더욱 실어주었다. 그렇다. 여러분들이 위에서 공부했듯이 문법적으로도 맞는 표현이다. 그처럼 이탈리아인들이라고 해서 완벽한 언어를 구사한다고 생각하면 오산이다. 오히려 문법적으로는 이탈리아어 전공자가 더 정확할지도 모르겠다. 다만 살아있는 말(lingua viva)에서는 당연히 native에게 당해낼 재간이 없어도 말이다. 멋지게 50대 남자의 도전에 KO 펀치를 날리고 우리는 집으로 돌아왔다. 그 후 나는 그와 주인, 그리고 주인의 가족과 친하게 지내게 되었고, 자주 들르는 단골 피자집이 되었다.
하루는 친구의 고물차 Ritmo 60(정지 시에 브레이크와 액셀을 동시에 밟고 있어야 시동이 꺼지지 않았음)를 타고 가다가 야밤에 펑크가 났다. 우리나라처럼 늦게까지 영업하는 카센터도 없고 해서, 다음 날 나는 피자집 주인 Renato를 찾아가 자초지종을 말하고 도움을 구했더니, 그의 단골 카센터에 연락을 해 사람을 불러주었고 수리비까지 빌려주었다. 너무도 고마웠다.

"이탈리아에서 친구(amico)만 되면 안 되는 것이 없다?!"

Geografia economica e culturale

이탈리아의 운송(Trasporti)

한 나라의 운송수단은 마치 인체에 흐르는 혈액과도 같다. 운송수단은 삶에 필요한 물건을 곳곳에 전달하는 역할을 하는 것이다. 그러나 혈액이 위험한 물질로 채워질 수 있는 것과 마찬가지로 운송수단들도 환경오염과 심리적인 병, 다시 말해서 스트레스, 피로, 불안, 그리고 죽음의 원인이 될 수 있다. 매년 6000명이 교통사고로 목숨을 잃는다. 특히 청년 사망자 수는 압도적이다.

✔ 교통체계(La struttura)
이탈리아의 교통 체계는 몇 가지 독특한 특징을 지닌다.
* 일반적으로 철도와 도로는 근접 거리에 평행으로 발달되어 있다.

* 이탈리아 내에 도시, 소도시, 마을의 수가 수 천 이기에 지역의 도로망은 매우 조밀하다. 반면, 지역의 철도망은 대단히 부족하다. 이런 면에서 보면 이탈리아는 후진국이다.
* 해상 운송 수단으로 유일한 강은 Po강인데, 운송 면에서 보면 그리 효율적이지 못하다. 또한 해안을 따라, 도시에서 도시로의 운송은 발달되지 못했다. 최근 50년 동안 이탈리아 역대 정부들은 고속도로망을 강화하는 것을 우선 정책으로 삼았다. 그러나 이것은 불행한 선택이었다.

이탈리아의 외형은 운송망의 외형과도 같다고 할 수 있다. 북부 지방에는 토리노에서 트리에스테에 이르는 가로축이 있고, 다시 이 축으로부터 3개의 세로축, 다시 말해서, 밀라노, 베로나, 파도바에서 출발하여 교통의 요충지인 볼로냐로 이어지는 축이 있다. 다시 볼로냐에서 남부 지방으로 두 개의 길이 뻗어내려간다. 하나는 동쪽 아드리아티코 해(l'Adriatico) 방향으로, 다른 하나는 서쪽 티레노 해(il Tirreno) 방향의 도로이다.

✔ 물류 수송(Il trasporto delle merci)

아래 그림은 이탈리아 철도청 인터넷 홈페이지에서 발췌한 것이다. 오늘날 밀라노와 유럽과의 연결은 매우 잘 발달되어 있으나 중남부 지방은 아직도 교통의 불모지라 할 수 있다.

이탈리아에는 오늘날 그 대가를 톡톡히 지불해야만 하는 정책이 있었다. 수 년 동안 철도 혹은 해상 수송보다는 트럭에 의한 수송을 선호했다. 이것은 자동차 산업을 지탱해 주기는 했지만, 환경을 오염시켰고, 도로를 훼손시켰으며, 거대한 화물 트럭 사이로 소형차들이 고속도로를 달려야 하는 위험 요소가 되었다. 또한 철도망 확충을 위한 투자를 막았다. 그러나 지금은 정책이 바뀌어가고 있는 중이지만, 시간과 막대한 자본을 필요로 한다.

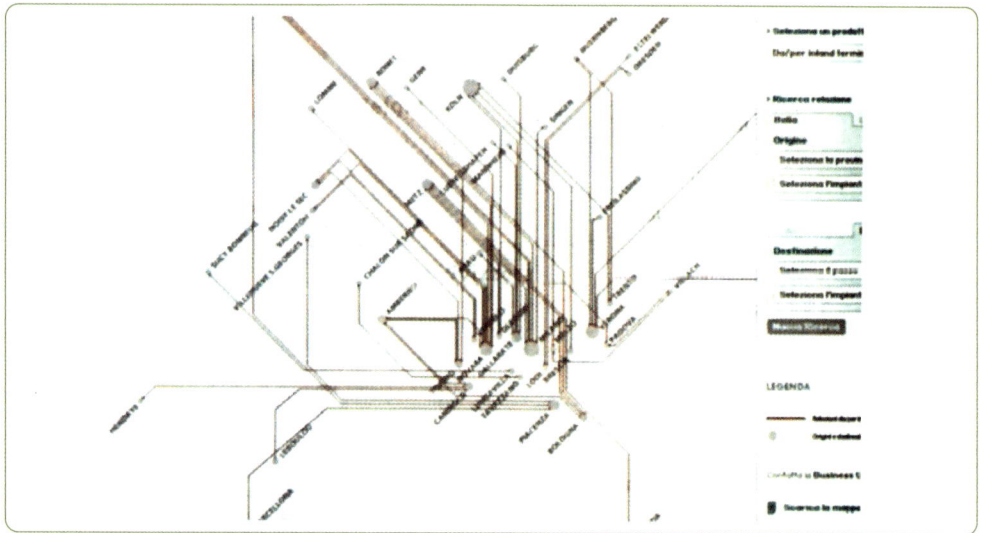

▲ 물류수송의 유럽 연결망. 이탈리아 북부만이 잘 연결되어 있다.

Lezione 9

✔ 승객 수송(Il trasporto delle persone)

대중교통 시스템은 수 년 동안 관심 밖에 있었고, 지금은 태동하고 있는 중이라고 할 수 있다.

* 하나는 고속 철도 망이다. 예를 들어 밀라노 혹은 베네치아를 출발하여 로마로 가기 위해서 비행기보다는 유로스타(Eurostar) 고속열차로 가는 것이 더 빠르다.
* 현재의 철도망은 주 정부의 통제 하에 있다. 몇몇 주는 이미 기술적으로 아방가르드적이며 승객의 편리성을 가미한 신형 기차를 보유하고 있는 중이다. 현재의 철도망은 화물수송도 담당하게 될 것이다.
* 여러 도시들은 전철을 이용한 승객수송을 기획하고 있다. (현재 밀라노, 로마, 나폴리 만이 최소한의 전철 시스템을 갖고 있다.) 이는 도시를 오염시키고, 100% 수입에 의존하는 유류 소비를 가져오는 자동차 사용을 자제하도록 이탈리아인들을 설득하고 시민의 교통을 보다 신속하게 하기 위함이다.

◀ Pininfarina가 디자인한 아름다운 초고속열차, Eurostar.

◀ 오스트리아 자국으로 트레일러의 통행을 감소시키기로 결정한 오스트리아 정부의 결정에 대해 1991년 브렌네로 국경에서 이탈리아 트럭기사들이 주동한 파업 장면.

✔ 미래를 위한 도전(Una sfida per il futuro)

도시와 도시 간의, 도시 자체 내의 화물과 승객 수송 정책은 지난 50년 동안 잘 못 시행되었다. 환경파괴도 있었고, 이탈리아는 전 세계에서 인구 대비 자동차 보유수가 가장 많은 나라이지만, (2004년도 현재, 인구 58,000,000명이 42,000,000대를 보유하고 있음) 어디에 주차를 해야 할지 아무도 모른다. 따라서 미래의 도전은 트럭이 아닌 철도로 화물을 수송하는 것이며, 고속철도망을 만드는 것이고, 저공해 고속 도시 수송차량을 공급하는 것이다. 또한 중부 지방에 동서를 가로지르는 도로망과 철도망을 완성하는 것이다. 특히 남부 지방과 섬의 도로망과 철도망은 아직도 부족하며, 기술적으로도 후진적이다. 이탈리아 철도의 60%는 아직도 단선이며, 약 15,000km에 달하는 총연장은 프랑스의 절반에도 못 미치며, 독일의 1 / 3에 불과하다. 현대화의 도전은 무한하다!

Lezione Decima 10 | Buongiorno, Senta, avete una camera doppia per il prossimo fine settimana?
안녕하세요, 저기요, 다음 주말 트윈베드 방 있나요?

 **Cultura**

"이탈리아 호텔은 굴뚝 없는 중소기업이다!"

이딜리아 호텔 시스템은 우리나라와 기본적으로 다를 것이 없다. 다만 건축물이 오래되었다는 것 말고는 없다. 특급호텔은 역사적으로 의미 있는 건축물을 리모델링해서 호텔로 개조한 것이 일반적이고, 별 하나, 둘 호텔들도 100년 200년 된 건물을 개조한 것들이 많다. 그만큼 현대적인 시설을 갖추었다기보다 역사와 전통을 소중히 한다고 보는 편이 나을 것이다.

기본적으로 예약이 필수이다. 휴가철 성수기는 말할 것도 없고, 유명 관광지는 1년 내내 방이 없어 반드시 출국 전이든 현지에서든 예약을 하는 것이 좋다. 예약 시에 camera singola, camera doppia, matrimoniale를 구분해서 예약해야하고 기간도 알려야 한다. 혼자 투숙하는 경우엔 camera singola(침대가 하나 구비된 방)가 적당할 것이고, 친구 둘이 투숙할 경우엔 camera doppia(침대가 두 개 구비된 방)가 좋을 것이다. 부부가 잘 방이면 matrimoniale(더블베드가 놓인 방)가 제격이다. 그러나 간혹 방이 모자랄 때는 혼자 투숙하더라도 matrimoniale를 예약할 수도 있다. 조심해야 할 것은 남자친구끼리 혹은 여자친구끼리 투숙하는데 matrimoniale를 달라고 하면 여러분들을 동성연애자로 오해할지도 모른다. 이럴 경우 camera doppia가 옳다.

호텔의 시설은 centro에 위치할수록 낡고 값이 비싼 반면, 소도시 혹은 도시 외곽일수록 시설도 현대적이며 비용도 저렴하다. 로마나 밀라노에서 별 두 개 호텔에 투숙한다면 약간의 불편함을 감수해야 할 것이며, 가끔은 복도나 계단에서 마약 주사기를 발견할 수도 있다. 도난도 주의해야 하고 신경 쓸 것이 많다. 혼자 여행하다가 하루 머물 때는 모르겠지만 되도록이면 피하는 것이 좋을 것 같다.

별 세 개 이상의 호텔은 안전하고 시설도 나쁘지는 않다. 대부분 아침 식사가 포함되어 있으므로 반드시 정해진 시간 안에 맛있는 아침 식사를 즐기는 것이 좋다. cornetto(크라상), cappuccino, 오렌지 주스, salami(살라미), salumi(살루미), prosciutto(프로쉬우토), 과일, caffè 등을 맛보는 것은 필수이다.

이탈리아 호텔은 가문 대대로 운영하는 곳이 많다. 아버지가 운영하고 아들은 카운터를 지키다가 몇 년 뒤 그 호텔에 다시 가면 아들이 사장이 되어있고 다시 그의 아들이나 딸이 카운터를 지키는 순환을 한다. 청소나 허드렛일을 하는 사람들은 대부분 동유럽이나 북아프리카에서 이주한 노동자들이 대부분이다.

"이탈리아 호텔은 굴뚝 없는 중소기업이다!"

Conversazione

A : Albergo Torcolo, buongiorno.
또르꼴로 호텔입니다. 안녕하세요.

B : **Buongiorno. Senta, avete una camera doppia per il prossimo fine settimana?**
안녕하세요, 저기요, 다음 주말 이용할 건데, 트윈베드 룸 있나요?

A : Un attimo, prego. Dunque ... beh, c'è una matrimoniale. Va bene lo stesso?
잠시만 기다려 주세요. 그러니까 ... 아 ... 더블베드 룸이 하나 있군요. 그래도 괜찮아요?

B : Sì.
네.

A : E ... da venerdì o da sabato?
　　그럼 ... 금요일부터 투숙하시겠습니까 아니면 토요일부터?

B : Per 2 notti. Da venerdì a domenica.
　　2박 하겠습니다. 금요일부터 일요일까지요.

A : D'accordo. E a che nome, scusi?
　　알겠습니다. 그럼, 죄송하지만, 어느 분 이름으로 예약하시겠습니까?

B : Cipriani.
　　치쁘리아니 이름으로 할게요.

A : Ci ... pria ... ni. Perfetto?
　　치 ... 쁘리아 ... 니. 맞습니까?

B : Sì, un momento però, ho ancora una domanda. Quanto viene la camera?
　　네, 근데 잠시만요, 질문이 하나 더 있어요. 방 값이 얼마죠?

A : 112 euro, compresa la colazione.
　　112유로입니다. 아침식사 포함해서요.

B : Benissimo. Un'ultima informazione. Avete il garage?
　　아주 좋군요. 마지막으로 묻고 싶어요. 차고는 있습니까?

A : No, signora, mi dispiace, ma ci sono due parcheggi qui vicino.
　　아니요, 부인, 죄송합니다만, 이 (호텔) 근처에 주차 공간 두 개가 있습니다.

B : Ah, va bene. ... La ringrazio. A venerdì allora.
　　아, 그렇군요(좋아요). ... 감사합니다. 그럼 금요일에 뵐게요.

A : Sì, ... ma scusi ... ancora una cosa, signora: per conferma può mandare un fax?
　　네, 근데 죄송합니다만 ... 아직 한 가지 더 있어요. 예약 확인하기 위해 (여권카피) 팩스로 한 장 보내주실 수 있어요?

B : Certo, anche subito, se vuole.
　　물론이죠, 곧 보내드리죠, 원하신다면.

A : Perfetto. Allora grazie e arrivederLa.
　　좋습니다. 그럼 감사합니다. 다시 뵐게요.

B : Prego. ArrivederLa.
　　뭘요, 다시 뵐게요.

Lezione 10

Conversazione

해설

→ **Albergo** m. (hotel) 호텔. * 호텔명은 뒤에 온다.

→ **camera** f. (room) 룸, 방.

→ **doppia** agg. (double) 트윈의. * camera doppia 침대가 2개인 방.

→ **prossimo** agg. (next) 다음의.

→ **il fine settimana** m. (weekend) 주말. * la fine(end)+la settimana(week). 복합어는 남성.

→ **Un attimo** m. (moment) 잠시, 잠깐. * = un momento.

→ **Dunque** avv. (therefore, so, well) 그래서, 그러면, 자. * = perciò, allora.

→ **matrimoniale** agg. (matrimonial, double) 더블베드의. * una (camera) matrimoniale 더블 룸(더블 침대가 놓인 방).

→ **lo stesso** avv. (all the same) 그래도, 여전히. * lo(정관사) + stesso(same agg.)

→ **venerdì** m. (Friday) 금요일. * da(from) venerdì 금요일부터. 요일 → p.110

→ **sabato** m. (Saturday) 토요일.

→ **notti** f.pl. (nights) 밤들. notte s. * per 2 notti 2박3일 동안.

→ **domenica** f. (Sunday) 일요일. * a(to) + domenica 일요일까지

→ **D'accordo** (Agreed!, All right!, O.K.!) 동의 합니다, 알겠습니다. * di+accordo(동의 m.).

→ **nome** m. (name) 이름. * a + che(의문형용사) + nome 어떤 이름으로.

→ **Perfetto** agg. (perfect, complete) 나무랄 데 없는, 흠 잡을 데 없는.

→ **un momento** m. (moment) 잠시, 잠깐. * = un attimo.

→ **Quanto** pron. (how much, how many) 얼마. * quanto viene ~? ~는 얼마입니까?

→ **viene** v.intr. (come, arrive, cost) 값이 얼마이다. * quanto viene? = quanto costa? 불규칙활용동사 → p.110

→ **euro(dollaro)** m. (Eurodollar) 유로 화. * un euro, cinque euro ... dollaro가 생략된 어휘이므로 끝 모음이 아닌 euro를 변형시킬 수 없다. 결국 euro는 항상 단수로.

→ **compresa** agg.[p.ps.] 포함된. * comprendere(포함하다)의 p.ps. compreso는 형용사로 파생. 명사와 성수일치는 필수.

→ **colazione** f. (breakfast) 아침식사. * fare colazione 아침식사하다.

→ **ultima** agg. (ultimate, final) 마지막의, 최후의.

→ **informazione** f. (information) 정보.

→ **garage** m. (garage) 차고.

→ **parcheggi** m.pl. (car parks, parking spaces) 주차공간들. il parcheggio s. * -io 어미를 지니는 명사의 복수는 'i' 모음에 강세가 없는 한, 모두 -io가 -i로 변화된다. 반면, zio → zii

→ **qui** avv. (here) 여기. * = qua

→ **vicino** agg. (near) ~에 가까운, ~ 근처

→ **ringrazio** v.tr. (thank) (나는) ~에게 감사한다. * La(직접대명사) + ringrazio. 나는 당신을 감사한다. '당신께 감사한다'는 우리 표현대로 하자면, 간접대명사 'Le' (당신께)가 사용되어야 하지만, 그렇지 못한 것은 ringraziare 동사의 특성 때문이다. 직접목적어만을 요구한다.

→ **allora** avv. (then, at that moment, well) 자 그럼.
→ **conferma** f. (confirm) 예약확인.
→ **mandare** v.tr. (send) 보내다, 발송하다, 부치다.
→ **fax** m. 팩스
→ **subito** avv. (soon) 곧, 이윽고.
→ **se** cong. (if) 만약 ~라면.
→ **vuole** v.aus. (want) ~를 원한다. * se + (Lei) volere 당신이 원하신다면.
→ **arrivederLa** (See You again!) 다시 뵐게요! * a(to) + ri(again) + vedere(see) + La(You) 당신을 다시 뵐 때까지.

>> Comunicazione 🎧

A : Avete il garage?
　　차고는 있나요?

　　Avete l'aria condizionata in camera?
　　룸에 에어컨은 있나요?

B : Sì, certo.
　　네, 물론이죠.

A : Scusi, è possibile portare animali?
　　죄송합니다만, 동물을 데리고 가는 것이 가능한가요?

　　Scusi, è possibile pagare con la carta di credito?
　　죄송합니다만, 신용카드로 지불이 가능한가요?

　　Scusi, è possibile avere un'altra coperta?
　　죄송합니다만, 다른 이불 받을 수 있나요?

B : No, mi dispiace.
　　안됩니다. 죄송합니다.

- **Avrei un problema:** qui c'è il riscaldamento che non funziona.
  문제가 있어요. 여기 작동하지 않는 히터가 있어요. (히터가 작동 하지 않아요.)
- Avrei un problema: qui c'è la doccia che non funziona.
  문제가 있어요. 여기 작동하지 않는 샤워기가 있어요. (샤워기가 작동 하지 않아요.)

Lezione 10

- Avrei un problema: qui manca un cuscino.
  문제가 있어요. 여기 베개 하나가 부족해요.
- Avrei un problema: qui mancano gli asciugamani.
  문제가 있어요. 여기 타월들이 부족해요.

A : Grazie mille.
　　대단히 감사합니다.

B : Prego, si immagini!(si figuri!)
　　천만에요, 마음 편히 하세요.

- **Preferisco** l'hotel Torcolo perché non è caro.
  비싸지 않아서 나는 또르꼴로 호텔을 선호한다.
- Preferisco l'hotel Torcolo perché è tranquillo.
  조용해서 나는 또르꼴로 호텔을 선호한다.
- Preferisco l'hotel Torcolo perché è in centro.
  도심에 있어서 나는 또르꼴로 호텔을 선호한다.
- Preferisco l'hotel Torcolo perché ha il parcheggio.
  주차공간이 있어서 나는 또르꼴로 호텔을 선호한다.
- Preferisco l'hotel Torcolo perché è possibile portare animali.
  동물을 데리고 갈 수 있어서 나는 또르꼴로 호텔을 선호한다.
- Preferisco l'hotel Torcolo perché ha il ristorante.
  레스토랑이 있어서 나는 또르꼴로 호텔을 선호한다.
- Preferisco l'hotel Torcolo perché ha l'aria condizionata.
  에어컨이 있어서 나는 또르꼴로 호텔을 선호한다.
- La signora Cipriani desidera una camera doppia.
  치쁘리아니 부인은 트윈베드 룸을 원한다.
- La signora Cipriani prenota la camera per due notti.
  치쁘리아니 부인은 2박3일 동안 룸을 예약한다.
- La camera **viene** 112 euro.
  방 값은 112유로이다.
- Nel prezzo **non è compresa** la colazione.
  요금에 아침식사는 포함되지 않는다.

- **Per la conferma** il receptionista desidera il numero della carta di credito.
  예약확인을 위해 리셉션니스트는 신용카드 번호를 원한다.

A : Che cosa c'è nella camera?
  룸에는 무엇이 있나요?

B : Nella camera c'è il letto, il cuscino, la coperta, l'armadio, e il tavolo.
  룸에는 침대, 베개, 이불, 옷장, 그리고 테이블이 있어요.

- Buonasera. Senta, **chiamo dalla camera 128.** Avrei un problema.
  안녕하세요. 저기요, 128번 룸에서 전화합니다. 문제가 있어요.
- Nel bagno c'è il riscaldamento che non funziona.
  욕실에 작동하지 않는 히터가 있어요.
- Viene subito qualcuno a controllare.
  점검하러 사람이 곧 갈 겁니다.
- Quanti posti letto ci sono nell'appartamento?
  아파트에 몇 개의 침대가 있나요?
- L'appartamento è libero per tutto il mese di agosto?
  아파트는 8월 내내 비어있나요?
- In che mese vuole andare in vacanza la signora?
  그 부인은 몇 월에 휴가가길 원하나요?
- Nell'appartamento c'è la lavatrice?
  아파트에 세탁기는 있나요?
- **Quanto viene** l'appartamento per due settimane?
  2주 동안 아파트를 빌리는데 얼마인가요?

A : **Che giorno è oggi?**
  오늘 무슨 요일이니?

B : Martedì.
  화요일.

A : **Quanti ne abbiamo oggi?**
  오늘 며칠이니?

B : E' il 21 gennaio.
  1월 21일이야.

Lezione 10

Comunicazione

해설
- **Avete** v.tr. (have) (당신은) ~를 갖고 있다. * 간혹 voi에 대한 활용은 Lei(당신)에 대한 활용을 대신하기도 한다. (voi=Lei) Avete il garage? 차고는 있나요?
- **l'aria** f. (air) 공기. * l'aria condizionata 에어컨.
- **condizionata** agg.[p.ps.] (공기) 조절된. * condizionare의 p.p.(condizionato)가 형용사로 파생. 명사와 어미일치 필수.
- **portare** v.tr. (carry, take, wear) 운반하다, 데리고 가다.
- **animali** m.pl. (animals) 동물들. * animale s.
- **pagare** v.tr. (pay) 지불하다.
- **carta** f. (card) 카드.
- **credito** m. (credit) 신용.
- **altra** agg. (another) 다른.
- **coperta** f. (blanket) 이불.
- **Avrei** v.tr. (have) (저는) 갖고 있어요.(완곡하게) * (io) avere 완곡한 의미를 주는 조건법 → p.112 (avere: avrei, avresti, avrebbe, avremmo, avreste, avrebbero)
- **problema** m. (problem) 문제. * Avrei un problema. 저는 문제를 갖고 있어요.
- **riscaldamento** m. (heating) 히터.
- **doccia** f. (shower) 샤워기. * la doccia che non funziona 작동하지 않는 샤워기.
- **che** pron. (that) 관계대명사.
- **funziona** v.intr. (work, function) ~가 작동한다. * funzionare.
- **manca** v.intr. (lacking) ~가 부족하다. * (un cuscino) mancare.
- **mancano** v.intr. (lacking) ~들이 부족하다. * (gli asciugamani) mancare.
- **asciugamani** m. pl. (towel) 타월들. * asciugamano s. = asciuga(dry)+mano(hand)
- **si immagini!** (don't mention it!, not at all!) 천만에요. * (Lei) immaginarsi! 명령형. 재귀동사의 명령형은 일반동사(immaginare)의 명령형에 대명사를 첨가하여 만드는데 존칭명령(Lei)일 경우, 재귀대명사는 동사 앞으로 나오고, 비칭명령(tu, voi, noi)일 경우, 동사 뒤에 붙는다. (tu) Immaginati!, (Lei) Si immagini! = Si figuri!
- **caro** agg. (expensive) 비싼.
- **centro** m. (city centre) 도심, 시내
- **desidera** v.tr. (want, desire) (그가) ~를 원한다. * (la signora) desiderare.
- **prezzo** m. (price) 가격, 요금. * in + il prezzo = nel prezzo 가격에, 요금에. 전치사관사 → p.96
- **receptionista** m. / f. (receptionist) 접수원, 리셉셔니스트, 예약담당직원. * -ista를 어미로 하는 명사들은 남성, 여성 동형이므로 관사로 성을 구분한다. il pianista, la pianista.
- **nella** prep. (in the ~) ~ 안에. * in + la camera = nella camera 방 안에.
- **chiamo** v.tr. (call) (나는) ~를 부른다, ~에게 전화한다. * (io) chiamare.
- **dalla** prep. (from the ~) ~에서, ~로부터. * da(from) + la camera = dalla camera 128 128호에서.

→ **bagno** m. (bathroom) 욕실. * in + il bagno = nel bagno 욕실에서.
→ **Viene** v.intr. (come, arrive) (그는) ~에 간다, 도착한다. * (qualcuno) venire. → p.110
→ **qualcuno** pron. (someone, somebody) 누군가. * qualche(some) + uno(one, body).
→ **controllare** v.tr. (control) 점검하다. * viene a conrollare 점검하러 간다. 전치사 'a' 는 영어의 'to 부정사'에 해당한다. 뒤에는 반듯이 동사원형이 와야 한다.
→ **posti** m.pl. (place, space, room) 자리, 룸, 공간. * Quanti posti (di) letto 몇 개의 침대방.
→ **ci sono** (there are) ~들이 있다. * ci sono + 복수(there are ~), c'è + 단수(there is ~).
→ **appartamento** m. (appartment) 아파트. * in + l'appartamento = nell'appartamento 아파트에.
→ **tutto** agg. (all) 모든, 전부의, 전체의.
→ **mese** m. (month) 달. * tutto il mese (all month) 그 달 내내. in che mese 몇 월에.
→ **agosto** m. (August) 8월. * in agosto 8월에. tutto il mese di agosto 8월 내내.
→ **vacanza** f. (vacation, holiday) 휴가, 휴일. * andare in vacanza 휴가 가다
→ **lavatrice** f. (washing machine) 세탁기. * ← lav<u>are</u>(wash) + (a)trice(~하는 것)

[호텔]

la camera 룸, la camera doppia 트윈베드 룸, la camera matrimoniale 더블베드 룸, il bagno 욕실, il letto 침대, il cuscino 베개, la coperta 이불, l'armadio 옷장, il tavolo 테이블, la sedia 의자, la lampada 스탠드, il termosifone 라디에이터, l'asciuga<u>capelli</u> 드라이기, la saponetta 비누, l'asciuga<u>mano</u> 타올, 수건, la carta igienica 화장지

[12달]

gennaio	**aprile**	**luglio**	<u>**ottobre**</u> (8 + 2 = 10)
January	April	July	October
febbraio	**maggio**	**agosto**	<u>**novembre**</u> (9 + 2 = 11)
February	May	August	November
marzo	**giugno**	<u>**settembre**</u> (7 + 2 = 9)	<u>**dicembre**</u> (10 + 2 = 12)
March	June	September	December

[요일]

천 체	day	요 일
Luna 달, 월	**dì**	lune**dì**
Marte 화성	**dì**	marte**dì**
Mercurio 수성	**dì**	mercole**dì**
Giove, Jupiter 목성	**dì**	giove**dì**
Venere 금성	**dì**	vener**dì**
Saturno 토성	-	sabato
–	-	domenica

📝 Grammatica

동사(Verbi)

	불규칙활용동사	
	potere (to can)	**venire** (to come)
io	**posso**	**vengo**
tu	**puoi**	**vieni**
lui, lei, Lei	**può**	**viene**
noi	**possiamo**	**veniamo**
voi	**potete**	**venite**
loro	**possono**	**vengono**

서수(Numeri ordinali)

1) 서수는 명사와 성수일치 한다.

I	**primo**	Lezione Prima 제 1과
II	**secondo**	Secondo Atto 제 2막
III	**terzo**	Terza scena 제 3장
IV	**quarto**	quarto piano 4층(5층)
V	**quinto**	quinto posto 제 5위

VI	**sesto**	sesto anno 여섯 번째 해
VII	**settimo**	
VIII	**ottavo**	
IX	**nono**	
X	**decimo**	

2) XI부터 무한대의 서수는 기수의 끝 모음 탈락시키고 esimo 첨가한다.
   XI = undici(11) + esimo = undicesimo
   XII = dodici(12) + esimo = dodicesimo
   XXX = trenta(30) + esimo = trentesimo

기수(Numeri cardinali)

1) 영어의 수읽기 구조와 동일하다.
2) 1,000은 mille, 2,000부터 mila인 것에 주의
3) 10,000은 '천 원짜리가 열장 있다'고 생각한다.
4) 구두점은 우리와 달리 마침표를 사용한다.
5) 1,000,000 미만의 숫자는 서법 상 모두 붙여 쓴다.

100	**cento**	
101	**cento**uno	100 + 1
112	**cento**dodici	100 + 12
200	due**cento**	2×100
250	due**cento**cinquanta	2×100 + 50
290	due**cento**novanta	2×100 + 90
800	otto**cento**	8×100
900	nove**cento**	9×100
933	nove**cento**trentatre	9×100 + 30 + 3
*1,000	**mille**	cf. **mille**nnium = mille + anni + um 밀레니움
2,000	due**mila**	2×1,000
10,000	dieci**mila**	10×1,000
1,000,000	un **milione**	1×1,000,000
2,000,000	due **milioni**	2×1,000,000
1,000,000,000	un **miliardo**	1×1,000,000,000
2,000,000,000	due **miliardi**	2×1,000,000,000

• c'è + 단수(there is) / ci sono + 복수(there are)
   C'è una camera matrimoniale. 더블베드 룸이 있어요.
   Ci sono due parcheggi. 두 개의 주차공간이 있어요.

시간의 전치사(Preposizioni di tempo)

- DA(from) ~ A(to) ~
  Vorrei prenotare da venerdì sera. 저는 금요일 저녁부터 예약하고 싶어요.
  Affitto un appartamento da maggio a giugno. 나는 5월부터 6월까지 아파트를 임대한다.

- 날짜(La data)
  Che giorno è oggi? - Martedì. 오늘 무슨 요일입니까? – 화요일입니다.
  Quanti ne abbiamo oggi? - È il 21(ventuno). 오늘 며칠입니까? – 21일입니다.

1) 날짜는 기수로 표현되지만 매월 초하루의 경우 서수가 사용된다.
   1° giugno = il primo giugno (6월 1일)
2) 서법상의 순서(장소, 일 / 월 / 년)
   Genova, 3 febbraio 2017
   Genova, 3 / 2 / 2017

단순 조건법(Condizionale semplice)

규칙활용동사

	parlare 말하다	vendere 팔다	dormire 잠자다
io	parl**erei**	vend**erei**	dorm**irei**
tu	parl**eresti**	vend**eresti**	dorm**iresti**
lui	parl**erebbe**	vend**erebbe**	dorm**irebbe**
noi	parl**eremmo**	vend**eremmo**	dorm**iremmo**
voi	parl**ereste**	vend**ereste**	dorm**ireste**
loro	parl**erebbero**	vend**erebbero**	dorm**irebbero**

불규칙활용동사

	avere	**essere**
io	av**rei**	sa**rei**
tu	av**resti**	sa**resti**
lui	av**rebbe**	sa**rebbe**
noi	av**remmo**	sa**remmo**
voi	av**reste**	sa**reste**
loro	av**rebbero**	sa**rebbero**

📍 Episodio

"7인의 악사는 지금도 그곳에서 연주하고 있을까?"

나는 이탈리아 전국을 여행 할 때는 비용을 아끼기 위해 기차에서 밤을 보내는 여정을 짠다. 예를 들어 밀라노에서 밤늦은 기차를 타면 새벽에 프랑스 리용 역에 도착할 수 있다. 1박 비용을 절약하는 셈이다. 품을 좀 팔면 효율적인 여행이 가능한 것이다. 그러나 한 달 내내 그렇게 할 수는 없지 않은가. 3일에 한 번 씩 호텔에 묵는다. 그것도 별 하나, 둘 호텔에서 밀린 빨래도 '비데'에서 간단히 처리해, 라디에이터에 널면 다음 날 잘도 말라있다.

식사는 혼자 trattoria에서 먹기도 그렇고 맥도널드 패스트푸드는 싫고 해서, 나는 호텔 근처 상점에서 프로쉬우토 쿠르도(prosciuto crudo: 돼지의 넙적 다리 부위를 숙성시킨 것)를 200g 사고 적포도주 한 병을 사서 호텔로 들어온다. 하루 8시간 정도를 걸어 지친 몸을 따끈한 샤워로 풀고, 와인 한 잔으로 피로를 달랜다. 요기도 되고 피로도 풀려, 다음 날 여행에 활력소가 된다.

또 다시 파리에서 밤 기차를 타고 밀라노로 내려와 밀라노를 걸어 다니며 문화유적을 탐방하고, 또 다시 헝가리 부다페스트로 가기 위해 스위스 행 기차를 탄다. 스위스에서 일부는 파리 방향으로, 일부는 부다페스트 행 기차로 옮겨 탄다. 열차 창문이 천정까지 오픈 되어 있는 아름다운 기차는 알프스 계곡을 따라 달린다. 말로 표현할 수조차 없는 자연 경관에 넋을 잃고 연신 셔터를 눌러댄다.

저녁 무렵 헝가리 부다페스트 역에 도착하는 순간 플랫폼에는 호텔 홍보하는 사람들이 광고판을 들고 이리저리 홍보하기 여념이 없었다. 그 중에는 홈 스테이를 알리는 사람도 있었다. 90년대 초만 하더라도 헝가리는 달러가 부족하여 1달러라도 모아야 하는 형편이었다. 그런데 나는 그들에 대한 정보가 많지 않아, 안전하게 별 다섯 개 호텔에 숙박하기로 하고 가이드북에 나온 대형 호텔을 찾았다. 값은 그리 비싸지 않았다.

배가 고파 룸에 짐을 부리자마자 호텔 레스토랑으로 갔다. 악사 7명이 연주하는 가운데 달링 두 테이블 만 손님이 있었디. 홀로 간 나는 허기진 배를 채우기 위해 그럴듯한 요리를 주문했다. 원화로 13000원 정도. 막 식사를 하려는데 악사들이 내게로 다가와 둘러싸더니 연주를 하기 시작했다. 나는 식사를 멈추고 음악 감상을 의무적으로 해야 했다. 한 곡이 끝나나 싶더니 신청 곡을 연주하겠다고 졸랐다. 거절했다가는 식사도 못할 것 같은 마음이 들어 간단한 곡을 청하고, 또 바로 코앞에서 연주하는 그들을 보고 있어야 했다. 드디어 연주가 끝났다. 다시 식사를 하려는데 그들은 가지 않고 그대로 서있다. 아차, 팁을 달라는 것이로구나. 지갑을 열어보니 1달러, 5달러짜리는 없고, 20달러짜리와 100달러짜리 밖에 없는 것이 아닌가. 어쩔 도리가 없었다. 7명인데 하면서 20달러를 주고 말았다. 식사비보다 비싼 연주였던 것이다. 당시 그들에게 20달러는 꽤 큰 액수였다. 황제 대접을 받으며 레스토랑

Lezione 10

문을 나설 수 있었다. 아깝기는 했지만 손님도 없는 무대에서 힘겹게 연주하며 살아가는 그들에게 연민의 정을 생각하면 그리 아깝지도 않았다.

호텔 방은 camera singola(1인 침대가 구비된 룸)여서 그런지 매우 작았다. 그러나 있을 것은 다 있었고 불편함은 없었다. 나중에 알고 보니 그 호텔은 독일 호텔의 체인이었다는 것이다. 독일은 이미 헝가리의 경제에 깊숙이 들어가 있었던 것이었다.

"7인의 악사는 지금도 그곳에서 연주하고 있을까?"

나는 90년에 처음 이탈리아를 여행할 때, 물의 도시 Venezia를 로마, 피렌체 다음으로 서둘러 방문했다. 기차역 앞 선착장에서 배를 타고 San Marco 광장까지 가서 관광을 한 후, '한 숨의 다리(Ponte dei Sospiri)' 방향으로 가다보면 지중해 바다가 훤히 보이는 작은 호텔을 발견할 수 있다. 지중해를 보고 싶어 그 호텔에 투숙한 이후에도 베네치아에 가면 반드시 그곳에 머문다. 창문을 열고 밖에서 사온 와인과 prosciutto를 먹으며 석양을 바라보면 절로 시가 나올 지경이다. 환상적이다.

최근 2001년에 Murano 글라스를 수입하기 위해 베네치아를 찾았다. 단골 호텔은 규모가 작아 이미 방이 없었다. 아쉬움을 뒤로 한 채 저렴한 호텔을 찾아 헤매었지만 허사였다. 하는 수 없이 별 네 개 호텔만이 방이 남아있어 투숙했다. 30만원 정도했다. 나는 너무 아까워서 잠을 제대로 이룰 수가 없어 샤워만 3번 했던 적이 있다. 웃음이 나온다.

가을철 우기가 되면 Venezia는 물이 넘쳐 1층을 사용할 수 없을 정도이지만 그래도 이 지구상에 유일한 환상의 도시임에는 틀림없는 것 같다.

Venezia가 그립다!

Geografia economica e culturale

| 이탈리아의 산업(Industria)

✔ 세계 6위의 경제 대국(La sesta potenza industriale del mondo)
이탈리아는 GDP 규모(이탈리아어로는 PIL - Prodotto Interno Lordo)로 세계 6위의 경제 대국으로서 영국과 비슷하고 프랑스보다는 조금 아래 단계에 있다.
그러나 이탈리아의 경제 상황은 다른 유럽 경제 대국보다 허약하다. 그 이유를 살펴보자.

✔ 에너지의 필요성(Il bisogno di energia)
이탈리아는 석탄이 부존하며, 석유와 가스도 극소량 매장되어 있다. 1980년대에 국민투표에 의해 원자력발전소 건설은 부결되었고, 풍력에너지를 개발하기 위한 광대한 부지도 얻기 어려웠다.
앞으로 수소에너지 개발도 어려울 것이므로, 이탈리아는 외국으로부터 에너지를 공급받게 될 것이며, 국제 유가와 국제 정치의 동향에 따라, 경제 상황은 부정적일 것이다.

◀ 이탈리아 전력공사 Enel – Ente Nazionale per l'Energia Elettrica, 이탈리아는 자체 에너지원이 없기 때문에 석탄, 석유, 가스에 관한한 수입에 의존하고 있음

✔ 양질의 제품을 요구하는 세계 시장(Un mercato mondiale per prodotti di qualita')
이탈리아는 수입보다 수출이 많은 나라이다. 그리고 만약에 어느 날, 99% 수입하는 석유 문제와 26% 수입하는 전기에너지 문제가 해결된다면 수출이 압도적으로 많은 나라가 될 것이다. 이탈리아에는 여러 산업단지가 있는데, 특히 북동 지역은 생산량의 70%를 수출한다.

그러나 수출은 국제적인 동향에 영향을 받는다. 이를테면 전쟁, 먼 나라의 위기, UN의 정책 결정 등등은 수출로 먹고사는 이탈리아 회사들에 막대한 영향을 미치는 통제할 수 없는 요인들이다.

또한 최근에는 수출 상품의 유형이 변화되었다. 어느 나라에서나 만들 수 있고, 이익이 적은 저가 상품들, 예를 들어 청바지, 유리 잔, 나사 등은 이탈리아에서는 더 이상 생산되지 않는다. 반면, 고도의 기술력, 혁신적인 디자인, 수공업과 산업을 접목시킨 시스템을 요구하는 상품, 즉 페라리 자동차에서 패션, 양질의 가구에서 우아한 구두 등등에 초점이 맞춰져 있다.

✔ "작은 것이 좋다?"("Piccolo è bello?")

이탈리아 경제의 원동력은 중소기업에서 나온다. 특히 북동 지역은 소기업에 기초를 두는 경제력이 매우 높은 곳이다.

그러나 비록 아들이 아버지보다 경영능력이 부족하더라도 소기업은 아버지에게서 아들로 대물림된다. 또한 소기업은 연구비를 자체 조달할 수 없고, 새로운 시장을 개척하기 위해 필요한 자금을 대출받기도 어렵다.

그래서 1980년대의 슬로건이었던 "작은 것이 좋다"를 극복하기 위해 "산업단지"라는 개념이 등장한다. 북동 지역에서는 의자, 안경, 신발 생산단지를, 에밀리아 주(Emilia)에서는 타일, 세라믹 단지를, 바실리카타 주(Basilicata)에서는 소파와 응접실 가구 단지를 찾을 수 있다. 이것은 연구개발비와 새로운 시장을 개척하기 위한 자금을 공유하기 위해 동종의 업체끼리 서로 협력하자는 것이다.

아마도 이탈리아 산업의 미래는 바로 이러한 모델의 형태로 갈 것이다. 거기서 소기업의 창의성이 생명력을 이어갈 것이며, 대규모 투자도 서로 분담해 나갈 것이다.

▲ 이탈리아의 중요한 경제 주간지 Il Mondo의 표지

▲ 이주 노동자. 이탈리아 공장 노동자의 많은 수는 북아프리카나 동유럽에서 온다.

Lezione 11 Undicesima | Ah, e com'è la città?
아, 그렇군요. 도시는 어떻습니까?

 Cultura

"작은 도시가 매혹적인 이탈리아!"

이탈리아 하면 Roma, Milano, Firenze, Pisa, Torino, Venezia, Napoli 등 우리 귀에 익은 도시들이 떠오를 것이다. 도시 공화국 체제로 수 세기를 오다 보니 지연적인 결과이나. 그래서 이탈리아인들에게는 romano(로마 사람), milanese(밀라노 사람), fiorentino(피렌체 사람), pisano(피사 사람), torinese(토리노 사람), veneziano(베네치아 사람), napoletano(나폴리 사람)가 더욱 중요한 것이다. 인사를 한 후, 바로 묻는 것이 "Di dove sei? (어디 사람인가요?)"이니 말이다.

이탈리아의 도시는 Roma, Milano, Napoli와 같은 대도시(grande città), Firenze, Pisa, Venezia와 같은 중간 규모의 도시(città), 그리고 인구 수만에 이르는 소도시(cittadina)로 나누어 볼 수 있다. 20개 주(Regione)에 주도가 하나씩 있고, 각 주에는 80개 정도의 군(Provincia)이 있으나, 기초 자치단체 Comune(코무네)는 행정적으로 매우 중요한 의미를 갖는다. 약 8000개가 있는데, 밀라노나 로마도

Comune이며, 3000명의 인구를 가진 소도시도 Comune인 것이다. Comune의 사전적 의미가 '공동체' 아닌가.

중앙정부(governo)에서 담당하는 대규모 사업 이외의 것은 Comune의 통제 하에 실행되어진다. 그리고 각 도시마다 그 지역에 맞게 나름대로 운영하고 있어서 버스 요금도 서로 조금씩 다른 것이다.

우리나라는 서울 경기 지역에 인구 2000만이 몰려있고, 부산, 대구, 대전 이외의 도시 인구는 보잘 것 없다. 다시 말해서 인구가 일부 지역에 과도하게 편중되어 있어서 여러 가지 경제, 사회적인 문제들이 많이 발생하고 있다. 주택가격도 심하게 차이가 나고 환경오염도 점점 더 악화되는 것이다.

반면 이탈리아를 열차로 여행을 해 보면 남부지역(Napoli 이남)을 제외하고는 도시가 고루 분포되어 있음을 알 수 있다. 국토를 효율적으로 이용하고 있는 셈이다. 도시 주변에 전원이 펼쳐지다가 다시 도시가 나오고, 전원이 펼쳐지다 또 다시 작은 도시가 등장하는 균형 잡힌 구조를 갖고 있다. 물론 북부지역 Milano를 중심축으로 좌측에는 Torino, 우측으로는 Brescia, Padova, Vicenza, Verona, Venezia가 있어 전체 인구로 볼 때 높은 비중을 차지한다고 할 수 있으나, 우리처럼 인구의 절반이 모여 있는 것은 아니다.

도시에는 어디를 가나 centro(중심지)가 있다. 기차역에서 내려 조금만 걸어도 중심지에 있는 광장에 다다를 수 있어서 좋다. 시민들에게 있어서 광장은 인체의 심장처럼 생각하는 것 같다. 옛날 중요한 행사나 집회가 광장에서 열렸고, 그곳을 중심으로 상가가 발전하게 되고 사람들은 그리로 몰려들곤 한다.

작은 도시가 매혹적인 이탈리아!

Conversazione

A : Lei va spesso a Padova, vero?
선생님께서는 빠도바에 자주 가시죠, 그렇죠?

B : Sì, ci vado spesso perché ho dei clienti lì.
네, 거기에 고객 몇 분이 있어 자주 갑니다.

A : **Ah, e com'è la città?**
아, 그렇군요. 근데 그 도시는 어떻습니까?

B : **Ah, a me piace** molto. Ci sono tante cose **da vedere** ...
아, 제게 아주 마음에 들어요. 볼 만한 것들이 많이 있습니다.

A : Ah, sì?
아, 그래요?

B : Sì, le tre piazze del mercato, l'università, delle chiese famose, dei musei, spesso anche delle mostre interessanti ...
네, 노천시장이 열리는 세 개의 광장, 대학교, 몇 몇 유명한 성당들, 박물관들, 그리고 또한 흥미로운 전시회도 자주 열리죠.

A : Ah, bene.
아, 좋군요.

B : Sì ... e poi ci sono teatri, cinema, negozi eleganti, ristoranti tipici, ...
그럼요. 그리고 극장들, 영화관들, 세련된 상점들, 특색 있는 레스토랑들도 있지요.

A : Perfetto! Senta, conosce anche un albergo tranquillo in centro?
Sa, a Pasqua vorrei andare proprio a Padova ...
나무랄 데 없군요! 근데 저기요, 시내에 조용한 호텔도 알고 계신가요?
아시다시피, 부활절 때 저는 그 빠도바에 정말로 가고 싶거든요.

B : Beh, guardi, io vado sempre al Leon Bianco. È proprio nella zona pedonale. Vuole l'indirizzo?
자, 보세요, 저는 항상 '레온 비앙꼬(흰 사자)' 호텔에 갑니다. 바로 보행자 구역에 있거든요. 주소를 원하세요?

A : Sì, volentieri.
네, 주세요.

Conversazione

| 해설 | →**vero?** agg. (don't you?) 그렇죠, 맞죠?
→**ci** avv. (there) 거기에. * ci = a Padova. → 장소부사 p.123
→**vado** v.intr. (go) (나는) ~에 간다. * (io) andare.
→**perché** cong. (why, because) 왜냐하면, ~이기 때문에.
→**dei clienti** m.pl. (some client) 몇 몇 고객들. * di + i clienti → 부분관사 p.122
→**lì** avv. (there) 거기, 저기. * ←→ qui, qua (여기)
→**com'è** (how is) 어떤가요. * come(how)+è(is) 모음축약.
→**Ci sono** ~(there are ~) ~들이 있다. * c'è + 단수, ci sono + 복수.
→**tante cose** (many things) 많은 것들. * 형용사 tante는 명사 cose와 성수일치.
→**da vedere** (to be seen) 볼 만한 (것). * da mangiare 먹을 것, da fare 할 일.
→**mercato** m. (market) 시장.
→**università** f. (university) 대학교.
→**chiese** f.pl. (catholic churches) 성당들. * di + le chiese = delle chiese 몇몇 성당들. → 부분관사 p.122
→**famose** agg. (famous) 유명한. * 명사 chiese와 성수일치.

Lezione 11

→ **musei** m.pl. (museums) 박물관들. * di + i musei = dei musei 몇몇 박물관들. → 부분관사
→ **mostre** f.pl. (exhibition) 전시회들. * di + le mostre = delle mostre 몇몇 전시회들 → 부분관사
→ **interessanti** agg. (interesting) 흥미로운. * interessante s. 제2그룹형용사 → p.123
→ **negozi** m.pl. (shops) 상점들. * negozio s.
→ **eleganti** agg. (elegant) 우아한, 세련된. * elegante s. 명사 negozi와 성수일치.
→ **ristoranti** m.pl. (restaurants) 레스토랑들. * ristorante s.
→ **tipici** agg. (typical) 특색 있는, 독특한. * tipico s. 명사 ristoranti와 성수일치.
→ **Perfetto!** agg. (perfact) 나무랄 데가 없군요!
→ **Senta** v.tr. (listen!) 근데, 저기요! * (Lei) sentire(듣다)! 명령형 → p.53
→ **conosce** v.tr. (know) (당신은) ~를 알고 있다. * (Lei) conoscere.
→ **tranquillo** agg. (calm, peaceful) 조용한. * 명사 albergo와 성수일치.
→ **guardi** v.tr. (look) 자, 보세요! * (Lei) guardare(look)! 명령형 → p.53
→ **proprio** avv. (just, exactly, precisely) 바로, 딱, 꼭.
→ **zona** f. (zone, area) 구역. * in + la zona = nella zona 구역에서.
→ **pedonale** agg. (pedestrian) 보행자의. * 제2그룹형용사 → p.123
→ **volentieri** avv. (gradly, willingly) 기꺼이, 즐겁게.

>>> Comunicazione 🎧

A : **Che cosa è?**
무엇입니까?

B : **È una zona industriale.**
산업지역입니다.

È un mercato famoso.
유명한 시장입니다.

È una grande piazza.
큰 광장입니다.

È un piccolo paese.
작은 마을입니다.

È una torre famosa.
유명한 탑입니다.

È un teatro importante.
중요한 극장입니다.

Sono (dei) palazzi antichi.
고풍스런 궁전(건물)들입니다.

Sono (dei) negozi eleganti.
우아한 상점들입니다.

Sono (dei) ristoranti tipici.
특색 있는 레스토랑들입니다.

Sono (degli) edifici moderni.
현대적 건물들입니다.

Sono (delle) trattorie tipiche.
특색 있는 식당들입니다.

Sono (delle) piazze famose.
유명한 광장들입니다.

A : In questa città ci sono dei palazzi antichi?
이 도시에 고풍스런 건물들이 있나요?

B : Sì.
네.

A : In questa città c'è un castello famoso?
이 도시에 유명한 성이 있나요?

B : No.
아니요.

Comunicazione

해설
- **Che cosa** (what) 무엇.
- **industriale** agg. (industrial) 산업의. * 제2그룹형용사 → p.123
- **famoso** agg. (famous) 유명한. * 제1그룹형용사 → p.123
- **grande** agg. (great) 큰, 거대한. * 제2그룹형용사
- **piazza** f. (square) 광장.
- **piccolo** agg. (little) 작은.
- **paese** m. (country, nation, village, land) 마을, 고향, 조국, 나라.
- **torre** f. (tower) 탑.
- **teatro** m. (theatre) 극장.
- **importante** agg. (important) 중요한. * 제2그룹형용사
- **palazzi** m.pl. (palaces) 궁전(건물)들. * palazzo s.

Lezione 11

→ **antichi** agg. (antic) 고풍스런. * antico s.
→ **edifici** m.pl. (building) 건물들. * edificio s.
→ **moderni** agg. (morden) 현대적인. * moderno s.
→ **trattorie** f.pl. (restaurants) 식당들. * trattoria s.
→ **castello** m. (castle) 성.

 Grammatica

동사(Verbi)

직설법 현재(Indicativo presente)

	규칙활용동사	불규칙활용동사
	conosc**ere** (to know)	**sapere** (to know)
io	conosc**o**	**so**
tu	conosc**i**	**sai**
lui, lei, Lei	conosc**e**	**sa**
noi	conosc**iamo**	**sappiamo**
voi	conosc**ete**	**sapete**
loro	conosc**ono**	**sanno**

* conoscere + 명사; sapere + 명사 / 문장

부분관사(Partitivo)

1) 부정관사의 복수형(some)
2) '전치사 di + 정관사 il, i, la, le, lo, gli'로 만들어진다.
   del, dei, della, delle, dello, degli

un museo famoso	**dei** musei famosi	몇몇 유명 박물관들
un museo interessante	**dei** musei interessanti	몇몇 흥미로운 박물관들
una chiesa famosa	**delle** chiese famose	몇몇 유명한 교회들
una zona industriale	**delle** zone industriali	몇몇 산업 지역들

장소부사(Avverbo di luogo) CI

앞에 언급한 장소를 반복하지 않고 장소부사 ci로 대치한다.
Vai spesso **a Padova**? 너 파도바에 자주 가니?
Sì, **ci** vado spesso. (ci = a Padova) 응, 거기에 자주 간다.

명사와 형용사의 성수일치(Concordanza degli aggettivi con i sostantivi)

어미 '- e'로 끝나는 제2그룹형용사들은 명사가 남성단수이든 여성단수이든 '- e' 어미를 지니고, 복수를 수식할 경우 '- i' 어미를 갖는다. 반면, 어미 '- o'로 끝나는 제1그룹형용사는 명사의 성수에 따라 - o / - a / - i / - e를 어미로 갖는다.

제1그룹형용사(원형이 - o어미를 갖는 형용사)

un mercato famoso	**famoso**	유명한 시장
un piccolo paese	**piccolo**	작은 마을
una torre famosa	**famoso**	유명한 탑
palazzi antichi	**antico**	고풍스런 궁전들/건물들
edifici moderni	**moderno**	현대적인 건축물들
piazze famose	**famoso**	유명한 광장들

제2그룹형용사(원형이 - e어미를 갖는 형용사)

una zona industriale	**industriale**	산업 지역/단지
una grande piazza	**grande**	큰 광장
un teatro importante	**importante**	중요한 오페라 극장
negozi eleganti	**elegante**	우아한 상점들
valigie pesanti	**pesante**	무거운 여행 가방들
giacche verdi	**verde**	녹색 상의들

- **MOLTO**(agg. 많은 / avv. 대단히, 무척, 매우)
  형용사로 쓰일 때는 명사와 성수일치, 부사로 쓰일 때는 변화 없다.
  Posso visitare **molti posti**. 나는 **많은** 장소들을 방문할 수 있다.

Ci sono **molte belle piazze.** **많은** 아름다운 광장들이 있다.
A me piace **molto.** 내게 **무척** 마음에 든다.
La città è **molto** vivace. 그 도시는 **대단히** 활기차다.

- **C'È UN ~ ?**(~가 있나요?) / **DOV'È IL ~ ?**(~가 어디 있나요?)
화자의 주위에 '어떤 곳이 있나요?' 라고 물을 때,
C'è un ristorante qui vicino? 이 근처에 레스토랑 있나요?
정확한 무엇인가를 찾을 때,
Dov'è il ristorante "Al sole"? "Al sole"라는 레스토랑이 어디 있나요?

Episodio

"강남역 8번 출구로 가주세요"

Milano 150만 명, Firenze 37만 명, Torino 91만 명, Roma 260만 명. 대도시인데도 인구는 그리 많지 않다. 다시 말해서 서울의 한두 개의 구를 합하면 밀라노 인구가 된다. 그러니 걸어 다니며 관광을 할 수 있는 것이다.

주소 체계는 간결하다. 예를 들어 'Via Garibaldi 23, Milano' 가 주소다. 택시를 탈 경우 기사에게 이 주소만 말하면 된다. 우리처럼 '강남역 8번 출구로 가주세요' 가 아니다. 우리는 그나마 지하철이 매우 발달되어 있어 다행이다. 지도만 갖고도 혼자 쉽게 찾을 수 있다. 우선 거리 명을 지도에서 찾는다. 그리고 현재 위치에서 빠른 길을 택해 그 거리로 이동한다. 근접하면 건물 1층과 2층 사이에 쓰여 있는 거리 명을 확인하고 난 후, 번지를 찾으면 되는 것이다. 번지는 맞은편과 지그재그 형식으로 늘어서 있어 찾기가 용이하다.

이런 일이 있었다. 도저히 목적지를 찾을 수 없어 길가는 행인에게 물었다. 열심히 설명한다. 그리고 나의 눈치를 살피더니 따라 오라고 한다. 너무 친절하다. 어느 경우에는 열심히 설명한대로 가 보았더니 그곳이 아니라 엉뚱한 곳이었다. 의욕이 앞섰던 것이다. 그러나 거의 모두 친절하게 응하는 모습은 역시 관광대국이라는 자부심에서 나오는 것이 아닐까 생각한다.

그래서 나름대로 터득한 방법은 길을 물을 때 조금씩 물으면서 찾아가라는 것이다. 길게 설명하더라도 근처까지만 잘 숙지하고 길을 가다가 또 물어보는 것이다. 두세 번이면 족할 것이다. 그러나 도시 규모도 크지 않고 지도가 잘 발달되어 있어서 혼자 찾아가는데 큰 문제는 없다. 바로 찾지 못해도 억울할 것은 없다. 거리에 즐비한 유적들을 바라보며 걷다보면 어느덧 목적지에 도착할 것이다. 버스로 이동하는 것은 많은 것을 놓치는 것이 된다. 택시는 더더욱 돈만 거리에 뿌릴 뿐 자체가 낭비이다. 택시비도 장난이 아니다.

걷다가 지치면 bar에 들어가 시원한 것으로 휴식을 취하며 주위의 건물들이나 지나가는 이탈리아인들의 패션을 감상하는 것도 큰 즐거움이다. 광장에서 펼쳐지는 퍼포먼스를 즐긴다거나 상점의 쇼윈도를 보거나 노천 시장에서 값싼 물건들을 쇼핑하는 것은 관광에서 빼놓을 수 없는 일정이 될 것이다.

Roma는 적어도 일주일은 걸어 다녀야 한다. Fontana di Trevi(트레비 분수), Piazza Spagna(스페인 광장), Piazza Navona(나보나 광장), San Pietro(성 베드로 대성당)를 보고 다 보았다고 하면 Roma까지 비행기타고 간 것이 아깝다. 주마등처럼 스쳐지나가는 것은 아무런 의미가 없다. 많은 곳을 가지 않더라도 반드시 한 곳에 한 동안 머물면서 그곳의 역사적 공기를 마시며 유적을 감상하고 따사로운 빛도 받아보는 것이 진정한 여행일 것이다.
배가 고프면 관광객으로 붐비지 않는 trattoria를 찾아 pasta에 와인을 마시며 하루를 정리해보는 것도 나쁘지 않을 것이다.

전 세계 유물의 1 / 3을 보유하고 있다는 이탈리아는 참으로 복 받은 나라임에는 틀림없는 것 같다. 관광자원이 바로 중동의 유전과 같은 것인데, 보존만 잘 한다면 고갈될 염려는 없겠다.

Geografia economica e culturale

이탈리아의 농업과 식품 산업(Agricoltura e industria alimentare)

이탈리아는 국토의 절반이 산악지대이므로 수 세기 전부터 토지에서 얻을 수 있는 식량에 비해 인구가 더 많았다. 그래서 농부들은 식구를 먹여 살릴 수 없는 시골을 버렸다. 1880년부터 이탈리아의 농부 출신들은 북부 지빙, 유립, 미국, 호수로 이주하여 그곳의 산업시설에 필요한 노동력을 제공했다.
그러나 오늘날 농업과 식품 산업을 이해하려는 새로운 기류가 나타나고 있다.

✔ 고품질 농업(L'agricoltura di qualità)
과거 이탈리아의 농업은 대량생산 체제 하에 있었다. 말하자면, 빵과 파스타를 얻기 위한 대량의 밀 재배, 동물사료를 얻기 위한 대량의 옥수수 재배, 설탕을 얻기 위한 대량의 사탕수수 재배, 적포도주와 백포도주 두 종류만을 만들기 위한 대량의 포도 재배, 올리브유를 위한 대량의 올리브 재배였다.

Lezione 11

오늘날 대량생산은 불가능하다. 평지와 구릉지대는 대부분 거주지와 산업지대로 사용되고 있기 때문에 더욱 그렇다. 농기계와 트랙터 사용료 지불하기에도 벅찬 짜투리 땅만 남아있다.

따라서 경작이 가능한 작은 규모의 땅은 이탈리아로 하여금 농업에 대한 사고를 바꾸도록 했다. 대규모의 경작지는 이제 더 이상 없지만 과일, 채소, 꽃을 재배하는 온실들이 특히 남부 지역에 널리 확산되어 있다. 온실은 좁은 지역의 기후에 유리한 재배를 가능하게 하고 계절에 무관하게 야채를 재배할 수 있어서 시장에 고소득 작물들을 내놓을 수 있게 한다.

포도, 올리브, 꽃 재배자(coltivatore)와 농업인(agricoltore)은 이제 항상 품질에 관심을 쏟게 되었다. 왜냐하면 오로지 품질 만이 타지방으로, 유럽으로 수출을 가능하게 할 수 있으며 고소득을 보장해 주기 때문이다.

그래서 옛날 농부들이 했던 것처럼 이제 더 이상 적포도와 백포도만을 생산하지 않는다. 올리브유, 치즈, 살루미 등에 "원산지 품질 검정"을 뜻하는 D.O.C(Denominazione d'Origine Controllata)를 붙여 상품 가치를 높이고 있다.

아르마니(Armani)와 페라리(Ferrari)가 고급 시장을 지배하기 위해 자사의 특성을 관리하듯이, 과일, 야채, 와인, 올리브유도 완벽해야만 살아남는다. 또한 그래야만 소득을 보장받을 수 있다. 그래서 오늘날 농업은 고소득의 원천으로 자리잡아가고 있는 중이며, 농부(contadino)는 이제 더 이상 과거의 그들처럼 고통을 감수하며 가난하게 살아가는 사람이 아니다. 오히려 농부 가운데는 대학에서 농업경영학(agronomia)을 전공한 석사들도 자주 찾아 볼 수 있다.

▲ 청과 재배지

✔ 식품 산업과 음식의 즐거움(L'industria alimentare e il piacere del cibo)

많은 농가들은 "agriturismo", 다시 말해서 관광객들에게 제공되는 음식재료의 2 / 3가 자체 경작한 것을 사용하는 식당으로 바뀌었다. 이러한 "slow food" 운동, 즉 자연건강식품으로 정성들여 준비한 식탁의 즐거움은 이탈리아 전국이 빨려들게 한 현실이 되어버렸다. 또한 파스타를 생산하는 대기업들도 대량생산 시스템에 고품질 전략을 보강했다.

포도주는 이제 더 이상 적포도주, 백포도주가 아니라, 오로지 "D.O.C.(원산지 품질 검정)"이다. 마찬가지로 몇 년 전만 해도 치즈는 "신선한 것", "중간", "잘 숙성시킨 것"으로 구분하였지만, 오늘날엔 품질을 개선시켜 프랑스 치즈를 부러워할 이유가 전혀 없어졌다.

✔ 식품 안전성의 문제(Il problema della sicurezza)

음식은 건강에 필수적이다. 우리는 수십 년 간 인체에 유해한 색소와 방부제가 첨가된 식품을 먹어왔다. 그러나 오늘날에는 모두 사용이 금지되었다. 지금의 위험 요소는 과다한 항생제를 먹여 양육한 닭고기, 성장촉진 호르몬인 에스트로겐이 투여된 소고기, 유전자 변형된 식물이 그것이다.

이탈리아는 수 년 전부터 건강을 보호하는 방향으로 움직여 오고 있는 중이고, 항생제, 에스트로겐, OGM(organismi geneticamente modificati 유전자 변형 유기체) 사용을 금지시켰다. 이러한 조치는 농업과 식품산업을 언급할 때 "품질"을 높이는 처방 가운데 하나인 것이다.

▲ 유전자 변형 유기체(OGM) 반대 포스터

◀ 포도 농장

▼ 올리브 농장

Lezione **12**
Dodicesima | **Mi scusi, sa che autobus va in centro?**
실례합니다, 어떤 버스가 시내로 가나요?

Cultura

"Signori, signore, i biglietti per favore!"

버스를 타기 전에 버스표를 bar나 혹은 가두판매점에서 구입한다. 1회용은 보통 60분 동안 몇 번을 갈아타도 되는 표이다. 가격은 1유로 정도. 노란색 버스에 오른다. 앞뒤에 탑승구가 있고 가운데는 출구가 있다. 버스에 오르면 노란색 검표 박스가 있다. 여기에 명함 크기의 표를 집어넣어 탑승 시각을 찍어야 한다. 그러다 갈아타야 한다면 내려서 두 번째 버스에 오르고 이때는 검표 박스에 찍을 필요가 없다.

그러나 이탈리아에 온 지 얼마 안 되는 유학생들이나 관광객들은 유심히 승객들을 바라보다가 문득 아이디어가 떠오른다. 1유로면 1400원인데 도시가 크지 않으니 노선도 짧다. 아깝다는 생각이 든다. 버스표는 샀지만 검표 박스에 표를 찍지 않고 그대로 타고가다 내리면 될 것이 아닌가. 왜냐하면 기사는 운전에만 신경 쓰고 검표 여부는 관여하지 않기 때문이다.

이러다 큰 코 다친다. 간혹 무작위로 검표원이 갑자기 탑승한다. 버스 내부는 술렁인다. 버스표 없이 탄 사람과 찍지 않은 사람들이다. 검표원은 앞뒤로 두 명이 탄다. 문은 모두 닫힌다. 독 안에 든 쥐들이 된다. 무임승차가 적발되면 지역마다 다르긴 하지만 벌금 10만원 정도인데 벌금이 문제가 아니라 파렴치한 사람으로 낙인찍히는 그 순간은 쥐구멍이라도 찾아야 할 정도이다. 더욱이 쉽게 식별이 되는 우리 동양인이 들키게 된다는 생각조차 하기 싫어진다.

그런데 여기서 우리가 놓치는 것이 있다. 많은 사람들이 검표 박스에 찍지 않고 그대로 자리에 앉는다. 이 경우는 두 번째 버스에 탄 것이거나 아니면 정기권을 소지하고 있는 경우이다. 이것을 오해해서 이탈리아 사람들도 무임승차하는데 나도 해야 되겠다는 안이한 생각을 해서 안 되는 것이다.

물론 각 시청들은 무임승차로 입는 손해가 막대하다고 한다. 검표원의 수는 한정되어 있고 매번 버스에 올라 검표할 수도 없는 처지라 무임승차는 제도를 바꾸지 않는 한 사라지지 않을 것이다. 이탈리아 버스는 개인회사가 아니라 시에서 운영한다. 그런 이유로 그와 같은 시스템이 가능한 것이다.

최근 우리나라는 환승시스템이 도입이 되어 한결 경제적이고 합리적인 체계를 갖추게 되었다. 여기에 카드가 보편화되어 더욱 편리해졌다. 이탈리아도 카드결제 시스템을 도입한다면 무임승차를 해결할 수 있을 텐데…

"Signori, signore, i biglietti per favore!(신사, 숙녀 여러분, 검표를 시작하겠습니다.)"

Conversazione

A : Mi scusi, sa **che autobus** va in centro?
실례합니다, 어떤 버스가 시내로 가는지 아세요?

B : Dunque … il 12 o il 32.
자, 그러니까 … 12번이나 32번이 갑니다.

A : Grazie. E sa se c'è una fermata vicino al terminal delle autocorriere?
감사합니다. 그리고 시외버스 터미널 근처에 정류장이 있는지 아십니까?

B : Beh, il 12 ferma davanti alla stazione e il terminal è lì a due passi.
어, 12번 버스가 기차역 앞에 정차합니다. 터미널은 엎드리면 코 닿는 곳에 있지요.

A : Bene … grazie. Ah, mi scusi ancora una domanda.
그렇군요. 고맙습니다. 저, 죄송합니다만 한 가지 더 여쭈어볼게요.

A quale fermata devo scendere?
어느 정류장에서 내려야 하나요.

Lezione 12

B : Alla quarta o alla quinta, credo.
네 번째 아니면 다섯 번째 정류장에서 내리시면 될 거라 생각해요.

Ma è meglio se chiede ancora una volta in autobus.
그러나 버스에서 한 번 더 물어보신다면 더 좋을 겁니다.

A : Grazie mille.
대단히 감사합니다.

B : Prego.
뭘요.

→ **Mi scusi** (excuse me, forgive me, I'm sorry, I beg your pardon) 저를 용서하세요, 죄송합니다.
  * (Lei) scusare(용서하다)! 대명사+명령형. 존칭명령의 경우, 대명사는 동사 앞에 위치한다.
→ **sa** v.tr. (know) (당신은) ~를 안다. * (Lei) sapere. 불규칙동사활용 → p.122
→ **autobus** m. (bus) 버스. * che autobus (which bus) 어떤 버스.
→ **il (numero) 12** 12번 버스.
→ **se c'è** ~ (if there is) ~가 있는지 그렇지 않은지.
→ **fermata** f. (bus stop) 버스정류장.
→ **vicino a ~** prep. (near, nearby, close) ~근처에, 가까운 곳에.
→ **terminal** m. 터미널. * 외래어는 대부분 남성.
→ **autocorriere** f.pl. 시외버스들. * la autocorriera s.
→ **ferma** v.intr. (stop) (버스가) 머문다, 선다, 정차 한다. * (l'autobus) fermare. 규칙활용
→ **davanti a ~** prep. (in front of) ~ 앞에.
→ **stazione** f. (station) 기차역. * - zione 접미사를 지니는 명사들은 여성.
→ **passi** m.pl. (step) 걸음들, 스텝들. * a due passi 두 걸음 거리에, 엎드리면 코 닿는 곳에
→ **domanda** f. (question) 질문. * ←→ risposta(대답).
→ **A quale fermata** 어느 정류장에서. * quale(which) 의문형용사 → p.134
→ **devo** v.aus. (must) (나는) ~해야 한다. * 반드시 동사원형이 뒤따라야 한다.
→ **scendere** v.intr. (go down, descend) 내려가다. * (io) dovere + inf. 부정법 → p.85
→ **Alla quarta (fermata)** 네 번째 정류장에서. * quarta(네 번째) 서수 → p.110
→ **credo** v.intr. (believe, think) (나는) 믿는다, 그러리라 생각 한다. * (io) credere.
→ **meglio** avv. (better) 더 낫다. * meglio=più bene (부사), migliore = più buono (형용사).
→ **chiede** v.tr. (ask) (당신은) ~를 묻는다. * (Lei) chiedere. 규칙활용
→ **ancora** avv. (more) 더.
→ **una volta** f. (once) 한 번. * ancora una volta(once more) 한 번 더.
→ **autobus** m. (bus) 버스. * 외래어는 거의 대부분 남성. 단수, 복수 동형.

⫸ Comunicazione 🎧

A : E **a quale fermata** devo scendere?
근데 어떤 정류장에서 내려야 하나요?

B : Alla prima / seconda / terza ...
첫 번째 / 두 번째 / 세 번째 정류장에서...

A : Dov'è la fermata dell'autobus?
버스정류장은 어디에 있나요?

B : Di fronte al supermercato.
수퍼마켓 맞은편에 있어요.

A : Dov'è l'ufficio postale?
우체국은 어디에 있나요?

B : In via Roma.
로마 가에.
Fra il museo e il teatro.
박물관과 극장 사이에.
Accanto alla banca.
은행 옆에.
Davanti alla scuola.
학교 앞에.
All'angolo.
모퉁이에.
Dietro la stazione.
기차역 뒤에.

A : C'è una banca qui vicino?
이 근처에 은행이 있나요?

B : Sì, Lei adesso gira a destra. / Lei adesso gira a sinistra. / Lei adesso continua dritto.
네, 우측으로 돌아가세요. / 좌측으로 돌아가세요. / 직진하세요.

Lezione 12

A : **C'è un ristorante** qui vicino?
　　이 근처에 레스토랑 있나요?

B : **Mi dispiace, non lo so.**
　　죄송해요. 모르겠네요.

　　Non sono di qui.
　　저는 이곳 사람이 아니에요.

A : **A che ora** comincia lo spettacolo?
　　몇 시에 공연이 시작되죠?

B : **A mezzogiorno.**
　　정오에.

　　Alle due.
　　두 시에.

A : Scusi, a che ora parte il prossimo autobus per Montecassino?
　　죄송합니다만, 몬떼깟시노 행 다음 버스는 몇 시에 출발하나요?

B : All'una e mezza.
　　한 시 반에 출발합니다.

A : **Quando** arriva il treno da Perugia?
　　뻬루지아 발 열차는 언제 도착하나요?

B : **Alle** 18.32.
　　18시 32분에 도착해요.

A : A che ora chiude il museo?
　　박물관은 몇 시에 닫나요?

B : A mezzogiorno.
　　정오에 닫아요.

Comunicazione

해설

- **Di fronte a ~** prep. (opposite) ~ 맞은편에.
- **ufficio postale** 우체국. * 형용사 postale는 제2그룹형용사.
- **In via** Roma 로마 가에.
- **Fra A e B** prep. (between A and B) A와 B 사이에.
- **Accanto a ~** (next to, beside) ~ 옆에.
- **angolo** m. (corner) 모퉁이. * all'angolo(at the corner) 모퉁이에.
- **Dietro ~** (behind, at the back) ~ 뒤에.
- **banca** f. (bank) 은행.
- **adesso** avv. (now) 지금.
- **gira** v.intr. (go round, turn) (당신은) ~로 돈다, 턴 한다. * (Lei) girare 규칙활용.
- **destra** f. (right) 우측. * a destra(on the right) 우측으로.
- **sinistra** f. (left) 좌측. * a sinistra(on the left) 좌측으로.
- **continua** v.intr. (continue) (당신은) 계속 간다. * (Lei) continuare. 규칙활용.
- **dritto** avv. (straight go on) 곧장, 직진으로. (= diritto).
- **non lo so** (I don't know it) (저는) 그것을 모르겠네요. * lo(it, 직접목적어) + sapere.
- **A che ora** 몇 시에. * che는 의문형용사, 어미변화 없다.
- **comincia** v.intr. (start, begin) (공연이) 시작된다. * (lo spettacolo) cominciare. 규칙활용.
- **spettacolo** m. (show, performance, spectacle) 공연, 상영. * lo spettacolo. 정관사 → p.41
- **parte** v.intr. (leave, start) (버스가) 출발한다. * (l'autobus) partire. 규칙활용
- **prossimo** agg. (next) 다음의. * il prossimo autobus 다음 버스. prossimo가 없을 경우에는 l'autobus(lo autobus)인데, 그것이 끼어들면서 정관사 lo를 쓸 이유가 없어졌다.
- **mezza** agg. (half) 반, 30분.
- **arriva** v.intr. (arrive) (기차가) 도착한다. * (il treno) arrivare. 규칙활용
- **da Perugia** (from Perugia) 페루지아 발.
- **chiude** v.intr. (close) (박물관의) 문이 닫힌다. * (il museo) chiudere. 규칙활용.

📝 Grammatica

동사(Verbi)

직설법현재   규칙활용동사 도표 → p.62

	제1활용동사 - ARE				
	arriv**are**	cominci**are**	continu**are**	gir**are**	ferm**are**
	(to arrive)	(to begin)	(to continue)	(to turn)	(to stop)
io	arriv**o**	comincio	continuo	giro	fermo
tu	arriv**i**	cominci	continui	giri	fermi
lui, lei, Lei	arriv**a**	comincia	continua	gira	ferma
noi	arriv**iamo**	cominciamo	continuiamo	giriamo	fermiamo
voi	arriv**ate**	cominciate	continuate	girate	fermate
loro	arriv**ano**	cominciano	continuano	girano	fermano

	제2활용동사 - ERE			제3활용동사 - IRE
	chied**ere**	cred**ere**	scend**ere**	part**ire**
	(to ask)	(to believe)	(to go down)	(to leave)
io	chied**o**	credo	scendo	part**o**
tu	chied**i**	credi	scendi	part**i**
lui, lei, Lei	chied**e**	crede	scende	part**e**
noi	chied**iamo**	crediamo	scendiamo	part**iamo**
voi	chied**ete**	credete	scendete	part**ite**
loro	chied**ono**	credono	scendono	part**ono**

의문사(Interrogativi)

의문형용사만 뒤따르는 명사와 성수 일치한다. 단, che는 변화가 없다.
의문대명사 : chi(who), che(what), quale(which), quanto(how much, how many)
의문형용사 : **che**(what), **quale**(which), **quanto**(how much, how many) + 명사
의문부사 : dove(where), quando(when), come(how), perché(why)

Episodio

"고의성 없는 나의 '범죄'를 하늘이 아셨을까."

95년 5월1일이었다. 아직도 그날의 충격을 잊을 수가 없다. 내가 재직 중이었던 대구가톨릭대학교 스페인어과 교수 가족이 이탈리아 피렌체로 여행을 온다는 것이었다. 나는 오랜만에 한국사람, 그것도 내가 존경하던 대학 선배님 가족이 온다니 5월1일만을 손꼽아 기다렸다.

5월1일. 버스표를 사려는데 거의 모든 상점 문이 닫혀있었다. 나는 나중에야 노동절이라 휴일임을 알았다. 어쩔 수 없었다. 검표원도 오늘만은 쉬겠지 하며, 약속 시간이 되어 나는 모든 것을 하늘에 맡기고 그대로 무임승차를 감행했다. 버스는 두 칸이 연결된 일명 'Serpente(뱀)'였다. 승객은 그리 많지 않았고 빈 자리도 많아 중간쯤에 앉았다.

목적지 피렌체 중앙역까지 10분 정도 남았을까. 갑자기 검표원 두 명이 앞뒤로 올라타는 것이 아닌가. 드디어 일이 터졌다. 90년까지만 해도 정복을 입고 다녀서 무임승차승객들은 그들이 버스 주위를 서성이기만 해도 목적지에 관계없이 내려버렸다. 그런데 이후에는 모두 사복을 하고 다니므로 도저히 식별할 수가 없었다.

"Signori, signore, i biglietti, per favore!" "검표를 시작하겠습니다."

앞에서 포위망을 좁혀오고, 뒤에서도 좁혀오는 2,3분은 2,3시간 같았다. 벌금이 문제가 아니라 한국인 망신인 것이다. 별 생각을 다 했다. 이탈리아어를 모르는 것처럼 할까, 관광객이라서 몰랐다고 할까, 버스표 살 곳이 없어 무임승차했다고 할까... 식은땀까지 흘렀다. 앞에서 로마 병정처럼 다가오던 그는 나를 한 번 보더니 출구 쪽으로 갔다. 후방을 공격하는 군대에 의해 나는 점령되겠지. 거의 나는 무방비 상태였다. 그런데 이상하게도 그는 내 뒷좌석까지만 검표를 하고 그냥 두 사람은 버스를 내려버린 것이었다.

아니 이런 것이 기적인가. 가슴이 더욱 뛰기 시작했다. 고의성 없는 나의 '범죄'를 하늘이 보호하신 것일까. 바로 버스에서 내려 뛰어가고 싶었다. 미안해서 도저히 무임승차를 계속할 수가 없었다. 이런저런 생각에 앞이 캄캄해 목적지에 이르러 버스가 한참을 정차한 것도 몰랐다.

2006년 말 디자인학교 설립과 관련해서 Milano 출장을 가게 되었다. 초등학교 축구선수인 아들을 데리고 갔다. AC Milan과 Inter Milan 팀이 있는 도시이기에 아들도 평소 관심이 많았었다. 상담을 마치고 밀라노 시내로 가는 버스를 타기 전, 아들에게 버스 시스템에 대해 일러주었더니 매우 흥미로워하면서 "아빠, 우리가 이번에 타는 버스에 검표원이 탈 것 같은데?" "그래?" 우리는 이미 표를 준비했지만, 내기를 했다. 결과는 아들의 승리였다.

후에 알아보니 우리 한국유학생들은 거의 대부분 무임승차를 하지 않고, 생활이 어려운 불법 체류자들이 그런다는 말을 들었다. 자율성을 강조하면서도 결과를 책임지게 하는 독특한 버스승차 시스템은 영원히 존재했으면 한다. 재미있는 삶의 한 단면인 것 같다.

Geografia economica e culturale
Made in Italy

세계화는 전 세계의 경제 현실을 뒤바꾸고 있다. 저비용으로 제품을 생산하는 중국, 높은 수준의 과학연구를 하고 있는 인도와 브라질, 산업 전통을 다시 중요시하고 있는 동유럽에 대한 두려움뿐만 아니라, 이탈리아는 열리게 되는 새로운 시장에서 기회를 잡으려는 노력을 보이고 있다.

이 같은 새로운 시장은 수 백 만 명의 노동자와 중국, 인도, 남아메리카, 동유럽의 저임금 농부들에 의해 만들어지는 것이 아니라, 기업가, 전문가, 기술자 등 고소득을 올리는 리더 그룹에 의해 형성되는 것이다. 그들은 "Made in Italy"라고 부르고, 이탈리아 수출증대의 견인차 역할을 할 일련의 제품에 관심을 둘 수밖에 없다.

"Made in Italy"라는 표현은 두 가지 특징이 있다.
* 하나는 우수한 설계, 양질의 재료, 빈틈없는 제작을 의미한다. 가장 좋은 예는 고품질 구두의 경우인데, 과학적인 설계, 최고 레벨의 재료(발을 호흡하게 하는 구두, 특히 Geox를 생각하자), 굽이 떨어져 나간다거나 바느질이 터지는 것을 생각할 수 없게 하는 우수한 제작이다.
* 다른 하나는 위대한 이탈리아 예술가들의 우아함의 현대적 해석이 담긴 매우 세련된 스타일이다.

✔ 패션(La moda)

이탈리안 스타일이란 하이패션을 뜻한다. Armani, Valentino, Gucci, Ferragamo, Fendi, Versace, Dolce & Gabbana, Missoni는 위대한 이탈리아 스타일리스트의 이름이지만, 그들의 옷은 전 세계적으로 사회적 지위의 상징(status symbol) 그 자체이다. 역시 이 경우에도 성공의 이유는 원단의 고품질, 정교한 제작, 우아한 디자인에 있다. 예를 들어, 아르마니의 옷은 매우 단순하게 보인다. 그러나 대단한 주의력과 많은 연구의 결과이다. 이 점 때문에 하이패션은 많은 작업자들을 필요로 한다. 왜냐하면 수작업으로 제단하고 마무리를 해야 하기 때문이다.

✔ 산업 디자인(Il design industriale)

역시 이 경우에도 "스타일(gusto)"은 미켈란젤로에서 레오나르도 다 빈치에 이르는 과거의 건축가와 엔지니어들의 위대한 전통에서 나온다. 그들은 요새, 상점, 교각을 설계하고, 혁신적인 기술을 시도함에 있어서 전혀 주저하지 않았었다.

이탈리아뿐만 아니라 전 세계의 수많은 자동차와 기차는 Bertone, Pininfarina, Giugiaro 그리고 기술적인 이해, 스타일적인 세련미, 디자인의 우아함, 형태의 균형을 함께 공유하는 다른 스타일리스트들에 의해 설계된 것들이다. 최근에 중국은 Pininfarina가 설계한 유로스타 35량을 구매했다. 선택의 이유는 "가장 아름다워서"라는 것이었다. 그러나 산업디자인은 거대한 차량의 디자인만을 의미하는 것은 아니다. 전 세계적으로 판매되는 우아하고 세련된 안경의 대부분은 이탈리아 북동 지역에 위치한 Luxottica 회사와 협력 업체에 의해 생산된다는 것을 생각해야 한다. 안경 생산은 고속열차 유로스타보다 돋보이지는 않지만, 고도의 기계적 설계와 기술, 그리고 재료에 대한 연구 다음으로 스타일, 우아함이 요구되는 제품이다. 그래서 전문화된 많은 직업이 만들어지고 일자리도 창출되는 것이다.

✔ 인테리어 소품(L'arredamento)

이탈리아에는 강력한 수공업 전통이 있다. 이것은 오늘날 접시, 식기, Alessi사의 커피기구, Bormioli사의 유리 글라스, B - Ticino사의 전기장비, Murano 지역의 유리세공품에서 보듯이 산업화되었다. 이 경우에도 수공업적인 전통과 산업 기술이 접목되고 있다. 또 다른 분야는 가구인데, 바실리카타 주(Basilicata)와 풀리아 주(Puglia)에서 만들어지는 전통 가구, Milano와 Torino 근교에서 만들어지는 현대적인 가구들도 이탈리아 특유의 전통 기법에 근거하고 있다.

Lezione 13 | E tu che cosa hai fatto ieri?
Tredicesima | 근데 너 어제 뭐했니?

Cultura

"하루를 넷으로 나눈다?"

이탈리아인들은 일주일을 둘로 쪼개는 것 같다. 주5일 근무와 토요일, 일요일. 하루를 넷으로 나누어 생활하는 것 같다. 오전, 오후, 저녁, 밤. 점심시간이 대략 두 시간이니 내게 그렇게 느껴진다. 반면 우리의 점심시간은 짧아 오전, 오후의 차이를 못 느끼며, 근무 시간과 퇴근 후, 그리고 취침 셋으로 나뉘어 진다고 할 수 있을 것 같다.

Milano, Roma, Napoli와 같이 큰 도시는 모르겠지만 중소도시민들은 대부분 점심식사를 가능하면 집으로 돌아가 먹는다. 자전거나 스쿠터를 타고 신나게 엄마 품으로 돌아간다. 마치 어린 새들이 둥지로 어미 찾아가는 것과 같이… 따뜻한 pasta를 먹고 날씨가 더운 날이면 달콤한 낮잠도 잠시 즐긴다. 아니면 일광욕도 하고 동네 친구들과 잡담도 한다. 두 시간을 보내고 에너지를 재충전한 채 일터로 다시 돌아간다. 집에서 점심식사를 할 수 없는 경우에는 직장 근처 bar에서 panino와 음료로 간단히 처리하고 산책을 즐긴다.

하루의 제2장은 오후 2시30분경부터 오후근무를 하다가 보통 6시경에 일을 마치는 장면이다. 친구들과 삼삼오오 술집으로 몰려가는 광경을 본 적이 없을 정도로 그들은 집으로 돌아간다. 우리처럼 마땅히 여러 명이 질펀하게 술을 즐길만한 곳이 제한되어 있다. 흔한 곳이 bar이다. 저녁식사 전 식욕을 돋우기 위해 퇴근길에 aperitivi를 홀로 아니면 친구들과 한 잔하는 정도다. 우리 시각으로 보면 재미가 없다. 그렇다. 내 친구 Giovanni는 한국에서 4년을 살다가 고향 Firenze 근교로 돌아갔는데, 자주 내게 전화를 걸어 한국의 활기차고 역동적인 문화가 무척 그립다고 한다. 아예 한국에서 정착하기를 바란다. 나도 출장을 갈 때면 그의 집에 들른다. Firenze 근교라고 하면 그야말로 한적한 전원이다. 정말 따분하고 무료해서 일주일만 거기서 지낸다면 그의 말이 '넌 자살할거야'였다.

하루의 더운 기운이 가시는 무렵인 8시 경 그들은 저녁식사를 한다. TV를 보며 식사를 하고 가끔 산책을 나선다. 어느 정도 복장을 단정히 하고 가족단위로, 친구들끼리, 연인들끼리 centro에 가서 상점의 쇼윈도를 바라보며 한참을 구경한다. 그렇게 벼르고 벼르다가 모은 돈으로 쇼핑한다. 아이스크림도 사먹고 맥주도 한 잔한다. 담배도 피우고, 축구 이야기, 동네 돌아가는 이야기 등 어찌 그리 할 말도 많은지… 언어 구조 상 그들의 소리는 무척 크다. 시끌시끌하다. 사람 사는 냄새가 진동한다. 자정이 가까워서야 집으로 돌아와 잠자리에 들면서 하루의 제3장이 끝나고, 취침의 제4장이 시작된다. 내일은 또 제2막 제1장이 기다리고 있는 것이다.

Conversazione

A : E allora, **siete tornati** al lago anche domenica?
자, 그런데, 너희들 일요일에도 호수에 갔다 왔니?

B : Beh, chiaro! Che domanda!
어, 물론이지! 좋은 질문이야!

A : E **siete partiti** presto come al solito, eh?
그럼 너희들은 늘 그렇듯이 일찍 떠났구나, 그렇지?

B : Sì, però **siamo arrivati** lì verso le nove.
응, 그런데 우리는 9시 경 그곳에 도착했어.

Così **abbiamo fatto** subito il bagno e **abbiamo preso** il sole tutto il giorno.
그래서 우리는 곧 해수욕을 했고 하루 종일 일광욕을 했지.

Più tardi **abbiamo fatto** anche un giro in gommone.
좀 있다가 우리는 튜브를 타고 호수도 돌아다녔어.

È stata una giornata molto bella! E tu che cosa **hai fatto?**
아주 멋진 하루였지! 근데 너는 뭐했니?

Lezione 13

A: Mah, niente di particolare perché **sono rimasta** a casa quasi tutto il giorno:
뭐, 특별한 건 없었어. 왜냐하면 거의 하루 종일 집에 남아있었거든.

la mattina **ho fatto** colazione tardi e poi **ho messo** in ordine la casa.
아침에 난 늦게 아침을 먹고 집 안을 정리했다.

Il pomeriggio **ho letto** un po' e poi **ho visto** un film alla TV.
오후에 책을 좀 읽고나서, TV에서 영화를 보았지.

Dopo per fortuna **è venuto** Luca, con lui **ho fatto** una passeggiata in centro.
그리고 난 후 반갑게도 루카가 왔어. 그와 함께 나는 시내에서 산책했지.

B: Ah, ecco.
아, 그랬구나.

A: Sì, ma brevissima …
응, 근데 아주 짧은 산책이었어. …

Conversazione

해설
- **siete tornati** (너희들은) ~로 돌아왔다. * (voi) essere + tornato (tornare v.intr.[p.ps.]). 근과거 → p.142
- **lago** m. (lake) 호수. * a + il lago = al lago 호수에.
- **chiaro** agg. (clear, obvious) 분명한, 명백한.
- **domanda** f. (question) 질문. * che + 명사! 감탄문 → p.154
- **siete partiti** (너희들은) ~로 출발했다, ~로 떠났다. * (voi) essere + partito (partire v.intr.[p.ps.]).
- **presto** avv. (soon, quickly, fast, early) 일찍.
- **come al solito** 늘 그렇듯이.
- **siamo arrivati** (우리는) ~에 도착했다. * (noi) essere + arrivato (arrivare v.intr.[p.ps.])
- **verso** prep. (about) 경, 쯤. * verso le 9 (about 9 o'clock) 9시 경.
- **abbiamo fatto** (우리는) ~를 했다. * (noi) avere + fatto(fare v.tr.[p.ps.]) 불규칙과거분사 → p.144
- **fare il bagno** (have a bath, swim) 목욕을 하다, 해수욕을 하다. * fare + 명사 ~를 하다.
- **prendere il sole** (sunbathe) 일광욕을 하다.
- **abbiamo preso il sole** (우리는) 일광욕을 했다. * (noi) avere + preso(prendere v.tr.[p.ps.]) 근과거
- **tutto il giorno** (all day) 하루 종일. * tutto(all) + il giorno(day) 하루의 전체, 즉 하루종일.
- **Più tardi** avv. (later) 좀 있다가.
- **fare un giro** (go round) 돌아다니다, 투어를 하다.
- **abbiamo fatto un giro** (우리는) 돌아다녔다, 투어를 했다. * (noi) avere + fatto + un giro.
- **gommone** m. (rubber dinghy) 튜브. * in gommone 튜브 타고. ← gomma(고무, 껌, 타이어) + one(확대형 어미).
- **E' stata** ~ 였다. * (una bella giornata) essere+stato (stare v.intr.[p.ps.])

→ **una giornata** 하루. * a day의 의미를 갖는 un giorno와 구분. Buona giornata!(좋은 하루 되세요!)
  - Grazie, anche a Lei!(고맙습니다, 당신도 좋은 하루 되세요!) / Buongiorno!(안녕하세요!)
  - Buongiorno!(안녕하세요!)
→ **molto bella** (much beautiful) 아주 멋진.
→ **hai fatto** (너는) ~를 했다. * (tu) avere + fatto(fare v.tr.[p.ps.])
→ **niente** pron. (nothing) 아무것도.
→ **particolare** agg. (particular) 특별한. * 형용사 particolare 앞에 전치사 di를 사용하는 이유는 수식을 받는 대명사 niente가 성의 구분이 없는 '부정대명사'이기 때문이다. '순결한 형용사'는 이처럼 정체가 불분명한 명사 혹은 대명사를 직접 수식하기를 싫어한다. 영국 여왕이 늘 흰 장갑을 끼는 것과 비슷하다. 전치사 di가 바로 '흰 장갑'인 셈이다.
→ **sono rimasta** (stay, remain) (나는) ~에 남아있었다. * (io) essere + rimasto(rimanere v.intr.[p.ps.])
→ **mattina** f. (morning) 아침. * la mattina 아침에.
→ **ho fatto colazione** (나는) 아침식사를 했다. * (io) avere + fatto + colazione(아침식사)
→ **tardi** avv. (lately) 늦게.
→ **ho messo in ordine** (나는) 정리 정돈을 했다. * (io) avere + messo (mettere v.tr.[p.ps.]) in ordine.
→ **pomeriggio** m. (afternoon) 오후. * il pomeriggio 오후에.
→ **ho letto** (나는) 책을 읽었다. * (io) avere + letto(leggere v.tr.[p.ps.]) 불규칙과거분사.
→ **ho visto** (나는) ~을 보았다. * (io) avere + visto(vedere v.tr.[p.ps.]) 불규칙과거분사.
→ **per fortuna** (fortunately, luckily) 반갑게도, 다행히도.
→ **è venuto** (루까가) ~에 왔다. * (Luca) essere + venuto(venire v.intr.[p.ps.]) 불규칙과거분사.
→ **fare una passeggiata** (walk, drive) 산책을 하다.
→ **ho fatto una passeggiata** (나는) 산책을 했다. * (io) avere + fatto(fare v.tr.[p.ps.]) + una passeggiata.
→ **brevissima** agg. (most short, brief) 아주 짧은. * brev(e) + issima = molto breve

≫ Comunicazione 🎧

A : **Che cosa hai fatto stamattina?**
넌 오늘 아침에 뭐했니?

B : **Ho fatto sport.**
운동했어.

A : **Che cosa hai fatto ieri?**
넌 어제 뭐했니?

Lezione 13

B : Sono andato al cinema.
　　난 영화관에 갔었어.

A : Che cosa ha fatto domenica?
　　당신은 일요일에 뭐하셨어요?

B : Sono rimasta a casa.
　　저는 집에 머물렀어요.

A : E cosa hai fatto nelle (ultime) vacanze?
　　근데 너는 최근 휴가에 뭐했니?

B : Ho fatto molte fotografie.
　　많은 사진들을 찍었어.
　　Sono stata al mare
　　바닷가에 있었어.
　　Sono andata in montagna.
　　산에 갔어.

Comunicazione

해설	→ **stamattina** (this morning) 오늘 아침. * questa(this) + mattina(morning).
	→ **sport** m. 스포츠, 운동.
	→ **ieri** aw. (yesterday) 어제.
	→ **nelle** (ultime) vacanze 최근 휴가에서.
	→ **fotografie** f.pl. (photos) 사진들. * fotografia s.
	→ **al mare** 바닷가에.
	→ **in montagna** 산에.

✏ Grammatica

근과거(Il passato prossimo)

최근에 결론지어진 과거의 행위를 표현할 때 사용하는 시제
1) avere 현재 + 타동사의 과거분사(목적어를 갖는 대부분의 동사)
2) essere 현재 + 자동사의 과거분사 * 주어의 성수와 과거분사 어미일치 *

- **Mario** è andat**o** a Milano.
  마리오는 밀라노에 갔다.
- **Daniela** è andat**a** a Bolzano.
  다니엘라는 볼짜노에 갔다.
- **Mario** e **Daniela** sono andat**i** in vacanza. * 남성 + 여성 = 남성복수
  마리오와 다니엘라는 휴가 갔다.
- **Daniela** e **Maria** sono andat**e** al lavoro.
  다니엘라와 마리아는 직장에 갔다.

규칙 과거분사(Participi passati regolari) **- ato, - uto, - ito**

동사원형	의미	규칙 과거분사	io	noi
parl**are**	to speak	parl**ato**	ho parlato	abbiamo parlato
insegn**are**	to teach	insegn**ato**	ho insegnato	abbiamo insegnato
incontr**are**	to meet	incontr**ato**	ho incontrato	abbiamo incontrato
arriv**are**	to arrive	arriv**ato**	sono arrivato / a *	siamo arrivati / e *
ripet**ere**	to repeat	ripet**uto**	ho ripetuto	abbiamo ripetuto
av**ere**	to have	av**uto**	ho avuto	abbiamo avuto
cap**ire**	to understand	cap**ito**	ho capito	abbiamo capito

- **Ho parlato** l'italiano in classe.
  나는 수업시간에 이탈리아어를 말했다.
- **Ha insegnato** l'italiano.
  그는 이탈리아어를 가르쳤다.
- **Hai incontrato** Caterina?
  너는 카테리나를 만났니?
- Ragazzi, **avete ripetuto** la lezione di ieri?
  얘들아, 어제 수업을 복습했니?
- **Hanno avuto** la febbre.
  그들은 열이 났다. (열을 갖고 있었다)
- **Ho avuto** molto da fare.
  나는 할 일이 많았다. (할 일을 많이 갖고 있었다)
- **Hai capito** la domanda del professore?
  너는 교수님 질문을 이해했니?
- **Ho dormito** tutto il giorno.
  나는 하루 종일 잠을 잤다.

Lezione 13

- Maria **è arrivata** in Italia ieri sera.
  마리아는 어제 저녁 이탈리아에 도착했다.
- Mario **è arrivato** in Corea ieri.
  마리오는 어제 한국에 도착했다.
- Mario: (io) **Sono andato** a Milano.
  난 밀라노에 갔다.
- Maria: (io) **Sono andata** a Milano.
  난 밀라노에 갔다.

불규칙 과거분사(Participi passati irregolari)
실용회화에 빈번하게 사용되는 불규칙과거분사는 - ere 동사에 많다.

동사원형	의 미	과거분사	io	noi
essere	to be	**stato** / a / i / e	sono stato / a *	siamo stati / e *
rimanere	to stay, remain	**rimasto** / a / i / e	sono rimasto / a *	siamo rimasti / e *
venire	to come, arrive	**venuto** / a / i / e	sono venuto / a *	siamo venuti / e *
fare	to do	**fatto**	ho fatto	abbiamo fatto
leggere	to read	**letto**	ho letto	abbiamo letto
mettere	to put	**messo**	ho messo	abbiamo messo
prendere	to take, get	**preso**	ho preso	abbiamo preso
vedere	to see, look at	**visto**	ho visto	abbiamo visto

절대적 최상급(Il superlativo assoluto)

매우 높은 품질을 표현하며 두 가지 형태로 만들어진다. '매우, 아주 ~한'
1) molto(avv.) + 형용사 : molto bello, molto bella, molto belli, molto belle
2) 형용사 + issimo / a / i / e : bellissimo, bellissima, bellissimi, bellissime
3) 부사 + issimo : benissimo

TUTTO(all)

명사와 함께 표현되며 정관사 앞에 위치한다. 형용사 역할을 한다.
Ho lavorato **tutto il giorno.** 나는 **하루 종일** 일했다. (그 날의 전체)
Ho lavorato **tutti i giorni.** 나는 **매일** 일했다. (여러 날의 전부)

QUALCHE(some)

alcuni, alcune로 대체될 수 있으며 항상 단수명사가 뒤따른다.
qualche **nuvola** (약간의 구름)
qualche **volta** (가끔)
qualche **domanda** (몇 가지 질문) = alcune domande
qualche **amico** (몇 몇 친구들) = alcuni amici

Episodio

'쪼개기' 없이 달려 온 결과가 아닌가!

13과 문화에서 언급했지만 그들은 인내심이 우리보다 약해서 그런지 하루를 넷으로 나누어 생활하는 것 같다고 했다. 그래서 인사도 Buon giorno!(오전), Buon pomeriggio!(오후), Buonasera!(저녁), Buonanotte!(밤)와 같이 나누는 것이 아니겠는가.

이 같은 분할은 오페라 공연에는 물론이고 영화관에서도 찾을 수 있다. 95년 나는 Bologna에서 Arezzo 출신의 친구 Antonio와 짐 캐리 주연의 'The Mask'를 보러 영화관에 갔다. 오랜만에 코믹한 짐 캐리의 진짜 목소리를 듣고 싶었지만, 이탈리아에서 상영되는 모든 외화는 더빙이 되어있다. 참으로 아쉬웠다. 더빙 기술은 가히 세계 최고라고 한다.

재미있게 보고 있는데 갑자기 자막이 떴다. 'Intervallo'. 휴식시간이었다. Antonio는 너무도 당연한 듯이 자리를 박차고 bar로 향했다. 나도 주섬주섬 따라갔다. 아니, 이게 무슨 맥을 끊는 것도 아니고... 이때 문득 생각난 것이 하루를 넷으로 쪼개어 생활하는 그들의 오랜 풍습이라는 것을 알았다.

20분가량 휴식을 하며, caffè 한 잔하고 전반부의 스토리도 복기해보고 나름대로 나쁘지는 않았다. 맥이 끊기기는 했어도...

이런 '쪼개기'는 대학 강의에서도 찾을 수 있다. 내가 다니던 Bologna 국립대학교에는 세계적인 석학 Umberto Eco 교수가 있었다. 나는 기호학 강의를 듣기 위해, 그리고 석학을 직접 만나기 위해 설레는 마음으로 그를 기다렸다. 대가답게 조교와 여비서를 대동하고 대형 계단식 강의실로 들어섰다. 순간 강의실은 그의 모습에 압도되었다. 두 시간 강의였다. 그러나 연강은 없다. 반드시 50분 강의 후에 휴식 10분이다. 골초인 그는 강의실 옆 뜰에 나가 학생들의 이런저런 질문에 답을 하며, 학생들과 함께 담배를 즐기는 것이 아닌가.

여러분도 알다시피 축구에도 '쪼개기'는 존재한다. 서양 문화라는 것이 그리스, 로마 문화를 근간으로 한다고 볼 때 영국이 만들어 낸 축구도 결국 기원을 따지자면 그들의 문화 속에 있는 것이 아닐까. 반면 우리의 민속 씨름을 보자. 승부가 날 때까지 계속 힘겨루기를 해야 한다. 소싸움도 같은 맥락이다. 어찌 보면 쉼 없이 목표지점까지 달려가는 우리 민족 특유의 끈기라고 아니 할 수 없다. 세계 최고봉을 등정하는 한국의 산악인들은 서양인에 비해 '쪼개기'를 덜 하기에 보다 빨리 정상을 정복하는 놀라운 저력을 보이는 것이 아닌가.

이탈리아도 전후 파괴된 경제를 1960년 경제개발 계획으로 오늘날 세계5,6위의 경제 대국이 되었으나, 문화관광자원이 풍부하여 엄청난 달러를 벌어들이며 이룬 것인 반면, 유무형의 자원이 빈약한 우리나라가 가난을 이기고 세계적인 경제 강국을 이룩한 것은 '쪼개기' 없이 달려 온 결과가 아닌가 하고 내 나름대로 분석해 본다. 여러분 생각은 어떤가요?

Geografia economica e culturale

| 관광(Turismo)

이탈리아는 세계적인 관광의 중심지이다. 외국인들은 문화적인 유산과 자연의 아름다움을 보기 위해, 그리고 기후를 즐기기 위해 이탈리아를 찾는다.

✔ 문화적 "광맥"(I "Giacimenti" culturali)

20년 전, 석유층의 빈곤에 대해 토론이 활발할 무렵, 정부의 한 관리가 "문화적 광맥(giacimenti culturali)"에 대한 경제적 가치에 초점을 두자는 아이디어를 내놓았다.

사실 이탈리아에는 지구상의 예술품 가운데 1 / 3 혹은 절반가량 있다고 할 정도로 수많은 회화, 조각 작품, 건축물들이 있다. 여기에 필사본, 고가구, 악기 등등이 더해진다면, 지구상의 문화 유적 가운데 75%를 소장하는 것이 된다.

몇 년 전까지만 해도 상황은 절망적이었다. 낡고 잘 못 보존된 박물관들은 중요 문화재를 소장하는데 한계를 느끼고 있었고, 문화적 프로모션이라든지 문화재를 훼손하는 방문객의 교육에 대해 관심이 없었다. 그러나 오늘날 매우 빠른 속도로 모든 것이 변하고 있다.

고고학적 가치를 지니는 유적지에서 지금은 문화재 보호에 대해 알리는 표지판을 찾을 수 있고, 콜로 세움과 같은 원형경기장, 빌라, 사원, 도시의 과거 찬란했던 시기를 되살리게 하는 복원 작업을 볼 수 있다.

방문객들을 위한 이러한 관심은 문화적 관광을 재개하는 열쇠가 된다. 왜냐하면 박물관이나 고고학적 가치를 지니는 유적지를 방문한다는 것은 단지 빠르게 훑어본다는 것뿐만 아니라, 자기 나라와 다른 세계에서 여행을 한다는 것이기도 하기 때문이다. 아직도 해야 할 일이 산더미처럼 쌓여있다. 왜냐하면 문화관광과 단체관광의 관심은 서로 상반되며, 오로지 질 높은 관광만이 이탈리아의 미래를 보장해 줄 수 있기 때문이다.

✓ 자연의 미(Le bellezze naturali)

이탈리아를 여행하다 보면 경탄할 만한 아름다운 경치를 만나게 된다. 매우 소담스러운 토스카나(Toscana)의 구릉 지대, 트리에스테(Trieste) 혹은 칼라브리아(Calabria)의 절벽 해안, 사르데냐 섬(Sardegna)의 하얀 해변, 돌로미티(Dolomiti)의 분홍색 산 정상... 비교적 작은 국토에 있을 것은 다 있다. 몬팔코네(Monfalcone)와 트리에스테(Trieste) 사이의 높은 절벽 해안이 펼쳐지다가 그곳으로부터 10 km만 가면 그라도(Grado)라는 광활한 해변이 펼쳐지기도 한다. 풀리아 주(Puglia)의 가르가노(Gargano) 반도를 보면, 북쪽 면엔 해변과 개펄이 있고, 남쪽으로 조금만 내려오면 바위, 암초, 동굴들이 나타난다. 그래서 관광객들이 해변과 구릉 지대를 찾고 싶어 하는 것은 자연적인 현상이다. 자동차로 한 시간 거리에

있는 산과 산 사이에 형성된 1000년의 역사를 지니는 도시나 서로 판이하게 다른 자연 경관을 발견할 수 있다는 것도 관광객들에게는 행복이다.

최근 50년은 재앙이었다. 최근에 자연경관 보호에 관한 인식이 거대한 시멘트 구조물을 막을 수 있었고, 공동 재산인 아름다운 자연경관에 건설된 빌라와 호텔을 철거하려는 노력을 진행 중이다.

3000년의 역사가 이탈리아인들에게 남긴 자연 유산을 보호하기 위해 할 일이 많이 남아 있다.

✓ 기후(Il clima)

이탈리아 기후는 유럽의 다른 지역이 추울 때는 온화하고, 여름의 무더위가 유럽 대륙을 짓누를 때는 지중해의 영향으로 선선하다. 비록 북부 파다나 평원의 겨울이 안개가 자주 끼고, 남부 지방의 여름이 건조할 수는 있지만, 이탈리아에는 일반적으로 큰 추위나 큰 더위는 없다. 많은 관광객을 유혹하는 것은 지중해성 기후 덕분이 아닐까?

Lezione 14 Quattordicesima | Che tempo fa? / Come è il tempo?
날씨 어때?

Cultura

"차디찬 돌에 앉아 가슴까지 차게 하는 아이스크림을 먹다보면"

이탈리아 기후는 유럽의 다른 지역이 추울 때는 온화하고, 여름의 무더위가 유럽 대륙을 짓누를 때는 지중해의 영향으로 선선하다. 비록 북부 파다나 평원(Pianura Padana)의 겨울이 안개가 자주 끼고, 남부 지방의 여름이 건조할 수는 있지만, 이탈리아에는 일반적으로 큰 추위나 큰 더위는 없다. 많은 관광객을 유혹하는 것은 지중해성 기후 덕분이 아닐까?

여름이 길고 봄, 가을은 잠시, 겨울은 영하로 내려가는 적이 거의 없다. 북부 Padana 평원에 있는 지역인 Milano, Padova, Vicenza, Verona, Venezia, Bologna, Ferrara 등에는 가을철 우기가 있다. 선선한 기온에 비가 오면 체감온도는 많이 떨어진다. 여기에 습도마저 높아 무릎이 쑤신다. 우리나라의 온돌이 있다면 뜨끈뜨끈한 아랫목에서 몸을 지지겠건만 차디찬 대리석 바닥이니 꿈도 꿀 수 없다. 라디에이터에 등을 대고 지지는 수밖에…

내가 살던 Bologna 근교는 우기철만 되면, 비도 자주 왔지만 안개 끼는 날이 많았다. 1미터 앞을 못 볼 지경이다.

하루는 앞집에 살던 Marco의 형이 내게 와서는 외출하자고 했다. 단골 bar에 가서 술도 마시고 그의 친구와 재미있는 시간을 보내자고 했다. 심심하던 터에 곧 승낙을 하고 그의 차에 올라탔다. 3000명의 작은 마을이라서 액셀만 조금 밟아도 바로 시골길이 나왔다. 그런데 그 날 짙은 안개가 끼어 나는 한치 앞을 볼 수 없었는데도 그는 잘도 달린다. 나는 손잡이를 꼭 붙들고 간이 조마조마했다. "Rallenta!" 속도를 줄이라고 해도 40년간을 그곳에서 살아 온 그는 걱정 말라며 더욱 속력을 냈다. 죽을 맛이었지만 그를 믿어 보기로 했다. 새벽 서너 시경 귀가할 때는 더더욱 안개가 짙어 마치 시각 장애인이 차를 광폭하게 모는 것과 같았다.

중부 지방 Firenze의 기후는 북부와는 다소 달랐다. 여름철은 태양이 강렬하고 건조했지만 그늘에 들어가면 선선했다. 건조한 기후는 제철 과일의 당분을 높이는 결과를 가져와 수박맛이 어쩌면 그리도 달고 시원한지 잊을 수가 없다.

Roma의 날씨는 Firenze와 비슷했으나 기온은 조금 더 높았다. 그러나 대리석들로 건축된 건물과 유적들을 보고 있노라면 어느 덧 더위는 물러가고 더욱이 Trevi 분수를 등지고 차디찬 돌에 앉아 가슴까지 시리게 하는 아이스크림을 먹다보면 더위는 생각에서 지워진다.

최근 아내와 딸이 이탈리아 여행을 했는데, 이상 기온 때문인지 40도를 훌쩍 넘는 무더위에 밤잠을 설쳤다고 한다.

Conversazione

A : Pronto?
여보세요?

B : Ciao Piera, sono Flavia, come stai?
안녕 삐에라, 나 플라비아인데, 어떻게 지내니?

A : Benissimo, sai, **sono** appena **tornata** dal bosco.
아주 잘 지내. 너도 알다시피 난 숲에 갔다 이제 막 돌아왔어.

B : **Sei** di nuovo **andata** a funghi?
버섯 따러 또 갔었구나?

A : Eh chiaro, come sempre …
어, 맞아. 늘 하던 대로지 뭐 …

Lezione 14

B: Allora il tempo è bello.
그래, 날씨는 좋겠구나.

A: No, a dire il vero no, anzi è abbastanza brutto, la sera qua fa già un po' freddo. Ieri poi c'**è stato** un temporale che ...
아니, 솔직히 말해서 아니야. 오히려 날씨는 꽤 나빠. 저녁이면 이곳 날씨는 벌써 좀 쌀쌀해. 게다가 어제는 폭풍우가 불었지 ...

B: E con questo tempo vai a funghi?
그럼 이런 날씨에도 넌 버섯 따러 간단 말이니?

A: Beh, ci sono ancora delle nuvole, ma adesso non piove più.
E da te **che tempo fa?** Bello, scommetto.
어, 아직 다소 구름이 끼었지만, 지금은 더 이상 비는 오지 않는다.
근데 네가 있는 곳 날씨는 어때? 좋을 거야, 내기 할까?

B: Bellissimo. C'è il sole, fa caldo, oggi **ho fatto** addirittura il bagno ...
아주 좋아. 쾌청하고 따뜻해. 솔직히 오늘 난 해수욕을 했으니까 말이야...

Conversazione

해설

→ **Pronto?** (Hello) 여보세요? * pronto는 원래 '준비된(ready)' 의 뜻.

→ **Benissimo** avv. (very well) 아주 잘 지내. * ben(e) + issimo(절대적 최상급 어미) = molto bene. 이처럼 부사도 절대적 최상급으로 만들어진다.

→ **sai** v.tr. (know) (너는) ~를 안다. 여기서는 'you know?' * (tu) sapere.

→ **sono tornata** v.intr. (나는) ~에 도착했다. * (io) essere + tornato(tornare v.intr.[p.ps.])

→ **appena** avv. (just, soon) 이제 막, 방금. * 어순 조심!

→ **bosco** m. (wood) 숲. * da(from) + il bosco = dal bosco 숲으로부터.

→ **andare a funghi** v.intr. 버섯 따러 가다.

→ **Sei andata a funghi?** v.intr. (너는) 버섯 따러 갔었구나? * (tu) essere + andato + a ~ 하러 갔다.

→ **di nuovo** avv. (again) 다시, 또.

→ **chiaro** (clearly, cleare) 솔직히 그래, 맞아. * 여기서는 부사로 쓰였다.

→ **come sempre** avv. 늘 하던 대로, 늘 그렇듯이. * come(like) + sempre(always)

→ **tempo** m. (weather) 날씨.

→ **bello** agg. (beautiful) (날씨가) 좋다, 아름답다. * (날씨, 3인칭 단수) essere + 형용사.

→ **a dire il vero** 솔직히 말해서. * a + dire(say, tell) + il vero(the truth) 관용구.

→ **anzi** avv. (on the contrary) 오히려, 반대로.

→ **abbastanza** avv. (enough) 꽤나, 충분히.

→ **brutto** agg. (ugly) 안 좋은.

→ **la sera** (every evening) 매일 저녁. * 정관사 + sera. 매일 저녁의 뜻.
→ **qua** avv. (here) 여기, 이곳. * = qui
→ **fa freddo** (날씨가) 쌀쌀하다, 춥다. * (날씨, 3인칭 단수) fare + 형용사.
→ **un po'** avv. (a little) 조금.
→ **già** avv. (already) 이미, 벌써.
→ **c'è stato** (there was) ~가 있었다. * ci + è + stato(stare, essere [p.ps.]) + 단수주어.
→ **temporale** m. (storm) 천둥 번개를 동반한 폭풍우.
→ **con questo tempo** 이런 날씨에도. * con(with) + questo tempo.
→ **vai a funghi?** (너는) 버섯 따러 가니? * (tu) andare a ~하러 가다.
→ **delle nuvole** (some cloud) 약간의 구름. * = qualche nuvola
→ **adesso** avv. (now) 지금, 현재.
→ **non ~ più** 더 이상 ~가 아니다.
→ **piove** v.intr. (rain) 비가 내린다. * (날씨) piovere. 날씨는 항상 3인칭 단수.
→ **ancora** avv. (still) 지금도 아직, 여전히.
→ **da te** 네가 있는 곳. * da + 인칭명사, 인칭대명사 = 그 사람이 있는 곳. dal dottore 병원에.
→ **che tempo fa?** 날씨는 어때?
→ **scommetto** v.tr. (bet) (나는) 내기 한다(자신 있다는 속 뜻). * (io) scommettere.
→ **sole** m. (sun) 태양, 햇빛.
→ **ho fatto il bagno** v.tr. (나는) 해수욕을 했다. * (io) avere + fatto + il bagno(해수욕)
→ **addirittura** avv. (really, directly) 솔직히 (말해서).

»» Comunicazione 🎧

A : Quando è stata l'ultima volta che hai letto un libro?
언제가 마지막이었니 네가 책 읽은 것이?

Quando è stata l'ultima volta che hai fatto una passeggiata?
언제가 마지막이었니 네가 산책한 것이?

Quando è stata l'ultima volta che hai visto un film?
언제가 마지막이었니 네가 영화 본 것이?

Quando è stata l'ultima volta che sei andato a sciare?
언제가 마지막이었니 네가 스키 타러 간 것이?

Quando è stata l'ultima volta che hai parlato al telefono?
언제가 마지막이었니 네가 전화 통화 한 것이?

Quando **è stata** l'ultima volta che **hai preso** un gelato?
언제가 마지막이었니 네가 아이스크림 먹은 것이?

Quando **è stata** l'ultima volta che **hai fatto** una festa?
언제가 마지막이었니 네가 파티를 한 것이?

Quando **è stata** l'ultima volta che **hai dormito** fino a tardi?
언제가 마지막이었니 네가 늦게까지 잠을 잔 것이?

Quando **è stata** l'ultima volta che **hai messo** in ordine l'appartamento?
언제가 마지막이었니 네가 아파트를 정리 정돈한 것이?

Quando **è stata** l'ultima volta che **sei rimasto** a casa tutto il giorno?
언제가 마지막이었니 네가 하루 종일 집에 머물렀던 것이?

B : Stamattina.
오늘 아침.

Ieri.
어제.

L'altro ieri.
그저께.

Giovedì scorso.
지난 목요일.

La settimana scorsa.
지난 주.

Due settimane fa.
2주 전.

Il mese scorso.
지난 달.

In gennaio
1월에.

Prima della lezione.
수업 전.

A : **Che tempo fa** oggi? / **Com'è il tempo** oggi?
오늘 날씨 어때?

날씨 어때?

B : **È bello.**
좋아.
È brutto.
안 좋아.
Fa caldo / freddo.
더워 / 추워.
Piove.
비가 와. (piovere; rain)
Nevica.
눈이 와. (nevicare; snow)
C'è vento.
바람 불어 (바람이 있어).
C'è qualche nuvola.
구름이 약간 끼었다.
C'è temporale.
폭풍우가 몰아쳐.
C'è il sole.
햇빛 나.
C'è tanta nebbia.
짙은 안개가 끼어있어.

| 해설 | → **l'ultima volta** (last time) 마지막. * prima volta (first time)
→ **che** pron. (that) 관계대명사.
→ **hai visto** v.tr. (네가) ~을 보았다. * (tu) avere + visto(vedere) + un film 영화를 보았다.
→ **hai fatto** v.tr. (네가) ~을 했나. * (tu) avere + fatto(fare) + una passeggiata 산책을 했다.
→ **sei andato (a) a ~** v.intr. (네가) ~하러 갔다. * (tu) essere + andato(a) (andare) + a sciare 스키 타러 갔다.
→ **hai parlato** v.tr. / v.intr. (네가) ~에 말을 했다. * (tu) avere + parlato(parlare) + al telefono 전화에 말 했다, 전화 통화했다.
→ **hai preso** v.tr. (네가) ~를 먹었다. * (tu) avere + preso(prendere) + un gelato 아이스크림을 먹었다.
→ **hai fatto** v.tr. (네가) ~를 했다. * (tu) avere + fatto(fare) + una festa 파티를 했다.
→ **hai dormito** v.tr. / v.intr. (네가) 잠을 잤다. * (tu) avere + dormito(dormire) + fino a tardi 늦게까지 잠 을 잤다.

→ **hai messo in ordine** v.tr. (네가) ~을 정리 정돈 했다. * (tu) avere + messo(mettere) in ordine l'appartamento 아파트를 정리 정돈했다.
→ **sono rimasto (a)** v.intr. (나는) ~에 머물렀다. * (tu) essere + rimasto (a) (rimanere) + a casa 집에 머물렀다.
→ **scorso** agg. (last) 지난.
→ **fa** avv. (ago) 전. * due settimane fa 2주 전. fra due settimane 2주 후.
→ **Prima di** ~ prep. (before) ~ 전. * prima di + 명사 / 동사원형. ~ 전에, ~하기 전에.
→ **Fa caldo** (warm, hot) 덥다, 따뜻하다, 뜨겁다. * (날씨) fare + caldo / freddo.
→ **Piove** v.intr. (rain) 비가 온다. * (날씨, 3인칭 단수) piovere.
→ **Nevica** v.intr. (snow) 눈이 온다. * (날씨, 3인칭 단수) nevicare.
→ **C'è vento** (wind) 바람이 분다, 바람이 있다. * C'è + 단수. ~가 있다.
→ **qualche nuvola** (some clouds) 구름 몇 점. * = delle nuvole 부분관사 → p.122
→ **temporale** m. (storm) 천둥 번개를 동반한 폭풍우.
→ **freddo** agg. (cold) 추운, 차가운, 써늘한 * (날씨) fare + caldo / freddo.
→ **pioggia** f. (rain) 비.
→ **nebbia** f. (fog) 안개.
→ **neve** f. (snow) 눈.

Grammatica

감탄문(Esclamativo)

Che + 형용사 / 명사!
Che caldo! 와, 더워라!
Che freddo! 와, 추워라!
Che pioggia! 와, 비가 많이 오네!
Che vento! 와, 바람이 장난이 아니네!
Che nebbia! 와, 안개가 장난이 아니네!
Che neve! 와, 눈 오는 것 좀 봐!

Come + 동사!
Come piove! 와, 비 오는 것 좀 봐!
Come nevica! 와, 눈 오는 것 좀 봐!

부정어의 위치(Negazione)

Sei coreano? **No**, sono giapponese. 한국인이니? **아니**, 일본인이다.
Non vado spesso a ballare. 나는 자주 춤추러 가지 **않는다**.
Non vado **mai** a ballare. 나는 **절대로** 춤추러 가지 **않는다**.
Adesso **non** piove **più** 지금은 **더 이상** 비가 내리지 **않는다**.
Non ho fatto **niente** di particolare. 나는 특별한 것은 **아무것도** 하지 **않았다**.
Non ho un momento libero. 나는 자유 시간을 갖고 있지 **않다**.

 Episodio

"Aiuto, aiuto!" 사람 살려, 사람 살려요!

무더운 여름에 휴가를 즐기러 바다로 떠나 마을에서 사람 구경을 하기가 쉽지 않았다. 대학의 방학은 6월부터 10월 말까지라서 길고 지루했다. 가족이 먼저 한국으로 들어가는 바람에 홀로 공부하고 있을 때 Marco와 Max가 다른 친구 여러 명과 함께 우리 집을 찾아주었다. 날씨도 더운데 머리나 식힐 겸 수영장에 가자고 했다. 듣던 중 반가운 소리라 선뜻 승낙하고 수영복을 챙겨 그들의 차에 올랐다. Ferrara 근처 휴양지에 들어 선 풀장이었다. 놀이 기구도 있고 수영장에는 많은 사람들로 붐볐다. 일정한 시간을 두고 수녀 복장을 한 익살꾼 세 명이 이벤트를 벌이고 있었다. 수영하는 사람들, 일광욕을 즐기는 사람들, 먹고 마시는 사람들, 익살꾼의 재치에 배꼽 잡는 사람들... 우리와 다를 것이 없었다.

다른 것은 풀장에 들어 갈 때 수경과 수모를 착용하지 않는다는 것과 수영을 하기보다는 인공 파도에 몸을 맡기고 이리저리 둥둥 떠다니며 즐긴다는 것이다. 그런데 나는 수경과 하얀 수모 그리고 삼각 수영복 – 그들은 대부분 사각 수영복을 착용했다 –을 착용했으니 그들에게 나는 수영 선수처럼 보였을지도 모른다.

나는 한국에서 수영 강습을 받아 버터플라이만 못하고 다른 유형은 할 줄 알았다. 친구들에게 수영 좀 하고 오겠다고 하고 물 속에 멋있게 입수. 그리고는 배영으로 건너가기로 하고 수영을 했다. 그런데 누군가와 부딪혔다. 순간 균형을 잃고 바닥을 짚으려고 하는 순간 발이 바닥에 닿지를 않았다. 큰 일 났다. 허우적거렸다. 어느 누구도 나를 보지 못하는 것 같았다. 물도 먹었다. 심장은 멎을 듯이 쿵쾅쿵쾅... 살아야 한다는 일념으로 고개를 들어보니 한 복판이라 저 건너편까지는 아직도 멀었다. 이제 이 역만리 타국에서, 그것도 풀장에서, 수모와 수경과 삼각 수영복을 입고 익사한다면 정말 창피스러운 일인 것이다. 순간 내가 살아 온 35년이 주마등처럼 스쳐지나 가면서 젊은 나이에 생을 마감해야 하다니 아찔하면서도 서글픈 생각에 참을 수 없었다. "Aiuto, aiuto!" 사람 살려, 사람 살려요! 물을 연거

푸 먹으며 외쳤으나 허사였다. 호각을 든 사람도 너무 많은 사람들 틈에 허우적대는 나를 보지 못했다. 창피해서라도 살아 나가야겠다는 의지밖에 나를 살릴 사람은 아무도 없었다. 물 속으로 들어갔다 나왔다 하면서 조금씩 낮은 쪽으로 필사적인 몸부림으로 사경을 헤쳐 나갔다. 짧은 시간이었지만 내겐 무척이나 길게 느껴졌다. 드디어 스스로 목숨을 건진 나는 기진맥진 풀장을 기어 나왔다. 이제 살았다!

친구들 자리로 왔더니 태평스럽게 낮잠과 일광욕을 즐기고 있었다. 야속한 친구들 같으니라고. 한 대 갈기고 싶었다. 그들은 오히려 수영 잘 하고 왔느냐며 너스레를 떨었다. 그렇지 너희들이 무슨 잘 못이 있겠니. 있다면 무료하게 지내는 나를 수영장에 데리고 온 죄밖에 없지 않은가.

어쨌거나 우리 일행은 미끄럼틀도 타고 모래밭에서 축구도하고 점심도 맛있게 먹었다. 이제 '다시는 수영 안 할 거야.' 다짐을 하며 집에 돌아오는 길에 단골 bar에 들러 시원한 맥주를 여러 잔 들이켰다. 생사를 넘나 든 하루였다. 지금 생각하면 아찔하다.

Geografia economica e culturale

이탈리아의 고전작가(Scrittori classici)

1. 프란체스코 닷씨시(FRANCESCO D'ASSISI)

1182년 Assisi의 부유한 가정에서 태어나 1226년 Assisi에서 사망한다. 그는 기독교인, 이슬람교도, 불교신자, 유대교도, 무신론자를 똑같이 받아들였고, '피조물의 노래(Cantico delle creature)'로 이탈리아 문학의 창시자 가운데 한 사람이었다.

2. 단테 알리기에리(DANTE ALIGHIERI)

전 세계적으로 가장 유명한 이탈리아의 시인이다. 1265년 Firenze에서 태어나 1321년 Ravenna로 유배되어 세상을 뜬다. 중세 유럽의 가장 위대한 통합체인 '신곡(Divina Commedia)'으로 세상에 알려졌고, 소네트(14행 시), 철학, 정치 작가―' 향연(Convivio)', '군주제에 대해(De monarchia)' ―이며, 최초의 이탈리아 언어학자이다. 지식인들에게 "속어(volgare)", 다시 말해 이탈리아어를 그의 시 작품에 사용하게 된 이유를 설명하기 위해 라틴어로 쓴 학술서가 '수사적 속어에 관하여(De vulgari eloquentia)'이다.

3. 프란체스코 페트라르카(FRANCESCO PETRARCA)

1304년 Firenze 남부 Arezzo에서 태어나, Venezia, Milano, 벨기에, 프랑스에서 삶을 이어가다 70세 되던 해에 Padova에서 세상을 뜬다. 시인이지만 정치적 논쟁에도 관여했던 그는 '유럽적'이라고 정의 내릴만한 제1의 지성인이다. 전 유럽의 문학에 대한 그의 영향은 지대하다.

4. 지오반니 복카치오(GIOVANNI BOCCACCIO)

1313년 Firenze 근교에서 태어나 1375년 사망한다. 그는 시가 지배적이었던 중세에 산문으로 된 이야기 - '데카메론(Decameron: 100편의 이야기)' - 에 가치와 중요성을 두면서 유럽 문학을 변화시킨 작가로 남는다.

5. 토르콰토 탓쏘(TORQUATO TASSO)

1544년 Sorrento에서 출생했지만 그의 성장은 Salerno와 Napoli에서 이루어진다. 후에 Padova로 옮겨 법률을 공부하면서 명문대학교에 다닌다. 장년기에 들어서 Ferrara로 옮겨 에스텐시(Estensi)의 장엄한 궁정에 들어가 그는 위대한 기사도 시, '해방된 예루살렘(Gerusalemme liberta)'을 쓴다. 1595년 Roma에서 세상을 뜬다.

6. 루도비코 아리오스토(LUDOVICO ARIOSTO)

1474년 Reggio Emilia에서 태어나 Ferrara에서 성장하다 화려한 에스텐시 궁정에서 그의 생애 대부분을 보낸다. 1533년 죽을 때까지 그곳에서 봉사한다. 이탈리아어로 쓴 가장 유명한 기사도 시, '광란의 오를란도(Orlando furioso)'의 작가이다.

7. 카를로 골도니(CARLO GOLDONI)

가장 중요한 이탈리아 고전극작가인 그의 작품 가운데 일부는 베네치아 사투리로 - 1707년 Venezia에서 출생 - 일부는 이탈리아어로 쓰여져 있다. '여관집 여주인(La locandiera)'과 같은 걸작품은 이탈리아어로 썼다. 1793년 그가 세상을 뜨게 되는 파리로 이주했을 때는 불어로도 작품을 쓴다. 그가 세상을 뜬지 4년 뒤, 나폴레옹은 골도니가 기술한 세상에 목적을 두고 오스트리아인들에게 베네치아 공화국을 팔아버린다.

Lezione 14

8. 알렛산드로 만쪼니(ALESSANDRO MANZONI)

1785년 밀라노에서 출생하여 1873년 세상을 떠난 그는 이탈리아 소설의 창시자로서 '약혼자들(I promessi sposi)'를 쓴다. 또한 연극 대본 작가이기도 하며 시인이기도 하다. 이들 작품들은 대부분 정치적인 색깔이 담겨져 있는데, 1800년대 전반기 북부 이탈리아에 확산되었던 외국으로부터의 독립과 자치의식을 모든 이탈리아인들에게 알리기 위한 것이었다.

9. 지오반니 베르가(GIOVANNI VERGA)

시칠리아 섬의 Catania에서 태어나고 그곳에서 세상을 뜬 그는(1840-1922) 영국과 프랑스의 현실주의적 소설가들의 중요성을 이해하고 그들의 서술 기법을 활용하려는 시도를 한 최초의 이탈리아 작가이다. 그는 유럽의 현실주의에 입각하여 '말라볼리아 사람들(I Malavoglia)', '돈 제수알도(Mastro Don Gesualdo)' 같은 소설에서 깊은 시칠리아적 염세주의를 표현한다.

10. 지오반니 파스콜리 (GIOVANNI PASCOLI)

19세기 말, 이탈리아의 가장 중요한 시인이나 그는 이미 20세기의 불안을 예견하고 있었다. Romagna 출신의 가장 위대한 시인으로서 근대에 라틴어로 시를 쓴 시인으로도 알려져 있다. 1855년 Romagna에서 출생하여 1912년 Bologna에서 사망한다.

Lezione 15 Quindicesima | Cosa desidera oggi? / Vorrei del parmigiano.
오늘은 뭘 드릴까요? / 파르마 산 치즈 주세요.

Cultura

이탈리아인들의 주요 식 재료는 어떤 것들이 있나?

pasta 파스타, panino 샌드위치, biscotto 비스켓, burro 버터, riso 쌀, uovo 계란, peperone 피망, uva 포도, carne macinata 다진 고기, ciliegia 체리, pesce 생선, bistecca 비프스테이크, salame 살라미 소시지, patata 감자, pesca 복숭아, prosciutto 쁘로쉬우또, miele 꿀, cipolla 양파, aglio 마늘, zucchero 설탕, formaggio 치즈, sale 소금, cocomero 수박, castagna 밤, fragola 딸기, carciofo 아르티쵸크, arancia 오렌지, olive 올리브, asparago 아스파라거스, mozzarella 못짜렐라 치즈, aceto balsamico 발사믹 식초, vino 와인…

아침식사는 대부분 단골 bar에서 brioche(브리오슈)와 cappuccino로 간단히 해결하고, 점심은 pasta로 하고, 저녁식사는 풍성하다. pasta 요리로 허기를 달래고 주 요리는 육류 혹은 생선을 먹는 즐거움을 만끽한다. 여기에 와인은 필수다.

Lezione 15

이탈리아인들은 식 재료를 supermercato에서 구입하기도 하지만, 질 좋고 신선한 재료를 사려면 alimentari(식료품점)로 간다. 약간 값이 비싸긴 하나 질을 따진다면 식료품점으로 가야 한다.

과일도 supermercato보다는 fruttivendolo(과일가게)에서, 고기는 macelleria(정육점)에서, 빵 종류는 panificio(베이커리)에서 구입한다. 와인은 어디서 구입하든지 브랜드와 질에 따라 가격이 다를 뿐이다.

이탈리아의 물은 그리 좋지 못하다. 석회석이 많이 함유되어 있어서 반드시 음용수는 생수를 마셔야 하는데 장을 볼 때 마다 물을 잔뜩 사야 하므로 장바구니는 무거울 수밖에 없다. 그래서 차를 이용해야 한다. 시내에는 중소 규모의 슈퍼 체인점이 있어 소량 구입할 경우 이용하지만 다량으로 값싸게 구입하려면 시내 외곽에 있는 대형 마트(Ipermercato)로 간다. 주차 공간도 넓고 건물은 1층으로 되어 있어 쇼핑도 매우 편리하다. 구두 뒷굽 수선도 이때 맡긴다. 우리처럼 구두 방을 거리에서 쉽게 찾을 수 있는 것이 아니다.

석회석이 많은 물은 설거지를 해도 접시에 허옇게 석회석이 낀다. 그래서 마른 행주로 마무리를 하는 것이다. 또한 인체에 들어 간 석회석은 올리브유가 씻어낸다. 기적 같은 일이다. 이탈리아인의 평균 수명은 세계 5위 권 안에 든다고 하니 성격 때문인가, 음식 때문인가.

Conversazione

A : Buongiorno, Angelo!
좋은 아침, 안젤로!

B : Oh, buongiorno signora Ferri, allora **cosa desidera oggi?**
오, 안녕하세요 페리 부인. 자, 오늘은 뭘 원하세요(드릴까요)?

A : Due etti di mortadella, ma **la vorrei affettata sottile, sottile, per cortesia.**
모르따델라 200그램인데요, 아주 얇게 썬 것으로 주세요.

B : Ma certo, signora. Guardi un po': va bene così?
알겠습니다, 부인. 여기 잠깐 봐 주세요. 이 정도면 괜찮아요?

A : Perfetto!
좋아요!

B : Ecco fatto. Ancora qualcosa?
자, 이제 되었고요. 또 뭐 원하시는 것 있나요?

A : Sì. Un pezzo di parmigiano. Ma non lo vorrei troppo stagionato.
네, 파르마 산 치즈 한 조각 주세요. 근데 너무 숙성된 것 말구요.

B : Piuttosto fresco allora.
그럼, 오히려 신선한 것을 원하시는군요.

A : Sì, appunto.
네, 바로 그거에요. (맞아요).

B : E quanto ne vuole?
그럼 얼마나 드릴까요?

A : Circa mezzo chilo.
500그램 정도 주세요.

B : Benissimo ... Mezzo chilo. Qualcos'altro?
아주 좋습니다... 500그램 여기 있어요. 다른 것은요?

A : Sì, un litro di latte fresco, un vasetto di maionese, delle olive e poi dello yogurt magro, due confezioni.
네, 신선한 우유 1리터, 마요네즈 한 병, 약간의 올리브 열매 그리고 탈 지방 요구르트 두 묶음 주세요.

B : Benissimo. Allora ... latte, maionese, yogurt ...
Le olive le vuole verdi o nere?
아주 좋습니다. 자, 그러면 ... 여기 우유, 마요네즈, 요구르트 있어요...
올리브 열매는 녹색으로 아니면 검은색으로 드릴까요?

A : Verdi e grosse, circa due etti.
녹색인데 알이 굵은 것으로 200그램 정도 주세요.

B : Altro?
다른 것은요?

A : No, nient'altro, grazie.
아니에요, 다른 것은 없어요(그게 전부에요), 고마워요.

B : Grazie a Lei. Allora ecco, si accomodi alla cassa
부인께 감사드립니다. 자, 다 됐어요, 계산대로 가세요.

Lezione 15

Conversazione

해설

- **desidera** v.tr. (want) (당신은) ~을 원한다. * (Lei) desiderare.
- **Due etti** 200그램. * un etto 100그램.
- **mortadella** f. (salted pork meat) 모르타델라(돼지 살코기와 지방을 혼합하여 오븐에서 익힌 것)
- **la vorrei** (I would like that) 그것을 원하는데요. * (io) la volere. la = mortadella 직접대명사 → p.75 vorrei(volere) 완곡한 표현법인 조건법 → p.84
- **affettata** agg.(p.ps.) (sliced) 썬. * affettare의 과거분사. 형용사로 파생.
- **sottile, sottile** (very thin) 아주 얇게. * 형용사를 반복하여 강조.
- **Guardi** v.tr. (look) 봐 주세요! * (Lei) guardare(see, look)! 명령형 → p.53
- **Ecco fatto** (there, that's that done) 여기 있어요, 다 됐어요.
- **qualcosa** pron. (something, anything) * qualche(some) + cosa(thing)
- **pezzo** m. (piece) 조각.
- **parmigiano** m. (Parmesan cheese) 파르미산 치즈. * 이탈리아 Parma 지역 특산 치즈를 parmigiano 라고 부른다.
- **non lo vorrei** (저는) 그것을 원하지 않아요. * (io) non lo volere 직접대명사, 조건법
- **stagionato** agg.(p.ps.) (seasoned, matured) 숙성된. * stagionare의 과거분사. 형용사로 파생.
- **Piuttosto** avv. (rather) 오히려.
- **fresco** agg. (fresh) 신선한.
- **appunto** avv. (exactly) 바로 그거에요, 맞아요.
- **quanto ne vuole?** (그 중에) 어느 정도를 원하시나요? * 대명사 ne는 전체 대상 중에 일부분을 뜻한 다. 상점에 있는 치즈를 전부 원하는 것은 아닐 것이니 말이다. parmigiano가 남성명사라서 quanto 라고 표현했다. 여성명사라면 quanta.
- **Circa** avv. (about) 대략, 약.
- **mezzo chilo** 반 킬로그램, 500그램. * 형용사 mezzo는 명사 chilo에 성수일치.
- **Qualcos'altro** (anything else) 다른 것. * qualcosa(anything) + altro(else)
- **un litro** 1 리터.
- **latte fresco** (fresh milk) 신선한 우유.
- **un vasetto** m. (little vase, pot, jar) 한 병. vas(o) + etto (축소형 어미).
- **maionese** f. (mayonnaise) 마요네즈.
- **delle olive** (some olives) 약간의 올리브 열매. * di + le olive 부분관사 → p.122
- **dello yogurt** (some yogurts) 요구르트 몇 개. * di + lo yogurt 부분관사
- **magro** agg. (low-fat) 탈지방의.
- **confezioni** f.pl. (packaging) 묶음들. * confezione s.
- **Verdi** agg. (green) 녹색의. * 원형은 verde. 제2그룹형용사 → p.32
- **grosse** agg. (big, large, thick, heavy, great) 굵은. * 원형은 grosso. 제1그룹형용사 → p.32
- **Altro** pron. (other thing) 다른 것.

→ **nient'altro** (that's all) 그게 다예요, 다른 것은 없어요. * niente(nothing) + altro(other)
→ **Grazie a Lei** 당신께 감사드립니다.
→ **ecco** avv. (here is) 여기 있어요.
→ **si accomodi!** v.rifl. (sit down!, come in!, this way, please!) 편히 하세요, 앉으세요, 이리 오세요!
   * (Lei) accomodarsi! 명령형 → p.53 존칭명령이므로 재귀대명사는 동사 앞에 위치.
→ **alla cassa** (at the desk) 계산대로. * a + la cassa. 전치사관사 → p.96

》》 Comunicazione

A : Dove preferisci comprare? / Dove preferisce comprare?
너는 어디서 구입하길 더 원하니? / 당신은 어디서 구입하시길 더 원하세요?

B : In un supermercato.
수퍼마켓에서.

Al mercato.
시장에서.

In un negozio di alimentari.
식료품점에서.

In un negozio specializzato.
전문점에서.

A : Cosa desidera?
무엇을 원하세요(드릴까요)?

B : Vorrei un pacco di spaghetti.
스파게띠 한 곽 주세요.

Vorrei un litro di latte.
우유 1리터 주세요.

Vorrei una bottiglia di vino.
와인 한 병 주세요.

Vorrei del formaggio.
치즈 좀 주세요.

Lezione 15

A : **Quanto / Quanta / Quanti / Quante ne vuole?**
얼마나 원하시죠?

B : Un chilo.
1킬로그램.

Mezzo chilo.
반 킬로그램(500그램).

Due etti.
200그램.

Un pacco.
한 곽.

Un litro.
1리터.

Una bottiglia.
한 병.

A : **Il prosciutto come lo vuole?**
프로쉬우또, 그것을 어떻게 드릴까요?

B : Cotto.
훈제된 것으로 주세요.

Crudo.
숙성된 것으로 주세요.

A : **Va bene così?**
이 정도면 좋아요?

B : Sì, perfetto.
네, 좋아요.

A : **Ancora qualcosa? / Altro? / Qualcos'altro?**
또 다른 것은요?

B : Sì, del pane.
네, 빵 좀 주세요.

Nient'altro, grazie.
그게 다에요. 고마워요.

A : **Che stagione preferisci / preferisce?**
　　너는 어떤 계절을 선호하니 / 당신은 어떤 계절을 선호하세요?

B : La primavera.
　　봄.
　　L'estate.
　　여름.
　　L'autunno.
　　가을.
　　L'inverno.
　　겨울.

Comunicazione

해설
→ **preferisci** v.tr. (prefer) (너는) 선호한다. * (tu) preferire: preferi<u>sco</u>, preferi<u>sci</u>, ... → p.75
→ **comprare** v.tr. (buy) 사다, 구입하다.
→ **specializzato** agg.[p.ps.] (specialized) 전문화된. * specializzare의 과거분사. 형용사로 파생.
→ **cotto** agg.[p.ps.] (cooked, well done) 익힌. * cuocere의 과거분사. 형용사로 파생.
→ **crudo** agg. (raw) (자연 상태에서) 숙성된, 날 것의.

|식품 alimentari|

panino 샌드위치, biscotto 비스켓, burro 버터, riso 쌀, uovo 계란, peperone 피망, uva 포도, carne macinata 다진 고기, ciliegia 체리, pesce 생선, bistecca 비프스테이크, salame 살라미 소시지, patata 감자, pesca 복숭아, prosciutto 쁘로쉬우또, miele 꿀, cipolla 양파, aglio 마늘, zucchero 설탕, formaggio 치즈, cocomero 수박, castagna 밤, fragola 딸기, carciofo 아르티쵸크, arancia 오렌지, asparago 아스파라거스, mozzarella 못짜렐라 치즈, aceto balsamico 발사믹 식초

[조리법 ricetta]

tagliare 자르다, rosolare (brown) 굽다, aggiungere 첨가하다, 넣다, mescolare 혼합하다, cuocere 익히다, salare 소금 간을 하다, pepare 후추 간을 하다, versare 붓다, evaporare 증발시키다, pelare 껍질 벗기다, friggere 튀기다

[사계절 quattro stagioni]

la primavera 봄, l'estate 여름, l'autunno 가을, l'inverno 겨울

Grammatica

수량(Quantità)

수량을 표현 할 경우 항상 전치사 di가 사용된다.

Vorrei **un chilo di** mele. 사과 1킬로그램 주세요.
Vorrei **due etti di** mortadella. 모르따델라 200그램 주세요.
Vorrei **un pacco di** pasta. 빠스타 한 곽 주세요.
Vorrei **un litro di** latte. 우유 1리터 주세요.
Vorrei **una bottiglia di** vino. 와인 한 병 주세요.
Vorrei **mezzo chilo di** carne macinata. 다진 고기 500그램 주세요.

부분관사(Partitivi)

셀 수 없는 량의 부분관사는 'di + 단수 정관사'로 구성된다. del, della, dello, dell'

Vorrei **del formaggio.** 치즈 좀 주세요.
Vorrei **della carne.** 고기 좀 주세요.
Vorrei **dell'aglio.** 마늘 좀 주세요.
Vorrei **dello yogurt.** 요구르트 좀 주세요.

수동태 SI(SI passivante)

1) 주로 사물이 주어가 되며 수동태로 번역 된다.
2) 사물이 주어가 되므로 동사는 3인칭단수 혹은 복수로 활용된다.

In macelleria **si vende** la carne. 고기는 정육점에서 팔린다.
In macelleria non **si vendono** i salumi. 쌀루미는 정육점에서 팔리지 않는다.
Con il pesce **si beve** il vino bianco. 백포도주는 생선요리와 마셔진다.

Gli spaghetti non **si mangiano** solo con la forchetta.
스빠겟띠는 포크로만 섭취되지 않는다.
Dopo i pasti non **si beve** il cappuccino. 까뿌치노는 식후에 마셔지지 않는다.
Il salame non **si compra** in macelleria. 쌀라미는 정육점에서 판매되지 않는다.
I vini rossi non **si bevono** freddi. 적포도주들은 차갑게 마셔지지 않는다.
A colazione **si mangiano** i salami. 쌀라미는 아침식사 때 섭취된다.
La vera pizza **si prepara** con la mozzarella.
진정한 피자는 못짜렐라 치즈로 만들어 진다.

직접대명사(Pronomi diretti)

1) 앞에서 표현된 명사를 대신하는 대명사로서 '- 을 / 를'로 번역된다.
   mi, ti, lo, la, La / ci, vi, li, le
2) Ne는 전체 중에 일부분을 의미한다(una parte di un tutto).
3) 직접대명사의 위치는 활용된 동사 앞이다.

Vorrei del **parmigiano.**
파르마 산 치즈 좀 주세요.
Lo vuole stagionato o fresco? **Quanto** (parmigiano) **ne** vuole?
숙성된 것을 원하세요 아니면 신선한 것을 원하세요? 얼마나 드릴까요?

Vorrei dell'**uva.** 포도 좀 주세요.
La vuole bianca o nera? **Quanta** (uva) **ne** vuole?
백포도를 원하세요 아니면 흑포도를 원하세요? 얼마나 드릴까요?

Vorrei dei **peperoni.** 피망 좀 주세요.
Li vuole verdi o gialli? **Quanti** (peperoni) ne vuole?
녹색 피망을 원하세요 아니면 노란색 피망을 원하세요? 얼마나 드릴까요?

Vorrei delle **olive.** 올리브 열매 좀 주세요.
Le vuole verdi o nere? **Quante** (olive) **ne** vuole?
녹색 올리브를 원하세요 아니면 검은색 올리브를 원하세요? 얼마나 드릴까요?

Il parmigiano come **lo** vuole? 파르마산 치즈, 그것을 어떻게 원하세요?
La mortadella come **la** vuole? 모르따델라, 그것을 어떻게 원하세요?
I peperoni come **li** vuole? 피망, 그것을 어떻게 원하세요?
Le olive come **le** vuole? 올리브 열매, 그것을 어떻게 원하세요?

Lezione 15

Episodio

caffè espresso, cappuccino, Campari, pizza, pasta ...

Espresso 회사 이름이 보통명사화 된 caffè espresso(에스프레소 커피)는 이탈리아인들에게 없어서는 안 될 필수 요소인 것 같다. 어디를 가나 bar가 있고, 그곳은 늘 커피 향으로 가득하다. 여러분도 아시다시피 espresso 커피 잔은 간난 아기의 주먹만한 크기로 작고 귀엽다.
주문한 espresso가 나오면 설탕을 취향대로 넣고 '우로 세 번, 좌로 3번' 티스푼으로 섞는다. 그리고 단숨에 홀랑 마시고 맛과 향을 즐기면 되는 것이다. 어떤 관광객들은 설탕이 다 녹을 때까지 티스푼을 돌린다. 그러면 설탕물을 마시는 것이 되어 커피 고유의 향을 느끼기 어렵다. 설탕은 커피에 몸만 살짝 담근다는 정도의 역할을 한다고 보면 될 것이다.

caffè macchiato는 espresso 잔보다는 조금 큰 잔에 담기는데 우유가 첨가된 것을 말한다. macchiato는 '얼룩진(stained)'이라는 의미의 형용사이다. 계율과 금욕의 맹세를 지키고 청빈에 철저한 프란체스코회의 한 분파인 로마 가톨릭 교회 Capuchin 수도회의 수도사 옷 색깔에서 유래된 cappuccino는 caffè에 뜨거운 우유를 탄 것으로 종종 거품이 있는 크림을 얹어 마신다. 식전이라면 aperitivi 가운데 하나인 Campari 한 잔으로 충분할 것이다.

맥주를 좋아했던 나는 저녁이면 종종 단골 bar로 친구들을 만나러 가곤했다. 항상 대여섯 명의 친구들이 맥주잔을 들고 이런저런 이야기꽃을 피운다. 구석 테이블에서 카드 놀이하는 친구들, 새로 산 신발을 자랑하는 친구들, 담배를 즐기는 친구들, 벽에 걸린 각국의 티셔츠에 대해 이야기하는 친구들로 늘 북적였다.
내가 bar에 들어서면 반갑게 맞이하며 근황을 묻는다. Marco와 Max가 있는 자리로 간다. 맥주 한 잔 하자고 하고 주문한다. 그들은 500cc 잔보다는 250cc 잔을 선호하는 듯했다. 그리고 값도 우리보다 다소 비쌌다.
나는 250cc를 단숨에 원 샷을 하고 또 주문한다. 그러나 친구들은 한 모금 입에 댔을 뿐이다. 나를 본 그들은 괜찮은가 묻는다. 내가 너무 와일드했나보다. 한국식으로 여러 잔을 들이키고 나자 약간의 취기가 오르면서 분위기는 더욱 무르익어 간다. 여전히 친구들의 잔은 첫 잔이었다. 거의 맥주는 보리차 수준이 되어버린다. 이것이 그들의 음주 습관이었던 것이다. 천천히 맥주를 음미하며 속도를 조절하는 것이었다. 그러다보니 항상 먼저 취하는 사람은 나였다. 알코올 도수도 우리 것보다 다소 높아서 그런지 취기가 빨리 왔다.

이탈리아 pizza는 밀가루 반죽(pasto)을 매우 얇게 펴서 토핑을 얹어 화덕에 구운 것이라서 담백하여 보통 한 사람이 한 판을 다 먹는다. 느끼한 미국식 pizza와는 비교도 할 수 없다. 음료는 콜라가 아닌 맥주나 백포도주로 한다. pizza 배달은 거의 찾아 볼 수 없고, 직접 pizzeria에 가서 포장을 해 온다.

pizza는 일반적으로 저녁식사 후 늦은 밤 출출할 때 먹는 음식이다.

점심 무렵에는 사각 pizza 하나와 음료로 간단히 점심을 해결하는 사람들을 발견할 수 있는데 이것은 어디까지나 점심을 때우기 위한 것이고 즐기기 위한 식사의 개념은 아니다. 이탈리아 전국을 여행하는 사람들이 빼놓지 말고 체험해야 하는 것은 그 지역의 pasta와 vino를 맛보는 즐거움이다. 절대로 fast food 점에 가지 말 것을 부탁한다. '암부르게르(hamburger)'는 백해무익하다. 여행을 망치는 것이다. 비용이 약간 들더라도 trattoria를 구석구석 찾아, pasta와 vino를 즐겨보길 바란다. 이탈리아를 조금씩 알아갈 것이다.

Geografia economica e culturale

이탈리아의 20세기 작가(Scrittori del novecento)

1. 가브리엘레 단눈치오(GABRIELE D'ANNUNZIO)

1863년 Pescara에서 출생하여 1938년 Garda 호수에 위치한 그의 집에서 세상을 뜬 그는 소설가이자 - '불과 기쁨(Il fuoco; Il piacere)' - 시인이며 드라마 작가이다. 또한 제1차 세계대전과 파시즘 탄생 20년째 되던 해까지 정치 세계에 화려하게 등장한 사람이기도 하다. 그는 유럽 문학 논쟁에서 강력한 영향력을 끼친 문학가이다.

2. 루이지 피란델로(LUIGI PIRANDELLO)

1867년 시칠리아 Agrigento에서 출생하여 독일 Bonn에서 살았고 1936년 세상을 뜨게 되는 Roma에서도 살았던 그는 이탈리아 최대의 극작가이다. 20세기 후반 유행했던 "teatro dell'assurdo"의 창시자이다. 시칠리아를 배경으로 많은 작품을 남기고 그의 소설 'Uno, nessuno, centomila', 'Il fu Mattia Pascal'은 유명하다. 1934년 노벨문학상을 수상한다.

Lezione 15

3. 에우제니오 몬탈레(EUGENIO MONTALE)

1896년 Genova에서 출생했으나 Firenze에서 살다가 Milano에서 1981년 사망했던 그는 20세기 가장 위대한 시인 가운데 한 사람이며, 1975년 노벨문학상을 수상했다. 또한 위대한 저널리스트이자 문학비평가, 특히 이탈리아 최대 일간지 'Il Corriere della Sera' 의 음악비평가이기도 했다.

4. 알베르토 모라비아(ALBERTO MORAVIA)

그는 로마 출신(1907-1990)의 나레이터로서 상류층 - '부관심한 사람들(Gli indifferenti)' -과 지식층 - '권태(La Noia)' - 에 대해서 뿐 만 아니라, 비참한 계층과 하층 계급에 대해서도 그의 생각을 펼쳤다. 저널리스트이자 영화인인 그는 전후 이탈리아에서 가장 영향력있는 작가 중에 한 사람이었다.

5. 체사레 파베세(CESARE PAVESE)

피에몬테 주 사람인 그는(1908-1950) 소설 작품의 무대 거의 모두를 그가 태어난 Torino의 남쪽 구릉지대인 Langhe로 설정했다. 또한 Langhe에서 제2차 세계대전 중 나치에 대항하는 파르티잔들과 투쟁을 했었다. 그는 20세기의 미국 문학의 걸작들을 이탈리아어로 번역하기도 했다. 그것은 이탈리아인들의 문학적 취향을 바꾸는데 공헌했다.

6. 이탈로 칼비노(ITALO CALVINO)

1923년 쿠바에서 출생했으나 San Remo에서 성장했다. 스무 살에 파르티잔이되어 나치들과 투쟁한다. 1967년 이탈리아를 떠나 파리로 삶의 터전을 옮긴다. 거기서 그는 1985년 사망한다. 장 단편 소설과 민화집을 저술했다.

7. 피에르 파올로 파솔리니(PIER PAOLO PASOLINI)

1922년 Bologna에서 출생하여 Friuli에서 성장하다가, 이 후 Roma에 거주한다. 거기서 1975년 암살된다. 작가이자 시인, 논객, 철학자인 그는 특히 영화감독으로 유명하다. 그의 영화는 1950년대의 신사실주의에서 - '아칸토네(Accantone)' - 실험적 영화에까지 이른다. 실험적 영화는 미국, 유럽의 지식인들의 열정과, 분별력 있는 사람들의 분개를 야기 시키기도 했다.

8. 안드레아 카밀레리(ANDREA CAMILLERI)

1925년 Agrigento에서 출생한 그는 영화, TV 시나리오 작가로서, 영화 센터의 강사로서 일했다. 은퇴 후에 그는 범죄 소설을 쓰기 시작하여, 최근 15년 동안 이탈리아 베스트 셀러 작가가 된다. 그는 이탈리아어-시칠리아 방언 혼합어를 창안하였으며, 그로인해 그의 소설 전반부는 이해하기 어려운데, 이런 어려움을 극복하면 그의 걸작을 인정하게 된다.

9. 이탈로 스베보(ITALO SVEVO)

Trieste에서 출생하여 Venezia에서 오랫동안 살았던 그는(1861-1928) 제임스 쵸이스의 친구이며 20세기 이탈리아의 위대한 작가들 가운데 한 사람이다. 그러나 아마도 궤변적이고 절제된 그의 작품들은 대중들의 이목을 끌기에 부적합했던 이유로 10 수 년 동안 잊혀져 오기도 했다.

Lezione **16** | **Ti alzi presto la mattina?**
Sedicesima | 넌 아침에 일찍 일어나니?

Cultura

"41%가 일주일에 단 한 번 늘 같은 친구들과 저녁에 외출한다."

평범한 이탈리아인의 하루 일과를 살펴보자.

ore 7.30 : 직장에 가기 위해 집을 나선다. 일반적으로 자동차를 이용한다.

ore 8.00 : bar에 들러 아침식사를 한다. 이탈리아인의 46%가 동일한 bar에서 cappuccino와 브리오슈(brioche)로 식사한다.

ore 13.00 : 점심시간에 레스토랑을 찾는 73%는 단골식당을 찾아 늘 먹던 것을 주문한다.

ore 20.00 : TV 앞에 앉아 저녁식사를 한다. 일주일 중 6일 저녁은 슬리퍼를 신고 TV 앞에 앉아 저녁을 먹으며 뉴스(TeleGiornale)를 보고난 후, TV 영화를 즐긴다. 30%는 식탁에 앉아 파트너에게 늘 똑같은 이야기를 한다.

ore 21.00 : 41%가 일주일에 단 한 번 늘 같은 친구들과 저녁에 외출한다. 33%는 영화관에 가고, 젊은이들은 디스코텍에 간다. 그러나 대부분은 playstation을 갖고 놀기 좋아하며, 인터넷 검색을 즐긴다.

Conversazione

A : E tu che lavoro fai?
근데 넌 어떤 일 하니?

B : Sono panettiere.
난 제빵사야.

A : **Ah, allora ti alzi presto la mattina.**
아, 그럼 아침마다 일찍 일어나겠구나.

B : Eh, sì purtroppo sì, alle tre e mezza, perché comincio a lavorare alle quattro.
어, 안타깝지만 그래, 새벽 3시 반에 일어나. 왜냐하면 4시에 일을 시작하기 때문이지.

A : Oddio! E quante ore lavori?
오 이런! 그럼 몇 시간 일하는 거니?

B : Mah, di solito fino all'una.
어, 보통 오후 1시까지.

A : È un lavoro duro ...
힘든 일이구나 ...

B : Beh, abbastanza, però ha anche dei lati positivi, eh ...
Per esempio il pomeriggio sono sempre libero.
어, 꽤 힘들어. 그러나 긍정적인 면들도 있어. 어 ...
예를 들면 오후엔 항상 자유롭지.

A : Ma poi non sei stanco?
그렇지만 피곤하지는 않니?

B : Naturalmente, però dopo pranzo **mi riposo** un po' e poi ho tempo per mia moglie e i figli.
물론 피곤하지만, 점심식사 후 잠시 쉬고 나서 나는 아내와 자식들을 위한 시간을 가져.

Lezione 16

A : Va be', certo.
괜찮구나, 정말.

B : E tu dove lavori?
근데 너는 어디서 일해?

A : In un negozio di dischi. Sono commessa.
디스크 가게에서 일해. 점원이야.

B : Quindi hai un orario di lavoro regolare.
그러면 규칙적인 근무 시간을 갖겠구나.

A : Sì, dalle nove alle dodici e mezza e poi dalle tre e mezza alle otto.
응, 9시부터 12시 반까지 하고 나서 오후 3시 반부터 8시까지 일해.

B : E durante la pausa che fai, torni a casa …?
그럼 쉬는 시간에, 집에 가니…?

A : Raramente. Se ho fame mangio un panino o pranzo in un self-service, a volte vado in piscina, in palestra … o faccio semplicemente due passi in città.
집에 가는 것은 드물어. 배고프면 샌드위치를 먹거나 셀프서비스 식당에서 점심을 먹지. 가끔 수영장이나 체육관에 가거나 … 시내에서 간단하게 산책 하지.

Conversazione

해설
- **che lavoro** 어떤 일. * che(의문형용사, 무변) + lavoro(일).
- **panettiere** m. (baker) 제빵사, 빵 굽는 사람. * pane(빵) + etto(축소형 어미) + iere(人).
- **purtroppo** avv. (unfortunately) 안타깝게도, 불행히도.
- **ti alzi** v.rifl. (rise, get up, stand up) (넌) 일어난다. * (tu) alzarsi. 재귀동사 → p.179
- **comincio** v.tr. (begin) (나는) ~를 시작한다. * (io) cominciare + a + 동사원형. ~를 시작하다.
- **lavorare** v.tr. (work) 일을 하다.
- **Oddio!** escl. (Oh, my God!) 오 이런! * O + Dio(신).
- **quante ore** (How many hours) 몇 시간. * quante(의문형용사). 명사 ore와 성수일치.
- **di solito** avv. (usually, generally, as a rule) 흔히, 보통, 일반적으로. * come al solito(as usual) 늘 그렇듯이.
- **fino a ~** prep. (until) ~까지.
- **duro** agg. (hard) 힘든.
- **abbastanza** avv. (enough) 꽤, 충분히, 족히.
- **lati** m.pl. (sides) 측면들, 부분들. * dei(some) + lati(sides) + positivi(positive) 몇몇 긍정적인 면들.
- **positivi** agg. (positive) 긍정적인.
- **Per esempio** (for exemple) 예를 들어.

→ **libero** agg. (free) 자유로운, 한가한.
→ **stanco** agg. (tired) 피곤한.
→ **Naturalmente** avv. (naturally) 물론, 자연스럽게. * natural(e) + mente. 부사 → p.180
→ **dopo** prep. (after) ~ 후.
→ **pranzo** m. (lunch) 점심식사.
→ **mi riposo** v.rifl. (난) 나를 쉬게 한다, (난) 쉰다. * (io) riposarsi. 재귀동사 → p.179
→ **un po'** avv. (little) 조금. * poco의 축약.
→ **mia moglie** f. (my wife) 나의 아내. * mia(소유형용사). 명사와 성수일치. 정관사 생략.
→ **figli** m.pl. (sons) 자식들, 아들들. * il figlio m. 아들, la figlia f. 딸, i figli pl. 자식들.
→ **Va be'** (O.K.) 괜찮구나, 괜찮다. * Va bene의 축약
→ **negozio** m. (shop) 상점, 가게.
→ **dischi** m.pl. (disks) 디스크들. * disco s.
→ **commessa** f. (shop assistant, salesgirl) 여점원. * commesso m.
→ **orario** m. (time, timetable, schedule) 시간, 시간표, 스케줄. * orario di lavoro 근무시간.
→ **regolare** agg. (regular) 규칙적인.
→ **dalle ~ alle ~** prep. (from ~ to ~) ~시부터 ~시까지. * dalle (ore) 9 alle (ore) 12.
→ **durante** prep. (during) ~ 동안. * durante + 명사(구). mentre + 절. ~하는 동안.
→ **pausa** f. (break, pause) 쉬는 시간.
→ **torni** v.intr. (return, come back) (넌) ~에 돌아온다. * (tu) tornare.
→ **Raramente** avv. (rarely) 드물게. * raro(드문, rare agg.) + amente(- ly). 부사 → p.180
→ **Se** cong. (if) 만약 ~라면.
→ **fame** f. (hunger) 배고픔, 기아. * avere + fame(배고프다) / sete(목마르다) / paura(겁난다).
→ **self-service** m. 셀프서비스(식당).
→ **a volte** avv. (sometimes) 가끔, 간혹, 때때로. * = qualche volta
→ **piscina** f. (swimming pool) 수영장.
→ **palestra** f. (gymnasium) 체육관.
→ **passi** m.pl. (steps) 걸음들. * fare due passi 가벼운 산책을 하다.

»» Comunicazione 🎧

A : **Quando cominci a lavorare?** / Quando comincia a lavorare?
넌 언제 일을 시작하니? / 당신은 언제 일을 시작하세요?

B : **Alle 9.**
9시에.

Lezione 16

Prima delle 9.
9시 전에.

Dopo le 6.
6시 이후에.

Molto tardi.
아주 늦게.

A : Quando finisci di lavorare? / Quando finisce di lavorare?
넌 언제 일을 끝내니? / 당신은 언제 일을 끝내세요?

B : Alle 19.
저녁 7시에.

Prima delle 9.
9시 전에.

Dopo le 6.
6시 이후에.

Molto tardi.
아주 늦게.

- Lavoro dalle 9 alle 12 e mezza.
  나는 9시부터 12시 반까지 일한다.
- Lavoro fino alle 17.
  나는 오후 5시까지 일한다.
- Lavoro di mattina.
  나는 오전에 일한다.
- Lavoro di pomeriggio.
  나는 오후에 일한다.

A : Ti alzi presto la mattina? / Si alza presto la mattina?
넌 아침마다 일찍 일어나니? / 당신은 아침마다 일찍 일어나세요?

B : Purtroppo sì.
아쉽지만 그래요.

Sì, ma poi mi riposo dopo pranzo.
네, 근데 점심식사 후 쉽니다.

Dipende.
경우에 따라 달라요.

X : **Che orari hai? / Che orari ha?**
  넌 하루 일과가 뭐니? / 당신은 하루 일과가 어때요(어떤 스케줄을 갖고 있나요)?

Y : Mi alzo prima delle 7, vado al lavoro alle 9, dopo il lavoro torno a casa e poi vado a letto alle 22.
  난 7시 전에 일어나서, 9시에 일터에 가며, 일을 마친 후 집에 돌아와 저녁 10시에 잠자리에 들어요.

- **Tanti (affettuosi) auguri** per i tuoi 50 anni!
  50세 생일을 진심으로 축하합니다!
- **Complimenti.** Sei stato bravissimo!
  축하해! 넌 정말 훌륭했어!
- **Felicitazioni vivissime** per il vostro matrimonio!
  너희들의 결혼을 진심으로 축하해!(행복하길 바란다)
- **Congratulazioni!**
  축하합니다!

- **Buone vacanze!**
  좋은 휴가 되세요!
- **Buon viaggio!**
  즐거운 여행 되세요!
- **Buon Natale!**
  메리 크리스마스!
- **Buon anno!**
  새해 복 많이 받으세요!, Happy New Year!

- **Buon appetito!**
  맛있게 드세요!
- **Alla salute!**
  건배! (건강을 위하여!)
- **Cin cin!**
  건배!

Lezione 16

Comunicazione

해설

- **semplicemente** avv. (simply) 간단하게, 단순하게. * semplice(단순한) + mente(- ly). 부사.
- **finisce** v.tr. (finish) (당신은) ~를 끝낸다. * finire di + lavorare 일을 끝내다.
- **mattina** f. (morning) 오전, 아침. * di mattina 오전에, la mattina (every morning).
- **pomeriggio** m. (afternoon) 오후. * di pomeriggio 오후에.
- **Dipende** v.intr. (dipends) 경우에 따라 다르다. * (3인칭 단수 주어) dipendere.
- **vado a letto** v.intr. (go to bed) (난) 잠자리에 든다. * (io) andare a letto (go to bed).
- **Tanti auguri** m.pl. (best wishes!) 축하해! * Tanti auguri di compleanno! 생일 축하해!
- **affettuosi** agg. (affectionate) 애정이 담긴, 애정이 깊은, 자애로운. * affettuoso s.
- **Complimenti** m.pl. (compliments, conglatulations) 축하.
- **Sei stato** v.intr. (you was) (너는) ~였다. * (tu) essere + stato(stare) 근과거 → p.142
- **Felicitazioni vivissime** f.pl. (Sincerest conglatulations) 진심으로 축하해!
- **matrimonio** m. (marriage, wedding) 결혼, 결혼식.
- **Congratulazioni** f.pl. (conglatulations) 축하해!
- **viaggio** m. (journey, trip) 여행.
- **Natale** m. (Christmas) 크리스마스, 성탄절. * albero di Natale 크리스마스 트리. Babbo Natale 산타 크로스. Natale ← nato(과거분사) ← nascere(태어나다).
- **appetito** m. (appetite) 식욕. * Non ho appetito. 나는 식욕이 없다.
- **salute** f. (health) 건강. * Alla saute! (Your health!, Cheers!) 건배!, 건강을 위하여!
- **Cin cin!** (Cheers!) 건배! (잔 부딪히는 소리, 쨍그랑).

|기념일 Feste e ricorrenze|

Capodanno (근하신년, il primo gennaio),
La festa degli innamorati (발렌타인데이, San Valentino, il 14 febbraio)
Anniversario della Liverazione d'Italia (이탈리아독립기념일, il 25 aprile),
La festa dei lavoratori (노동절, il primo maggio),
La festa della Repubblica (공화국기념일, il 2 giugno),
Ferragosto (성모승천일, Assunzione, il 15 agosto),
Ognissanti (성인의 날, il primo ottobre),
Immacolata Concezione (성모수태일, il 8 dicembre)
Natale (크리스마스, il 25 dicembre)

📝 Grammatica

재귀동사(Verbi riflessivi)

1) 주어의 행위가 자신에게로 돌아온다고 하여 재귀동사라 한다. 즉, 주어=목적어.
2) chiamare(타동사) + si(재귀대명사 oneself) = chiamarsi(재귀동사 원형)
3) chiamare의 어미 'e'가 탈락되어 chiamarsi가 원형인 이유는 소리 때문이다.
4) mi = myself, ti = yourself, si = himself, herself, Yourself
   ci = ourselves, vi = yourselves, si = themselves

	chiamarsi(call oneself)	
io	**mi** chiamo	나는 **나 자신을** 부른다
tu	**ti** chiami	너는 **너 자신을** 부른다
lui, lei, Lei	**si** chiama	그는, 그녀는, 당신은 **자신을** 부른다
noi	**ci** chiamiamo	우리는 **우리 자신을** 부른다
voi	**vi** chiamate	너희는 **너희 자신을** 부른다
loro	**si** chiamano	그들은 **그들 자신을** 부른다

5) 다른 재귀동사들을 살펴보자.

	alzar**si** 일어나다	lavar**si** 씻다	truccar**si** 화장하다
io	**mi** alzo	**mi** lavo	**mi** trucco
tu	**ti** alzi	**ti** lavi	**ti** trucchi
lui, lei, Lei	**si** alza	**si** lava	**si** trucca
noi	**ci** alziamo	**ci** laviamo	**ci** trucchiamo
voi	**vi** alzate	**vi** lavate	**vi** truccate
loro	**si** alzano	**si** lavano	**si** truccano

	riposar**si** 쉬다	svegliar**si** 잠에서 깨다	vestir**si** 옷 입다
io	**mi** riposo	**mi** sveglio	**mi** vesto
tu	**ti** riposi	**ti** svegli	**ti** vesti
lui, lei, Lei	**si** riposa	**si** sveglia	**si** veste
noi	**ci** riposiamo	**ci** svegliamo	**ci** vestiamo
voi	**vi** riposate	**vi** svegliate	**vi** vestite
loro	**si** riposano	**si** svegliano	**si** vestono

시간의 표현(Alcune espressioni di tempo)

Esco di casa **prima de**lle (ore) 12. 난 12시 전에 외출한다.
Esco di casa **dopo** le (ore) 12. 난 12시 이후에 외출한다.
Esco di casa **di pomeriggio.** 난 오후에 외출한다.
Esco di casa **di sera.** 난 저녁에 외출한다.
Esco di casa **di notte.** 난 밤에 외출한다.
Esco di casa **dalle** (ore) 12 **in poi.** 난 12시부터 이후까지 외출한다.
Esco di casa **fra** le (ore) 12 **e** le (ore) 2. 난 12시와 2시 사이에 외출한다.
Esco di casa **dalle** (ore) 12 **alle** (ore) 2. 난 12부터 2시까지 외출한다.

형용사(Aggettivo) → gr.3,11

명사와 성, 수 일치한다. 제2그룹형용사(- e)는 단수남성여성형이 동일하다. 복수는 -i.
Oggi ho avuto una giornata **normale.**
오늘 나는 평범한 하루를 보냈다.
Per andare al lavoro faccio il **solito** tragitto.
직장에 가기 위해 나는 늘 가던(usual) 길로 간다.

부사(Avverbio)

1) 1그룹 형용사 어미 'o'를 탈락시키고 - amente,
   2그룹 형용사 어미 'e'를 탈락시키고 - emente를 붙인다.

형용사		+ a mente, + e mente	
tranquill**o**	tranquill	tranquill + a **mente**	조용하게
liber**o**	liber	liber + a **mente**	자유롭게
elegant**e**	elegant	elegant + e **mente**	우아하게

2) 반면, - le, - re 어미를 갖는 형용사들은 모음 - e를 탈락시키고 - mente를 붙인다.

형용사	e 모음 탈락	+ mente	
norma**le**	normal	normal + **mente**	정상적으로
regola**re**	regolar	regolar + **mente**	규칙적으로
genti**le**	gentil	gentil + **mente**	친절하게

🐾 Episodio

"10명 중 8명은 자신의 습관에 노예가 된다!"

cappuccino(카푸치노), brioche(브리오슈), lavoro(일, 직장), cena davanti alla tv(tv 앞에서 저녁식사), al cinema una volta alla settimana(일주일에 한 번 영화관에 가기): sempre gli stessi ritmi(늘 똑같은 생활 리듬), gli stessi amici(늘 똑같은 친구들), gli stessi posti(늘 똑같은 직장).

이탈리아인들은 창조와 환상의 모범적인 예라고 하였던가? 그런 것 같지는 않다. 19세에서 65세까지의 이탈리아인 918명을 대상으로 실시한 설문조사 통계는 이탈리아인의 표준적인 하루 일과를 보여주고 있다. 46%가 늘 가는 단골 bar에서 cappuccino와 브리오슈(brioche)로 아침식사를 하고, 차로 직장에 가기 위해 늘 다니던 길로 가며, 정년을 채울 때까지 한 곳에서 일자리를 지킨다. 저녁이면 tv 앞에서 저녁식사를 한다.

또한 여가도 늘 똑같다. 41%가 토요일에만 친구들과 함께 외출한다. 세 사람 중 한 사람이 영화관에 간다. 73%는 늘 가던 레스토랑만 간다. 4년 전부터는 두 사람 중 한 사람은 바캉스 장소를 변경하지 않는다. 30%는 파트너에게 늘 똑같은 것에 대해 이야기를 나눈다.

19세에서 29세까지의 청년 가운데 81%는 위험에 대한 두려움과 안전이 필요하고(교통사고 사망률이 가장 높음), 29세에서 49세까지의 중년 가운데 66%는 생활의 안락함과 포기할 것은 포기하는 자세가 필요하며, 50세 이상의 장년은 변화에 대한 욕구와 힘이 결여되어 있다. 또한 오늘날 게임기 놀이와 인터넷 그리고 휴대폰을 갖고 노는 것이 일상이 되어버렸다.
그러나 심리학자가 언급하듯이, 이런 신세대 놀이는 결국 사람들을 지루하게 만들 것이다. 오히려 집, 살고 있는 도시, 일자리를 바꾸어보고, 새로운 친구를 사귀어 볼 것을 전문가는 권장한다. (일간지 La Repubblica에서 발췌)

최근 나의 이탈리아 친구 Giovanni의 집에 며칠 체류한 적이 있었다. Firenze 근교의 전원에 자리 잡고 있어서 도시 생활에 지친 나에게는 그야말로 환상적인 파노라마였다. 쉬고 싶다는 생각이 밀려올 정도였다. 아침이면 지지귀는 새 소리, 하늘에는 열기구가 유유자적 떠 다니고, 공기는 신선해 마치 휴양지에 온 듯 했다.

그런데 Giovanni는 항상 활기차고 역동적인 서울 생활을 그리워했다. 한국에서 4년을 거주한 경험이 있는 그는 고향의 일상이 지루하고 따분할 수밖에 없는 것 같다. 희망도 없는 것 같다. 그저 하루하루 생활하는 것 같다. 그래서 요즘도 국제전화를 걸어 빨리 서울로 자신을 데려가라고 한다. 이탈리아는 가끔 가서 문화를 만끽하고 여행하기는 좋아도 살기에는 대한민국만한 곳이 없는 것 같다는 애국심을 갖는 것이 나만의 생각일까? Giovanni를 서울로 빨리 불러들여야 하겠다.

Geografia economica e culturale

| 이탈리아의 예술가(Artisti)

1. 레오나르도 다 빈치(LEONARDO DA VINCI)

많은 사람들은 모든 방면에서 우수한 그를 르네상스 시대의 완벽한 인간의 전형이라고 평가한다. 모든 사람들은 그를 '최후의 만찬(Cenacolo)'과 '지오콘다(Gioconda)' 때문에 잘 알고 있지만, 천재이기도 하다. 그는 볼트를 발명했고, 헬리콥터를 설계했으며, 볼펜 등등을 발명했다. 군 요새와, 강물의 조절과 수력을 이용한 구조물을 건축한 건축가이며, 인체의 기능과 구조, 뼈와 근육에 관심을 둔 생물학자이고도 했다. Firenze 근교 Vinci에서 1452년 출생하여, Milano와 파리에서 활동하다가 1519년 파리에서 세상을 떴다.

2. 미켈란젤로 부오나로티(MICHELANGELO BUONARROTI)

화가, 조각가, 건축가, 시인인 그는 레오나르도와 같이 완벽성을 추구하는 르네상스 시대의 위대한 인간의 전형이다. 1475년 Firenze 근교에서 태어난 그는 26세에 이미 '피에타(Pietà)와 '다비드(David)'로 매우 유명해졌다. 그 후, Roma로 이주하여 거기서 성 베드로 성당의 쿠폴라(la cupola di San Pietro)를 세우고, 시스티나 예배당(la Cappella Sistina)의 그림을 그린다. 또한 쏘네트와 학술서를 쓰기도 했다. 90세에 현대 조각을 예견하는 '피에타 론다니니(Pietà Rondanini)'를 조각한다.

3. 라파엘로 산치오(RAFFAELLO SANZIO)

1483년 Urbino에서 출생하여 37세의 나이로, 걸작들을 모두 그렸었고, 건축가로서도 일을 시작하고 있었던 Roma에서 그는 세상을 뜬다. 그는 "완벽한" 르네상스 시대의 화가로서 오늘날에도 사용되는 3 / 4 포즈 초상화 기법(정면에서 약간 얼굴을 돌린 채 그리는 기법)를 창시했다.

4. 티치아노 베첼로(TIZIANO VECELLO)

1488년 Venezia 근교에서 태어나 88세에 당시 유행하던 페스트로 세상을 뜬다. 피렌체의 회화가 선과 정밀한 디자인에 기초를 두고 있었던 반면, 티치아노는 베네치아 화풍을 대표하는 화가였다. 베네치아 화풍은 19세기 프랑스 인상파를 부분적으로 예견하는 명암의 덩어리에 그리고 컬러에 완전히 조화된 화풍이었다. 그의 초상화들은 "사진"일 뿐만 아니라, 심리적인 탐구이기도 하다. 마치 인간의 신체와 영혼을 그리듯이...

5. 지안 로렌쵸 베르니니(GIAN LORENZO BERNINI)

1598년 Napoli에서 태어나 작품 활동을 더 많이 한 Roma에서 1680년에 사망한다. 그는 이탈리아 바로코 양식의 최대 건축가로 활동하면서 San Pietro 광장의 주랑을 설계했다. 바로 이것 때문에 그는 프랑스로 초빙되어 루브르와 베르사이유에 왕궁을 설계하게 된다. 또한 위대한 조각가이기도 했다.

6. 카라밧지오(CARAVAGGIO)

1571년 Milano에서 태어나 수많은 낭만주의 예술가들처럼 "천재와 무절제(genio e sregolatezza)"로 표현되는 모험적인 삶을 살다 1610년 Sicilia에서 사망한다. 그는 바로코 최대의 화가로서, 명암의 대조에 자신이 살던 시대의 드라마틱한 대조, 세계적인 경제 위기, 페스트, 종교 전쟁들을 끌어들였다.

7. 아메데오 모딜리아니(AMEDEO MODIGLIANI)

Livorno 사람으로 1884년에 태어나 아프리카 예술에서 영향을 받은 "원시적"이고 입체파적인 화풍의 혁명에 동참하고 있었던 파리에서 36세 나이로 세상을 뜬다. 화가이자 조각가인 그는 수많은 초상화, 특히 긴 형상으로 여인을 그린 초상화들을 남겼다.

8. 레나토 굿투소(RENATO GUTTUSO)

1912년 Palermo에서 태어난 그는 시칠리아의 모습과 색깔들이 현실주의 화풍의 주인공들이고, 모든 추상파에 반하는 무언가를 이야기하려 한다는 측면에서 볼 때, "시칠리아적" 화가이다. 또한 그는 공산당에서 정치적으로 많은 일을 한 사람이기도 했다. 1987년 Roma에서 사망한다.

Lezione 17
Diciassettesima

Cerco un pullover da uomo. 남성용 풀로버를 찾는데요.
Che taglia? 몇 사이즈 입으시죠?

Cultura

"오래 된 묵은 것에도 가치가 있음을 알아야"

우리는 가끔 이탈리안 스타일이란 표현을 사용한다. 이것은 하이패션(alta moda)을 뜻한다. Armani(아르마니), Valentino(발렌티노), Gucci(굿치), Ferragamo(페라가모), Fendi(펜디), Versace(베르사체), Dolce & Gabbana(돌체 앤 갑바나), Missoni(밋소니)는 위대한 이탈리아 스타일리스트의 이름이지만, 그들의 옷은 전 세계적으로 사회적 지위의 상징(status symbol) 그 자체이다.

그들의 성공 원인은 원단의 고품질, 정교한 제작, 우아한 디자인에 있다. 예를 들어, 아르마니의 옷은 매우 단순하게 보인다. 그러나 대단한 주의력과 많은 연구의 결과물이기도 하다. 이 점 때문에 하이패션은 많은 작업자들의 손을 필요로 한다. 왜냐하면 수작업으로 제단하고 마무리를 해야 하기 때문이다. 따라서 가격도 보통 사람들에게는 비싸다. 여기에 사회적 지위의 상징성도 있어서 일반 이탈리아인들에게 그림의 떡이 될 수 있다. 그저 쇼윈도에 걸린 옷과 핸드백, 구두를 감상할 뿐이다. 무리해서 카드로 구입하겠다는 무모한 짓은 엄두도 내지 않으려한다. 이유는 명품을 몸에 감는다 해도 사회적 신분 상승이 되지 않는다는 현실적이고 이성적인 판단에서 비롯되는 것 같다.

그렇기 때문에 그들은 세일을 찾아다니며 알뜰 쇼핑을 하는 것이다. 나이키나 아디다스 운동화도 자주 목격되지 않는다. 밤색 구두를 즐겨 신는 그들에게는 비싼 운동화가 사치라고 생각하는 듯하다. 월 수입 200만원인 부모가 자식에게 20만 원 짜리 나이키 신발을 사 준다는 것은 꿈에서나 가능한 것으로 생각한다.

천편일률적인 유행에 너도나도 뒤따라가기보다 형편에 맞게 자신만의 유행을 창조하며 살아간다. 자동차도 10년 넘은 것은 새 차일 정도이며 페달이 없는 자전거조차도 버리지 않고 창고에 보관하다 필요하면 고쳐서 사용하는 근검절약을 우리는 배워야 한다. 소파나 침대도 유행에 따라 바꾸지 않고 할머니 할아버지가 쓰던 그대로 마르고 닳도록 사용한다.

신형 휴대폰이 등장할 때마다 바꾸려하는 우리 젊은이들은 최첨단 최신형에만 관심을 둘 것이 아니라 오래 된 묵은 것에도 가치가 있음을 알아야 하겠다.

Conversazione

A : Buonasera.
안녕하세요.

B : Buonasera. Desidera?
안녕하세요. 원하시는 것 있으세요?

A : Cerco un pullover da uomo.
남성용 풀오버(목폴라)를 찾고 있어요.

B : Che taglia?
몇 치수 입으시죠?

A : La 50 o la 52.
50이나 52 입어요.

B : Un momento ... Le piace questo modello?
잠시만요 ... 이 모델 마음에 드세요(당신께 이 모델이 마음에 드세요)?

A : Mah ... è un regalo per mio marito ...
Sa, mi sembra un po' troppo giovanile.

어 ... 제 남편을 위한 선물입니다.
아시겠지만, 제게는 (이 모델이) 좀 너무 젊은이에게 걸 맞는 모델인 것 같아요.

B : Ma no, signora. Questi sono i colori di moda per la prossima stagione.
그렇지 않아요, 부인. 이것들은 다음 시즌 유행할 컬러들입니다.

A : Eh ... sì, ma non so se a lui piacciono.
아 ... 그렇군요. 그런데 제 남편에게 마음에 들지 모르겠군요.

B : E quest'altro modello come Le sembra?
È un capo classico che va bene con tutto.
그럼 다른 이 모델은 어떤 것 같습니까?
이것은 모든 옷과 잘 어울리는 수수한 상품입니다.

A : Sì, questo è proprio bello. E quanto costa?
네, 이것 정말 예쁘군요. 얼마죠?

B : Dunque ... 104 euro.
그러니까 ... 104 유로입니다.

A : Mm, veramente è un po' caro.
음, 진짜 좀 비싸군요.

B : Beh, ma è di ottima qualità.
어, 근데 품질은 최고입니다.

A : Eh, si vede ... Senta, eventualmente lo posso cambiare se a mio marito non piace o se non gli sta bene?
네, 그렇게 보이네요 ... 근데 저기요, 만에 하나 남편이 좋아하지 않거나, 그에게 잘 어울리지 않으면 그것을 바꿀 수 있는거죠?

B : Certo, ma deve conservare lo scontrino.
물론입니다만 영수증을 보관하셔야만 합니다.

Conversazione

해설
→ **Desidera?** v.tr. (want, desire) (당신은) ~를 원하세요? * (Lei) desiderare(qualcosa)?
→ **Cerco** v.tr. (look for, seek) (나는) ~를 찾는다. * (io) cer<u>care</u> : io cerco, tu cerchi, lui cerca, noi cerchiamo, voi cercate, loro cercano 동일한 음가를 유지하기 위해 'h' 삽입.
→ **pullover** m. 풀오버, 목폴라.
→ **uomo** m. (man) 남성. 남자. * da(용도) + uomo. 남성용.
→ **taglia** f. (size) 치수, 사이즈. * 동사 tagliare(cut)에서 파생된 명사. (taglia) 50 size 50.
→ **piace** v.intr. (be liked) (당신께) ~가 마음에 든다. * Le(a Lei, 간접대명사) + piace + questo modello?

이 모델이 당신께 마음에 드세요? piacere 동사가 타동사(v.tr.)로 쓰일 때도 있다. Mi piaci?(You like me?), Ti piacio.(I like you). 간접대명사 + piacere → p.193

→ **modello** m. (model) 모델. * questo modello(this model). 지시형용사 → p.203
→ **regalo** m. (present, gift) 선물.
→ **marito** m. (husband) 남편. * mio marito(my husband). mio는 소유형용사로서 명사 marito와 성수일치. 단수 가족, 친족 명사가 소유형용사와 함께 할 때 정관사 생략한다.
→ **sembra** v.intr. (seem) (~에게) ~인 것 같다. * mi, ti, Le(내게, 네게, 당신께. 간접대명사) + sembra + 단수주어. → p.194
→ **un po' troppo** avv. (a little too much) 좀 너무. * po' ← poco.
→ **giovanile** agg. (youthful) 젊은, 팔팔한, 청년에게 걸맞는.
→ **Questi** pron. (these) 이것들. * i colori = questi. 지시대명사 → p.193
→ **moda** f. (fashion) 유행. * di moda(be in fashion) 유행하는. Lui è alla moda. 그는 유행을 쫓는 사람이다.
→ **prossima** agg. (next) 다음의. * prossima stagione. 명사 stagione에 성수일치.
→ **stagione** f. (season) 시즌.
→ **non so se ~** (I don't know if ~) ~ 인지 아닌지 (난) 모른다. * (io) non sapere se(if)
→ **piacciono** v.intr. (be liked) ~에게 마음에 든다. * a lui + piacciono + i colori(복수 주어). 그에게 컬러가 마음에 든다.
→ **quest'altro** agg. 이 다른. * questo(this) + altro(other). 축약.
→ **come** avv. (how) 어떻게. * Le(당신께) + sembra(~인 것 같다) + quest'altro modello(이 다른 모델이).
→ **capo** m. (item, article) 아이템, 상품.
→ **classico** agg. 클래식한, 수수한, 무난한, 유행 타지 않는.
→ **che** pron. (that) 관계대명사 → p.194
→ **va bene con tutto** 두루두루 (모든 옷과) 잘 어울린다. * andare bene con(with) tutto(all).
→ **proprio** avv. (just) 정말, 진짜.
→ **bello** agg. (beautiful) 아름다운, 예쁜.
→ **quanto** pron. (how much) 얼마. * 의문형용사로 쓰일 때는 명사와 성수일치. Quanti libri compri? 너는 얼마나 많은 책을 구입할거니?
→ **costa** v.intr. (cost) 값이 나간다, 얼마이다. * quanto costa + 단수주어?, quanto costano + 복수주어? Quanto costano i biglietti?
→ **Dunque** cong. (therefore, so, well) 그러니까, 그래서.
→ **veramente** avv. (really, truly) 정말, 진짜. * vero(진정한) → vera + mente → veramente 부사 → p.180
→ **caro** agg. (expensive) 비싼.
→ **ottima** agg. (best) 최고의. * la ottima qualità=la più buona qualità. 최상급 → p.192
→ **qualità** f. (quality) 품질.

Lezione 17

→ **vede** v.tr. (look, see) ~을 보다. * si(수동태 si) + vedere + 주어. ~가 보인다. 일반형태의 수동태는 'essere / venire+p.ps.'으로 만들지만, '수동태 si'를 쓰면 간편하다. 재귀대명사 si와 혼동하지 말아야 한다.
→ **eventualmente** avv. (if need be, if necessary) 필요하다면, 만에 하나. 부사 → p.180
→ **posso** v.aus. (can) (나는) ~할 수 있다. * potere + inf.
→ **cambiare** v.tr. (change) 바꾸다. * lo(= questo modello) posso cambiare. 직접대명사 lo를 동사 뒤로 보낼 수 있다. posso cambiarlo. 끝 모음 e는 소리 때문에 탈락.
→ **sta bene** v.intr. (it's fine) ~에게 어울린다. * non gli(= a lui) sta bene. 그에게 어울리지 않는다. 간접대명사 → p.193
→ **deve** v.aus. (must) (당신은) ~를 해야 한다. * (Lei) dovere + inf.
→ **conservare** v.tr. (keep, maintain) ~를 보관하다.
→ **scontrino** m. (receipt) 영수증. * 's + 자음'으로 시작하는 남성명사에 정관사 lo를 사용.

>>> Comunicazione 🎧

A : Cerco un pullover.
저는 풀오버를 찾고 있어요.

Cerco un maglione.
저는 스웨터를 찾고 있어요.

Cerco un paio di pantaloni.
저는 바지 한 벌 찾고 있어요.

B : Che porta? / Che taglia?
몇 사이즈 입으세요?

A : La 50.
50 사이즈 입어요.

X : Quanto costa questa camicia?
이 셔츠 얼마입니까?

Y : 100 euro.
100 유로입니다.

X : Mah, è un po' cara. Eventualmente posso cambiare questa?
어, 좀 비싸네요. 필요하다면 바꿀 수 있지요?

• **A me piacciono** i jeans stretti, ma non **mi piacciono** larghi. E a te? / E a Lei?
내겐 타이트한 청바지가 좋지, 펑퍼짐한 것은 좋아하지 않아. 근데 너는? / 당신은요?

- **A lui piacciono** i maglioni pesanti, ma non **gli piacciono** leggeri.
  그에겐 두툼한 스웨터가 좋지, 가벼운 것은 좋아하지 않아.
- **A lei piacciono** le sciarpe di lana, ma non **le piacciono** di seta.
  그녀에겐 양털 스카프가 좋지, 실크 스카프는 좋아하지 않아.
- **A noi piacciono** le gonne corte, ma non **ci piacciono** lunghe.
  우리에겐 짧은 치마가 좋지, 긴 치마는 좋아하지 않아.

Comunicazione

해설	
	→ **un paio di ~** (a pair of ~) ~ 한 벌
	→ **pantaloni** m.pl. (trousers) 바지. * 다리가 두 개라서 항상 복수로 사용. scarpe 신발, guanti 장갑, stivali 부츠, jeans 청바지, forbici 가위...
	→ **porta** v.tr. (wear) (옷을) 입는다. * (Lei) portare(wear). Che (taglia) porta? 몇 사이즈 입으세요?
	→ **questa** agg. (this) 지시형용사 → p.203
	→ **camicia** f. (shirt, blouse) 셔츠, 블라우스.
	→ **stretti** agg. (narrow, tight, sharp) 좁은, 타이트한, 윤곽이 뚜렷한. * stretto s.
	→ **larghi** agg. (wide, broad) 폭이 넓은. * largo s.
	→ **pesanti** agg. (heavy, ponderous) 묵직한, 무거운. * pesante s.
	→ **leggeri** agg. (light, mild, slight, weak) 가벼운, 부드러운, 호리호리한, 묽은. * leggero s.
	→ **lana** f. (wool) 울. * di lana 울로 된, 재질이 울.
	→ **seta** f. (silk) 실크. * di seta 실크로 된, 재질이 실크.
	→ **corte** agg. (short) 짧은. * 제2그룹 형용사 → p.32
	→ **lunghe** agg. (long) 긴. * lungo s.

| 색깔 |

제1그룹형용사 : bianco 하얀, nero 검은, grigio 회색이, rosso 빨간, azzurro 옅은 파란, giallo 노란.
제2그룹형용사 : arancione 오렌지색의, marrone 밤색의, verde 녹색의, celeste 하늘색의.
명사의 성수와 무관한 색깔 형용사 : viola 보라색의, beige 베이지색의, blu 파란, rosa 분홍색의.

| 의류 |

i guanti di pelle 가죽장갑, la sciarpa di lana 울 스카프. * 전치사 di는 재료.
le scarpe da ginnastica 운동화. * 전치사 da는 용도.
la cintura 벨트

Lezione 17

la pelliccia 모피코트
il cappello 모자
la gonna corta 짧은 스커트
il maglione pesante 두툼한 스웨터
gli stivali 부츠
i sandali 샌들
i pantaloni larghi 넉넉한 바지
i jeans stretti 타이트한 청바지

|의류관련 형용사|

a righe 줄무늬가 들어 간 * 전치사 a는 첨가의 뜻.
a quadri 체크무늬가 들어 간
di lana 울로 된
di cotone 면으로 된
di seta 실크로 된
di pelle 가죽으로 된

Grammatica

동사(Verbi)

다음 동사들은 대부분 주어가 3인칭 단수, 복수일 경우 주로 사용된다.

	costare (to cost)	piacere (to be like)	sembrare (to seem)
giacca (저고리, 재킷)	cost**a**	piac**e**	sembr**a**
pantaloni (바지)	cost**ano**	piacc**iono**	sembr**ano**

Ti **piacciono** queste scarpe? - Non tanto. Mi **sembrano** (le scarpe) scomode.
이 신발 네게 마음에 드니? - 그렇게 좋지는 않아. 내가 볼 때, 불편한 것 같아.
Che te ne pare di quest'orologio? - Mi **sembra** un po' piccolo (orologio).
이 시계 어떻게 생각해? - 내가 볼 때, 좀 작은 것 같아.
Ti **piace** questa cravatta? - Non tanto. Mi **sembra** (la cravatta) fuori moda.
이 타이 네게 마음에 드니? - 그렇게 좋지는 않아. 내가 볼 때, 유행이 지난 것 같아.

Quanto **costa** questa giacca? - Costa 20euro.
이 상의 얼마입니까? – 20유로입니다.
Quanto **costano** questi pantaloni? - Costano 15euro.
이 바지 얼마입니까? – 15유로입니다.
* piacere가 타동사로 쓰일 때도 있다. Mi **piaci**? (You like me?) Ti **piacio**. (I like you.)

형용사(Aggettivi) →gr.3

1) 명사와 성, 수일치 한다.
2) 제2그룹형용사(- e)는 단수남성여성형이 동일하다. 복수는 - i.
3) 색깔 형용사 가운데 blu, rosa, viola, beige는 명사의 성수와 무관하게 변하지 않는다.

il cappotto **nero**	i cappotti **neri**	검정색 외투들
la gonna **bianca**	le gonne **bianche**	흰색 스커트들
il cappello **verde**	i cappelli **verdi**	녹색 모자들
la camicia **blu** rosa viola beige	le camicie **blu** rosa viola beige	파란 와이셔츠들 분홍 보라 베이지

비교급(Grado comparativo)

più ~ di
두 개의 명사(사물, 사람)들이 비교될 때
1) 우등비교급 : più + 형용사 + di + 명사 / 대명사
2) 열등비교급 : meno + 형용사 + di + 명사 / 대명사
I pantaloni sono **più** pratici **de**lle gonne.
바지는 치마보다 실용적이다.
Cerco una borsa **meno** cara **di** questa.
난 이것보다 비싸지 않은 가방을 찾는다.
Questa poltrona è **più** comoda **del** divano.
이 (1인용) 소파는 (다인용) 소파보다 편안하다.

Lezione 17

più ~ che

두 개의 동사(구) 혹은 형용사들이 비교될 때

Mi piace **più** viaggiare in aereo **che** (viaggiare) in treno. (동사구)
기차 여행보다 비행기 여행이 나는 더 좋다.
Carla è **più** simpatica **che** bella. (형용사)
카를라는 아름답다기 보다 친근감이 있다.

최상급(Grado superlativo)

상대적 최상급(Superlativo relativo)

[정관사 + 명사 + più + 형용사 + (di / in)]
비교 대상이 존재할 경우

* **l'**uomo **più** alto del mondo
  세상에서 가장 키가 큰 남자
* **l'**automobile **più** famosa in Corea
  한국에서 가장 유명한 자동차
* **lo** sport **più** popolare d'Italia.
  이탈리아에서 가장 대중적인 스포츠
* **le** cose **più** importanti nella vita
  인생에서 가장 중요한 것들

절대적 최상급(Superlativo assoluto)

[형용사 / 부사 + issimo] = [molto + 형용사 / 부사]
비교 대상 없이 '대단히, 매우, 아주 ~하다'로 사용되는 경우

* La Ferrari è una macchina **velocissima.** = **molto veloce**
  페라리는 매우 빠른 자동차이다.
* Mio zio è **ricchissimo.** = **molto ricco**
  나의 삼촌은 매우 부자이다.
* Sono tornato a casa **tardissimo.** = **molto tardi**
  나는 매우 늦게 집에 돌아 왔다.
* In quel ristorante ho sempre mangiato **benissimo.** = **molto bene**
  그 식당에서 나는 항상 아주 맛있게 잘 먹었다.

지시대명사(Pronomi dimostrativi) Questo(this) / quello(that)

1) 사람이나 사물의 명사를 대신하며, 화자와 근거리에 있으면 **questo**, 화자와 비교적 원거리에 있으면 **quello**를 사용한다.
2) 명사의 성수에 따라 questo, questa, questi, queste / quello, quella, quelli, quelle

간접대명사(Pronomi indiretti) → gr.9

1) '~에게'로 번역된다.
2) 무강세형(atoni) : mi, ti, gli, le, Le / ci, vi, gli
   강세형(tonici) : a me, a te, a lui, a lei, a Lei / a noi, a voi, a loro

Questo modello	**mi**	sembra troppo giovanile.	이 모델은 **내게** 너무 어려 보이는 것 같다.
Questo maglione	**ti**	piace?	이 스웨터 **네게** 마음에 드니?
Non so se	**gli**	va bene questo capo.	이 상품이 **그에게** 좋을지 난 모르겠다.
Il rosso non	**le**	piace.	빨간색은 **그녀에게** 마음에 안 든다.
Signora, come	**Le**	sembra quest'altro modello?	부인, 다른 모델은 **당신께** 어떤 것 같아요?
Che capo	**ci**	consiglia per un matrimonio?	어떤 혼수품을 **우리들에게** 추천해 주시겠어요?
Bch,	**vi**	consiglio un capo elegante.	에, **너희들에게** 우아한 상품을 추천하겠다.
Non	**gli**	piacciono le gonne.	**그들에게** 그 치마들은 마음에 들지 않는다.

Lezione 17

mi	a me
ti	a te
gli	a lui
le	a lei
Le	a Lei
ci	a noi
vi	a voi
gli	a loro

piace questa borsa.
이 가방 마음에 든다.
sembra un po' cara (borsa).
(가방이) 좀 비싼 것 같다.

piacciono queste scarpe.
이 신발 마음에 든다.
sembrano troppo pesanti. (scarpe)
(신발은) 너무 무거운 것 같다.

관계대명사(Pronomi relativi)

CHE

Quella maglietta **che** hai comprato, non mi piace per niente. 네가 구입한 그 티셔츠는 내게 전혀 마음에 들지 않는다.	목적격
Ma chi è questa tua amica **che** (= la quale) viene a cena da noi stasera? 근데 오늘 저녁 우리 집에 저녁 식사하러 오는 네 여자 친구는 어떤 사람이니?	주격

1) 형태의 변화가 없고 주격과 목적격의 기능을 한다.
2) (주격)관계대명사 che를 대신할 수 있는 **il quale / la quale / i quali / le quali**가 있다. 그러나 이것들은 구어체에서는 사용 빈도가 낮지만, 특히 일간지 문체에 자주 사용된다. 왜냐하면, 기사 쓰는 공간이 좁고 길게 형성되어 있어 문장이 길어지는 경우, 무변인 che를 사용하면 선행사를 재빨리 찾기 어렵다. 그러므로 성, 수를 표현해 주는 quale를 더욱 사용하게 되는 것이다.
3) 전치사 + cui

Episodio

"그 흔한 명품 핸드백 좀 사오라고"

2001년 이탈리아 출장을 떠나는 내게 아내는 '그 흔한 명품 핸드백' 좀 사오라고 부탁했다. 결혼 한 지 15년이 되도록 변변한 선물 한 번 해 본 적이 없는 나는 거절할 수가 없었다. 출장비도 빠듯했으니 더욱 걱정이 되었으나 그렇게 하겠다고 약속을 하고 밀라노로 떠났다.

현지에 거주하는 후배들을 동행하고 밀라노 명품 거리로 갔다. Gucci 매장에 들어서려는데 건장하고 잘 생긴 남자가 입구에서 손님들을 맞이하고 있었는데, 나중에 알고 보니 보따리 상인의 부탁으로 명품 구매를 대행해주는 아르바이트를 걸러내어 돌려보내는 일을 하고 있었다고 했다. 어처구니없는 사실에 창피했다. 그 대상이 주로 한국인들이었다는 것이다. Gucci 명품은 한 사람에게 무제한 판매하던 것을 일인 당 하나로 제한을 두기로 한 것이었다.

매장 내부에는 일본인 관광객들로 붐비고 있었다. 한국인들도 여기저기에서 명품을 고르느라 여념이 없었다. 나는 후배들의 권고에 따라 최신 유행이라는 핸드백을 골랐다. 100만원 정도의 고가였지만 한국에서는 두 배 이상으로 판매된다고 했다. 계산대로 가서 여권을 제시하고 값을 치룬 후에 포장이 되어 내 것이 되었다. 제품마다 고유 번호가 있어 세계 어디를 가나 Gucci 매장에서는 교환이 가능하다고 했다.

나는 매장을 나서면서 왠지 한국인들이 푸대접을 받고 있는 것이 아닌가하는 불쾌감이 있어 비싼 쇼핑을 하고도 씁쓸했다. 같은 돈 내고 누구는 대접받고 누구는 푸대접인가. 먼저 다녀간 몰지각한 싹쓸이 쇼핑객들의 몰염치의 대가를 내가 치르는 듯했다. 그 후 나는 한 번도 이탈리아 출장 때 명품 매장을 들른 적이 없고 누구의 부탁도 들어주지 않았다.

판매하다 계절을 넘긴 의류 명품들은 스톡 매장을 통해 저렴한 가격에 판매된다. 나도 한 번 양복과 와이셔츠, 타이를 구입한 적이 있었다. 100만원이 넘던 양복이 20만원도 되지 않아 경제적인 쇼핑을 한 적이 있다. 8년이 지난 지금도 그때 그 촉감 그대로여서 아직도 입는다.

Geografia economica e culturale

| 이탈리아의 고전음악가(Musicisti classici)

1. 클라우디오 압바도(CLAUDIO ABBADO)

1933년 Milano에서 출생한 그는 20세기 위대한 오케스트라 지휘자 중 한 사람이다. 밀라노 스칼라, 시카고, 런던, 비엔나 오케스트라를 지휘했고, 베를린 필하모니 지휘로 카라얀의 후계자가 되기도 했다. 또한 그는 '유럽 청년 오케스트라(Orchestra Giovanile Europea)를 창단했다.

2. 빈첸쵸 벨리니(VINCENZO BELLINI)

1801년 Catania에서 출생하여 34세 나이로 프랑스에서 세상을 뜬 그는 이탈리아 낭만주의 멜로드라마의 위대한 음악가 중 한 사람이다. 그의 가장 유명한 작품들로는 'Norma'와 '몽유병자(La sonnambula)'가 있다.

3. 가에타노 도니젯티(GAETANO DONIZETTI)

1797년 Bergamo에서 태어나 1848년 세상을 뜬 그는 70개의 작품을 썼는데, 그 가운데에는 'L'Elisir d'amore'와 'Lucia di Lammermoor'가 있다. 낭만주의의 위대한 대표자인 그는 롯시니에 의해 파리로 초빙되어 프랑스어로 된 텍스트로 오페라를 작곡한다. 오페라 부파의 전통을 대표하는 최후의 음악가이다.

4. 클라우디오 몬테베르디(CLAUDIO MONTEVERDI)

1567년 Cremona에서 출생한 그는 무엇보다 16세기 음악으로부터 바로코 음악, 보다 일반적으로 말하면, 근대음악으로 이르는 길을 안내했던 음악이론가였다. 1643년 세상을 뜬 Venezia로 이주한 후, 그는 다양한 멜로드라마를 썼고 수많은 종교음악을 작곡했다.

5. 루치아노 파바롯티(LUCIANO PAVAROTTI)

20세기 후반 가장 유명한 테너인 그는 1935년 Modena에서 출생하여, 뉴욕과 Marche를 오가며 살았고, 매년 Modena에서 서정적이며 rock적인 콘서트 '루치아노와 친구들(Pavarotti and friends)'를 기획했다. 이 콘서트는 자선 기금을 마련하기 위해 TV를 통해 전 세계로 방송되었다.

6. 지아코모 풋치니(GIACOMO PUCCINI)

1858년 Lucca에서 출생한 그는 20세기 전반 음악에 영향을 준 근대 서정적 오페라의 창시자이다. 그의 오페라는 여러 나라로 영역을 넓혀 나갔는데, 일본을 배경으로 한 '나비부인(Madame Butterfly), 중국은 '투란도트(Turandot)', 프랑스는 '마농(Manon)'과 '라보엠(La Boheme)' 그리고 미국을 배경으로 한 '서부의 어린아이(La fanciulla del West)'를 작곡했다.

7. 지오악키노 롯시니(GIOACCHINO ROSSINI)

1792년 Pesaro에서 태어나 1868년 파리에서 숨을 거둔 그는 수 십 년 간 유럽 멜로드라마의 왕이었고, 18세기 오페라에서 멜로드라마의 황금기로 이르는 과정에 획을 그은 음악가였다. 그의 걸작으로는 '세빌리아의 이발사(Il barbiere di Siviglia)' 가 있으며, 또한 종교음악가이기도 하다.

8. 아르투로 토스카니니(ARTURO TOSCANINI)

그는 전 시대에 걸쳐 가장 유명한 오케스트라 지휘자이다. 특히 빠른 리듬으로 유명하다. 1867년 Parma에서 태어나 1957년 뉴욕에서 숨을 거둔 그는 오페라와 교향악의 대작들의 세계적인 초연을 지휘했다.

9. 쥬셉페 베르디(GIUSEPPE VERDI)

1813년 Parma 근교에서 태어나 1901년 Milano에서 숨을 거둔 그는, 자신의 고유한 멜로디와 칸타빌의 측면에서, 바그너의 독일 오페라와는 대조적인 이탈리아 스타일로 오페라를 작곡한 가장 위대한 음악가이다. 그의 걸작품들은 오늘날에도 매년 전 세계의 모든 오페라극장에서 연주되고 있다. 나열하기에는 너무 많지만 그 가운데 '라 트라비아타(La traviata)', '팔스타프(Falstaff)', '오델로(Odello)', '아이다(Aida)' 로도 충분할 것이다.

10. 안토니오 비발디(ANTONIO VIVALDI)

1678년 Venezia에서 출생하여 1741년 Vienna에서 숨을 거둔 그는 바로크 콘서트의 창시자이다. 바로크 콘서트 가운데 478곡을 썼다니 대단하다. 그의 이름을 대면 바로 '사계(Le quattro stagioni)' 가 떠오르지만, 수많은 종교음악과 칸타타의 작곡가이기도하다.

그의 청결한 스타일은 독특하여 음악이 단순하며 쉽기도 하지만 반면 매우 복잡하고 매우 어려운 연주라는 오류에 빠뜨릴 수 있다.

Lezione 18 Diciottesima
E che ne dici di quei moccasini?
근데 너 그 모카신 신발 어때?

Cultura

"쇼핑센터에서 만나자!" (오늘날 이탈리아 젊은이들의 문화)

오늘날의 이탈리아 젊은이들은 대형 쇼핑 몰의 구두매장이나 의류매장에서 서로 만난다. 그리고 거기서 수다를 떨고 일광욕도 하며, 피자를 먹고, 쇼윈도를 몇 시간이고 바라본다.

그들은 쇼윈도 한 복판에서 살아간다고 해도 과언은 아니다. 서로 사랑하고, 서로 미워하며, 네온사인 아래서 우정을 쌓아간다. 그들은 쇼핑 몰이나 이탈리아 전 지역에 확산된 대형 쇼핑센터에 '상주하는' 젊은이들이다. Torino, Bergamo, Modena, Firenze의 쇼핑센터는 신세대의 만남의 장소가 되어버렸다.

이렇게 된 원인은 간단하다. 쇼핑 몰의 복도는 시외의 거리에 비해 보다 형형색색이고, 보다 활기차고, 보다 생동감 넘치기 때문이다. 그러므로 매일 오후 젊은이들은 이곳으로 몰려온다. 쇼핑 몰에서는 매장 외에도 피자집, 호프집, 신문가판대, 수퍼마켓, 그리고 특별하게 머리를 할 수 있는 미용실을 발견할 수 있다. 한 마디로 쇼핑센터는 청소년들이 원하는 물건들을 만날 수 있는 '미니 도시'인 것이다. 그리고 때로는 원하는 물건들을 사기도 한다. Alessandro, Alex, Monica, Tamara 그리고 Annamaria는 점심 식사 후, 매일 쇼핑센터에서 서로 만난다. 방과 후 집으로 돌아가는 길에 급히 점심을 먹고 오후 2시에 이미 거기에 와 있다.

13세인 Tamara는 저킨(jerkin), 딱 달라붙는 나팔바지, 두꺼운 굽이 달리고, 코끝이 반짝이는 구두를 신고 있다. 코걸이를 한 16세 Annamaria는 민속적인 의상을 선호하고, 15세인 Alex는 반면에, 신발 마니아여서 나이키 신발을 여러 켤레 소유하고 있다.

"우리는 항상 시내 중심가에 가 있지는 않아요."라고 전기기술자인 20세의 Alessandro가 말한다. "일요일에 우리는 바다에 가거나 춤추러 갑니다. 그러나 매장들이 있어서 여기 쇼핑 몰을 더 좋아해요." 다른 친구들이 피자를 먹는 동안, Monica는 쇼윈도를 보러 간다. 그녀는 스커트와 면 티셔츠를 좋아 하지만, 가격이 너무 비싸다. "옷을 사기 위해서 나는 가끔 아르바이트를 해야 해요."라고 그녀는 말한다.

청소년들의 소비문화의 상징인 '상품을 소유한다는 것'은 그들에게는 매우 중요하다. 예를 들어, 휴대폰은 모든 청소년들이 갖고 싶어 하는 것이며, 전화를 걸 때 필요할 뿐만 아니라 문자를 보내는 데도 필요한 상품인 것이다. (Donna moderna에서 발췌)

Conversazione

A : Perché non provi queste scarpe nere?
　　이 검은 구두를 신어 보지 그러니?

B : No, sono troppo eleganti. A me piacciono più sportive.
　　아니야, 너무 우아해. 내겐 더 스포티한 구두가 마음에 들어.

A : E quei moccasini?
　　그럼 저기 저 모카신 구두는 마음에 들어?

B : Sì, sono belli, ma costano troppo. Non vorrei spendere tanto.
　　응, 멋있다. 근데 너무 비싸. 난 많이 지출하고 싶지는 않은데.

A : **E che ne dici di quelli?**
　　Sono meno cari e secondo me sono pure comodi.
　　그럼 저기 있는 저 신발은 어때?
　　덜 비싸고 내가 보기에 편하게 보인다.

B : Sì, forse hai ragione. Li provo.
　　그래, 네 말이 옳을지도 모르겠구나. 신어봐야겠다.

Lezione 18

Conversazione

해설	
→	**provi** v.tr. (try) (너는) ~를 시도한다, 해 본다. * provare a inf. ~를 시도하다.
→	**A me piacciono** 내게 ~들이 좋다. * a me piacere ~. 나에게 ~가 좋다.
→	**più** avv. (more) 더욱, 더.
→	**sportive** agg. (sports) 스포티한. * sportivo s.
→	**moccasini** m.pl. 모카신 구두(사슴 가죽으로 만든 보드라운 가죽 신) * 구두는 항상 쌍이므로 복수로 쓰인다.
→	**spendere** v.tr. (spend) 돈을 지출하다.
→	**che ne dici di ~?** ~ 어때?, ~에 대해 무엇을 말할래? * ne. ~에 대해서.
→	**secondo me** prep. (in my opinion) 내가 보기에, 내 생각에는.
→	**pure** avv. (too, as well, either) 역시, 근데, 또한.
→	**comodi** agg. (convenient, comfortable) 편안한. * comodo s.
→	**ragione** f. (reason) 정당성, 옳음. * avere ragione 옳다.
→	**vorrei** v.aus. (I'd like) (나는) ~를 원하는데요, ~를 하고 싶은데요. * 조건법 → p.112
→	**capo** m. (item, article) 상품.

>>> Comunicazione

A : **Che ne dici di** quel modello?
저 모델 (네가 보기에) 어때?

B : Veramente **vorrei** un capo più elegante.
정말 난 더 우아한 상품을 원하는데.

Veramente vorrei un capo meno sportivo.
정말 난 덜 스포티한 걸 원하는데.

A : Che ne dici di questa cravatta?
이 타이 (네가 보기에) 어때?

B : **No, è troppo classica.** Preferisco una cravatta più giovanile.
아니야, 너무 클래식하다. 난 더 젊은 타이를 선호해.

A : Che ne dici di quegli stivali?
저 부츠 (네가 보기에) 어때?

B : **No, sono troppo eleganti.** Preferisco gli stivali meno eleganti.
아니야, 너무 화려하다. 난 덜 화려한 부츠를 선호해.

X : **Ancora qualcos'altro?**
다른 거 또 원하시는 것 없나요?

Y : **No, è tutto. Quant'è?**
아니요, 됐어요. 얼마죠?

- **Potrei provare** la 42 / il 42?
42 치수를 신어 봐도 되나요?

- **Secondo me** i pantaloni sono **più** pratici **de**lle gonne.
내 생각에 바지는 치마보다 더 실용적이다.

- **Secondo me** i pantaloni sono **meno** eleganti **de**lle gonne.
내 생각에 바지는 치마보다 덜 우아하다.

- Secondo me le gonne lunghe sono più comode delle gonne corte.
내 생각에 긴 치마는 짧은 치마보다 더 편안하다.

- Secondo me la seta è più elegante del cotone.
내 생각에 실크는 면보다 더 우아하다.

- Secondo me la pelliccia è più cara del cappotto.
내 생각에 밍크코트는 외투보다 더 비싸다.

- **Preferisce** un abbigliamento elegante o sportivo?
당신은 우아한 옷을 선호 하세요 아니면 스포티한 옷을 선호하세요?

- C'è un capo di abbigliamento che indossa spesso?
자주 입으시는 옷이 있나요?

- **Quale colore preferisce?**
어떤 색을 선호하세요?

해설
→ **cravatta** f. (tie) 타이.
→ **stivali** m.pl. (boots) 부츠.
→ **meno** avv. (less) 덜.
→ **eleganti** agg. (elegant) 화려한. * elegante s.
→ **Quant'è?** (how much) 얼마죠? * quanto è. 축약. (= quanto costa?, quanto viene?)
→ **pratici** agg. (practical) 실용적인. * pratico s.
→ **lunghe** agg. (long) 긴. * lungo s.
→ **comode** agg. (convenient, comfortable) 편안한. * comodo s.

Lezione 18

→ **corte** agg. (short) 짧은. * corto s.
→ **seta** f. (silk) 실크.
→ **cotone** m. (cotton) 면.
→ **pelliccia** f. (mink coat) 밍크코트.
→ **cappotto** m. (overcoat) 외투.
→ **abbigliamento** m. (clothes) 의류.
→ **sportivo** agg. (sports) 스포티한.
→ **indossi** v.tr. (put on, wear) (너는) ~을 입는다. * (tu) indossare.

|의류|

berretto (털)모자, tuta da sci 스키복, calzini 양말, scarponi 스키신발/등산화, guanti 장갑, fascetta 두건, maglione 스웨터, giacca a vento 파카, pantaloni 바지, accappatoio 목욕 가운, costume da bagno 수영복, pantaloncini 반바지.

|의류관련 형용사|

lungo 긴, corto 짧은, sportivo 스포티한/명랑한, classico 수수한/유행 타지 않는, elegante 우아한, largo 넓은, stretto 좁은/타이트한, pesante 무거운/두툼한, leggero 가벼운, giovanile 젊은

Grammatica

동사(Verbi)

직설법 현재 불규칙활용 동사

	dire (to say, tell) ← dicere
io	**dico**
tu	**dici**
lui, lei, Lei	**dice**
noi	**diciamo**
voi	**dite**
loro	**dicono**

지시형용사(Aggettivi dimostrativi)

that : quello, quegli / quel, quei / quella, quelle
this : questo, questa, questi, queste
that를 의미하는 지시형용사는 발음의 수월성을 위해 정관사의 규칙을 따른다.
반면, this(questo)는 어미만을 성, 수일치 한다.

정관사	의미	that	this
il vestito	옷	que**l vestito**	questo vestito
i vestiti	옷들	que**i vestiti**	questi vestiti
l'impermeabile	우비	que**ll'impermeabile**	questo impermeabile
gli impermeabili	우비들	que**gli impermeabili**	questi impermeabili
lo stivale	부츠 한 짝	que**llo stivale**	questo stivale
gli stivali	부츠 한 켤레	que**gli stivali**	questi stivali
la borsa	가방	que**lla borsa**	questa borsa
le borse	가방들	que**lle borse**	queste borse

변의형(Forme alterate)

anello(반지) + ino
anell**ino** = piccolo anello 작은 반지
telefono(전화) + ino
telefon**ino** = cellulare, piccolo telefono 작은 전화기, 휴대폰
lavoro(일) + etto
lavor**etto** = piccolo lavoro 작은 일, 아르바이트
maglia(셔츠, 편물) + etta
magli**etta** = maglia leggera di cotone o di lana 면이나 울로 된 가벼운 티셔츠

Episodio

"대한민국은 학비와 주택 마련에 일생을 다 보낸다."

이탈리아의 청소년들을 보면, 우리나라 청소년들은 너무나도 안쓰럽고, 불쌍하기까지 하다. 이른 아침

Lezione 18

부터 등교 준비하여 버스와 전철로 학교에 이르면 쉴 틈도 없이 1교시가 시작되어 한 바탕 입시와 전쟁을 치루고, 그것도 모자라 학교 근처 학원으로 옮겨 자정까지 지치도록 공부한 후 파김치가 되어 집에 도착하는 것이 한국의 청소년 하루 일과이다. 중학생도 정도만 차이가 있을 뿐, 크게 다르지 않다. 한참 뛰어놀아야 하는 초등학생들도 부모의 강요로 피아노 학원, 영어 학원, 미술 학원, 태권도, 수영 등으로 바쁘게 하루를 살아간다. 영문도 모른 채, 부모가 하라니까 다람쥐 쳇바퀴 돌 듯 한다. 불쌍하다. 원인은 간단하다. 우리나라의 교육 시스템에 심각한 문제가 있기 때문이다.

이탈리아의 교육 체계를 들여다보자. 전국에 50여개의 국립대학교가 있다. 학비는 국가가 전액 부담한다. 고등학교를 졸업하기만 하면 누구나 소정의 입학 인터뷰만 치루고 입학할 수 있다. 일류, 이류가 없다. 학교마다 법학부가 유명하다거나 교육학부가 좋다거나 할 뿐이다. 1학년을 다니다가 학교가 마음에 안 들면 전학하면 그만이다. 모두 국립이기에 가능한 것이다. 다만 11월에 학기가 시작되어 다음 해 5월까지 수강하고 시험을 패스해야 한 과목을 이수했다고 한다. 학부마다 차이는 있으나 보통 20개 과목을 통과하면 졸업논문을 쓸 자격이 주어지고 논문이 통과되면 졸업을 하게 되는 것이다. laurea학위(우리의 석사학위)를 받은 졸업생을 dottore(우리의 박사는 아니다)라고 칭한다.

대학 입학이 이토록 자유롭고 경제적인 부담이 전혀 없기에 고등학교 5년 과정은 얼마나 자유롭고 부담이 없겠는가. 오후 2시 정도면 수업이 모두 끝나고 집으로 돌아가거나 친구들과 어울려 쇼핑 몰에도 가고 바다에 가기도 하고 디스코텍에서 친구들과 놀기도 한다. 마음껏 독서도 하고 생각도 하며 혈기왕성한 청소년기를 그들은 보내고 있는 것이다. 많은 수의 고등학생들은 대학에 가기를 포기하고 직업을 구하는 쪽을 선택한다. 부모의 가업을 물려받기 위해서이기도 하지만 대학을 졸업해봐야 별 뾰족한 수가 있는 것도 아니기에 시간을 낭비하지 않겠다는 판단인 것 같다. 고등학교는 우리처럼 인문고, 공고, 과학고, 외고, 예술고 등이 있다.

대학 입학 제도는 초중고 교육의 자율성과 직결된다. 대학 문이 활짝 열려있으니, 초등학교부터 아이들을 입시로 내몰지 않아도 된다. 학비는 초등학교부터 대학 졸업까지 국가가 부담한다. 학원비, 과외비를 벌기 위해 엄마가 식당 일을 하지 않아도 된다. 아버지가 힘들게 버는 수입의 절반을 교육비로 쓰지 않아도 된다. 국민소득 30000달러이면 뭐하는가. 유럽 대부분의 국가들이 교육비를 전액 부담하고 있는 동안, 우리의 정부는 고작 한다는 것이 수험생에게 혼란만 주는 입시제도 변경뿐이다. 대한민국의 미래는 교육에 달려있다. 유럽 선진국을 이기는 길은 휴대폰, HD TV, 반도체, 선박, 자동차 수출이 전부가 아니다. 국가가 대학 입학 시스템을 개방형으로 혁신하여, 공부하는 대학으로 만들어야 함과 동시에 학비를 전액 국가가 부담하는 체제로 가야 청소년들도 살고, 국민 가계 경제도 살아 날 것이다. 대한민국은 학비와 주택 마련에 일생을 다 보낸다.

Geografia economica e culturale

| **이탈리아의 현대음악가** (Musica d'autore)

1. 루치오 달라(LUCIO DALLA)

볼로냐 출신의 재즈 음악가이며 가수 작곡가인 그는(1943년 출생) 모든 이탈리아인들이 알고 있는 도발적인 텍스트로 곡을 썼다. 최근에는 20세기 초 푸치니에 의해 이미 음악화된 스토리를 가지고, 'Tosca'를 록 버전으로 리메이크하기도 했다.

2. 미나(MINA)

그녀의 본명은 안나 마리아 맛찌니(Anna Maria Mazzini)이지만 미나로 모든 사람들에게 알려져 있다. 그녀는 1958년 이 후 이탈리아의 목소리를 대표한다. 곡을 쓰지는 않았지만, 거의 1000곡을 노래했다. 우리나라의 가수 이미자를 닮았다.

Lezione 19 | Da piccola avevo un cane.
Diciannovesima | 어렸을 때 난 개 한 마리 갖고 있었다.

Cultura

"81.7%의 어린이들은 집에서 동물을 키웠거나 키우고 있다."

Eurispes 통계에 따르면, 거의 모든 이탈리아의 어린이들은 동물을 키우고 싶어 하고, 가장 선호하는 동물이 늘 개(20%)이긴 하지만, 많은 어린이들이 다른 동물에도 관심을 갖는다. 남자 어린이들보다 여자 어린이들은 개 다음으로 고양이(14.2%)를 사랑한다. 다음으로는 말, 호랑이, 새, 사자, 돌고래 순이다.

81.7%의 어린이들은 집에서 동물을 키웠거나 키우고 있다. 개와 고양이가 대부분이지만, 네 가정 가운데 한 가정은 거북이(14.5%), 햄스터(10.6%), 토끼(4.8%)를 키웠거나 키우고 있다. 단지 다섯 명의 어린이 가운데 한 어린이만 동물을 키워보지 못했을 뿐이다.

그러나 동물을 소유하고자 하는 마음이 있을 뿐만 아니라, 그런 동물이 되고 싶어 하는 동심도 존재한다. 만약에 동물로 변신이 가능하다면, 5명의 어린이 중 한 어린이는 새가 되고 싶어 하며, 10명 중에 한 명의 어린이는 개가 되고 싶어 한다.

8.8%는 사자가, 8.2%는 고양이가 되고 싶어 한다. 뒤이어 6.8%는 돌고래, 4.4%는 치타, 4.1%는 말이 되고 싶어 한다는 통계가 있다. 남자 어린이들은 여자 어린이들보다 사자나 치타 같은 "힘 센" 동물과 일체화되고 싶어 하는 반면, 여자 어린이들은 나비와 같은 우아한 동물이 되고 싶어 한다. 뱀은 어린이 대다수가 가장 혐오하는 동물로 남아 있다. (la Repubblica, 28 / 07 / 2000)

Conversazione

A : Laura, dopo mi ricordi di comprare da mangiare per Felix?
라우라, 이따가 내게 펠릭스에게 줄 사료 사러가라고 해줄래?

B : Ah, questo Felix! Non ti sembra di viziarlo un po' troppo?
아, 이 고양이가 펠릭스구나! 네가 볼 때 좀 너무 길을 잘 못 들이는 것 같지 않니?

A : No, perché?
아니, 왜?

B : Mah, forse lo dico perché io sono allergica ai gatti.
어, 난 고양이 알러지가 있어서 그렇게 말하지도 몰라.

A : O a tutti gli animali.
아니면 모든 동물에 알러지가 있거나.

B : No, non è vero! A me gli animali piacciono!
아니, 그렇지는 않아! 난 동물들을 좋아해!

Da piccola avevo un cane, si **chiamava** Romeo, **era** un cane intelligentissimo.
어릴 때 난 로메오라는 이름의 개 한 마리 갖고 있었는데 아주 똑똑한 개였어.

Penso che la mattina mi **svegliava,** mi **accompagnava** a scuola e quando **tornavo** a casa mi **aspettava** dietro la porta, incredibile, **riusciva** a riconoscere il rumore dell'autobus della scuola!
지금 내 생각에 그는 아침마다 날 깨워서 학교까지 동행해 주곤 했어. 그리고 내가 집에 돌아 올 때면, 문 뒤에서 날 기다리고 있었지. 신기할 정도야. 스쿨버스 소리를 알고 있었어.

A : E ora perché non hai più animali?
근데 지금은 왜 더 이상 동물을 키우지 않니?

B : Mah, non lo so …
글쎄, 모르겠어 …

Lezione 19

A : È un peccato però, perché gli animali portano armonia in casa.
Noi **avevamo** tantissimi animali: cani, gatti, uccelli, tartarughe.
근데 유감이구나. 왜냐하면 동물들은 집에 평화를 가져오기 때문이야.
우리는 아주 많은 동물들을 키우고 있었어. 개, 고양이, 새, 거북이들을 말이야.

B : Eh sì, però voi **vivevate** in campagna, secondo me in città gli animali soffrono!
그래 맞아, 근데 너희들은 전원에 살고 있었잖아. 내 생각에 도시의 동물들은 고통을 겪거든!

A : Mah, dipende! Felix è contento!
어, 경우에 따라 달라! 펠릭스는 만족스러워해!

E poi anche il tuo cane **era** contento con te, no?
그리고 역시 네 개도 너와 지낼 때 만족해 했을거야, 그렇지 않아?

B : Eh, sì, hai ragione ...
그래, 네 말이 맞다.

Conversazione

| 해설 | → **mi ricordi di** ~ v.tr. (remember) (너는) ~하도록 나를 기억시킨다.
* (tu) mi(나를, 직접대명사) ricordare di + inf.
→ **comprare** v.tr. (buy) 사다, 구입하다.
→ **mangiare** v.tr. (eat) ~을 먹다. * da mangiare 먹을 것, 먹이, 사료.
→ **ti sembra di** ~ (it seems to you ~) 네게 ~인 것 같다. * ti sembrare di+inf.
→ **viziare** v.tr. (spoil) ~를 망치다, 길을 잘 못 들이다. * viziar(e) + lo(Felix) = viziarlo. 그를 길 잘 못 들이다. 대명사 lo가 동사원형 뒤에 붙을 경우 동사의 끝 모음이 생략된다.
→ **forse** avv. (perhaps, maybe) 아마도, 혹시.
→ **dico** v.tr. (I say) (나는) 말한다. * lo dico 그것을 말한다. lo = perché io sono allergica ai gatti.
allergica agg. (allergic) 알레르기의, 알레르기성의.
→ **animali** m.pl. (animal) 동물. * a tutti gli animali 모든 동물들에게.
→ **piccola** agg. (little) 어린. * da piccola = da bambina (여자가) 어릴 때.
→ **avevo** v.tr. (I had) (나는) ~를 소유하고 있었다. * (io) avere 불완료과거 → p.213
→ **cane** m. (dog) 개.
→ **si chiamava** ~ v.rifl. (The dog calls himself) ~라 불리어졌다. * (the cane) si chiamare 재귀동사 / 불완료과거 → p.213
→ **era** v.intr. (be) (개는) ~였다. * (un cane) essere 불완료과거
→ **intelligentissimo** agg. (very intelligent) 매우 똑똑한, 매우 현명한. * intelligent(e) + issimo 절대적 최상급 → p.192 |

어렸을 때 난 개 한 마리 갖고 있었다.

- **mi svegliava** v.tr. (The dog used to wake me up) (개가) 나를 깨우곤 했다. * (un cane) mi svegliare. 불완료과거
- **mi accompagnava** v.tr. (The dog used to accompany me) (개는) 나를 동행하곤 했다. * (un cane) mi accompagnare 불완료과거
- **tornavo** v.intr. (I used to return / come back) (난) ~로 돌아오곤 했다. * (io) tornare. 불완료과거
- **mi aspettava** v.tr. (I waited) (개는) 나를 기다리고 있었다. * (un cane) mi aspettare. 불완료과거
- **dietro** ~ prep. (behind) ~ 뒤에서.
- **incredibile** agg. (incredible) 믿기 어려운, 엄청난, 놀랄만한, 대단한.
- **riusciva a ~** v.intr. (The dog was able to do) ~할 수 있었다. * (un cane) riuscire a + inf.
- **riconoscere** v.tr. (recognize, acknowledge) ~를 알다, ~인식하다, ~인지하다.
- **rumore** m. (noise, rumble) 소음.
- **ora** avv. (now) 지금, 현재.
- **più** avv. (more) 더 이상.
- **non lo so** (I don't know it) (난) 그것을 모른다. * (io) non + lo(직접대명사) + sapere.
- **peccato** m. (sin) 유감. * peccato(p.ps.) ← peccare(죄를 짓다).
- **portano** v.tr. (carry, bring) (동물들은) ~를 운반한다, 가져온다. * (gli animali) portare.
- **armonia** f. (harmony) 평화, 조화, 하모니.
- **tantissimi** agg. (so many) 아주 많은. * tanto(many) + issimi. tantissimo s.
- **gatti** m.pl. (cats) 고양이들. * gatto s.
- **uccelli** m.pl. (birds) 새들. * uccello s.
- **tartarughe** f.pl. (tortoise, turtle) 거북이들. * tartaruga s.
- **vivevate** v.intr. (You lived) (너희들은) ~에 살고 있었다. * (voi) vivere 불완료과거
- **campagna** f. (country) 전원, 시골.
- **secondo me** (in my opinion) 내 생각에, 내가 보기에.
- **soffrono** v.tr. (suffer) (동물들이) 고통을 겪다. * (gli animali) soffrire.
- **contento** agg. (satisfied, happy) 만족스러운, 만족하는, 행복한.
- **tuo cane** (your dog) 너의 개. * mio, tuo, suo; nostro, vostro, loro. 소유형용사 → p.40
- **con te** (with you) 너랑.
- **ragione** f. (reason) 올바름, 정당성.

»» Comunicazione 🎧

- Dove **andavi** in vacanza da bambino?
  어렸을 때 너는 어디로 휴가를 가곤 했니?

Lezione 19

- Dove **andava** in vacanza da bambino?
  어렸을 때 당신은 어디로 휴가를 가곤 했나요?

- Normalmente **andavamo** al mare.
  보통 우리는 바닷가에 가곤했다.

- Una volta **siamo andati** in montagna.
  한 번 우리는 산에 갔었다.

- A 13 anni **sono andato** in vacanza da solo.
  13세 때 난 혼자 휴가 갔었다.

A : Quando **eri** piccolo, dove **vivevi**?
  네가 어렸을 때, 어디에 살고 있었니?

B : **Vivevo** a Seoul.
  난 서울에 살고 있었어.

A : **Avevi** un animale?
  동물은 키우고 있었니?

B : Sì.
  응.

A : Quale?
  어떤 종이었는데?

B : Un cane 'Gindoche'.
  진돗개였어.

A : Come si **chiamava**?
  이름은 무엇이었어?

B : 'Minguk'.
  '민국'.

A : Com'era?
  '민국' 이는 어땠어?

B : **Era** intelligentissimo.
  매우 영리했지.

A : A te piacciono gli animali?
  넌 동물들을 좋아하니?

B : Sì, tantissimo.
그럼, 아주 좋아하지.

- La gente prima **aveva** meno soldi per viaggiare.
  옛날에 사람들은 적은 돈으로 여행을 하곤 했다.
- Dove **sei nato**?
  넌 어디서 태어났니?
- **Sono nato** a Seoul.
  서울에서 태어났어.
- Dov'**è nato**?
  당신은 어디서 태어나셨어요?
- **Sono nato** a Londra.
  런던에서 태어났어요.

- Com'**eri** / **era** da bambino?
  넌 / 당신은 어릴 때 어땠어 / 어땠어요?

- **Hai** / **Ha** sempre **vissuto** a Roma?
  넌 / 당신은 줄곧 로마에 살았니 / 사셨나요?

- Ti / Le **piaceva** andare a scuola?
  너에게 / 당신에게 학교 가는 것이 좋았니 / 좋았나요?

- Cosa **facevi** / **faceva** nel tempo libero?
  넌 / 당신은 여가시간에 뭘 하곤 했니 / 하셨나요?

- Cosa **pensavi** / **pensava** di fare da grande?
  넌 / 당신은 커서 뭘 하려고 생각했니 / 생각했나요?

Lezione 19

Comunicazione

해설

- **andavi** v.intr. (you used to go) (넌) ~에 가곤했다. * (tu) andare 불완료과거 → p.213
- **bambino / a** m.f. (child, little boy / girl, baby) 어린이, 어린 소년 / 소녀, 아기. * da bambino = da piccolo 어렸을 때.
- **Normalmente** avv. (nomally, usually) 보통, 흔히, 일반적으로. * normale(보통의, 정규의) + mente(-ly). 부사 → p.180
- **mare** m. (sea) 바다, 바닷가. * al mare 바닷가에.
- **Una volta** f. (once, in the past) 한 번, 과거에. * c'era una volta (once upon a time) 옛날 옛적에.
- **siamo andati** v.intr. (we went) (우리는) ~에 갔(었)다. * (noi) essere + andato / a / i / e. 근과거 → p.142
- **anni** m.pl. (years) 년. * a 13 anni = quando avevo 13 anni 내가 13살 때.
- **sono andato** v.intr. (I went) (나는) ~에 갔(었)다. * (io) essere + andato / a / i / e. 근과거.
- **solo** agg. (alone, on one's, by oneself) 혼자인, 동행이 없는. * da solo 남자 혼자, da sola 여자 혼자, da soli 남자들끼리, da sole 여자들끼리.
- **vivevi** v.intr. (I was living) (넌) ~에 살고 있었다. * (tu) vivere 불완료과거
- **intelligentissimo** agg. (very intelligent, clever, bright) 매우 영리한. * intelligente(영리한) + issimo(절대적 최상급 어미).
- **tantissimo** avv. (too much) 아주 많이. * = molto tanto.
- **gente** f. (people) 사람들. * 항상 단수로만 사용되나, 의미는 복수.
- **prima** avv. (before, once) 전에, 옛날에.
- **viaggiare** v.intr. (travel) 여행하다.
- **sei nato** v.intr. (you were born) (넌) ~에서 태어났다. * (tu) essere + nato / a / i / e (nascere) 태어났다. 근과거 → p.142
- **Com'eri?** (how were you?) (넌) 어땠어? * come + eri? 모음 축약.
- **Hai vissuto** v.tr. (You lived) (넌) 삶을 살았다. * (tu) avere + vissuto(vivere). 근과거
- **piaceva** v.intr. (was liked) ~가 좋았다. * Le(a Lei) + piaceva(piacere) + andare(가는 것. 주어).
- **facevi** v.tr. (you used to do) (넌) ~을 하곤 했다, ~을 하고 있었다. * (tu) fare. 불완료과거
- **tempo libero** m. (free time) 여가시간.
- **pensavi** v.tr. (you thought) (넌) ~하려고 생각했다. * (tu) pensare di + inf. 불완료과거
- **grande** m. (adult, grown-up) 어른, 성장. * da grande (when you grow up) 커서, 어른이 되서.

[동물]

criceto 햄스터(hamster), topolino 생쥐, delfino 돌고래, leone 사자, farfalla 나비, uccello 새, tartaruga 거북이, leopardo 표범, cavallo 말, serpente 뱀, coniglio 토끼, cagnolino 강아지, cane 개, gatto 고양이, tigre 호랑이, ghepardo 치타.

📝 Grammatica

동사(Verbi)

직설법 불완료과거(Imperfetto)
1) 거의 대부분의 동사들이 규칙 활용한다.

2) '불명확한 지속성을 내포한 과거 행위'를 표현할 때 사용된다.
   I miei nonni **abitavano** in campagna.
   나의 조부모께서는 시골에서 살고 계셨다.

3) '과거의 규칙적인 습관'을 표현할 때 사용된다.
   Da bambino **andavo** spesso in montagna.
   어릴 때 나는 산에 자주 가곤했다.

4) '인물, 사물, 상황의 특성'을 표현할 때 사용된다.
   Mia nonna **era** molto bella.
   나의 할머니는 매우 아름다우셨다.
   In treno **faceva** caldo.
   기차 내부는 더웠다.
   Alla festa c'**era** molta gente.
   파티에 많은 사람들이 있었다.

	불완료과거 규칙활용 동사				
	aspett**are**	pens**are**	and**are**	viv**ere**	riusc**ire**
	to wait	to think	to go	to live	to be able to
io	aspett**avo**	pens**avo**	and**avo**	viv**evo**	riusc**ivo**
tu	aspett**avi**	pens**avi**	and**avi**	viv**evi**	riusc**ivi**
lui	aspett**ava**	pens**ava**	and**ava**	viv**eva**	riusc**iva**
noi	aspett**avamo**	pens**avamo**	and**avamo**	viv**evamo**	riusc**ivamo**
voi	aspett**avate**	pens**avate**	and**avate**	viv**evate**	riusc**ivate**
loro	aspett**avano**	pens**avano**	and**avano**	viv**evano**	riusc**ivano**

	불완료과거 불규칙 활용 동사			재귀동사 불완료과거	
	essere	**dire(dicere)**	**fare(facere)**	svegliar**si**	accompagnar**si**
	to be	to say, tell	to do	to wake up	to go with
io	**ero**	**dicevo**	**facevo**	mi svegli**avo**	mi accompagn**avo**
tu	**eri**	**dicevi**	**facevi**	ti svegli**avi**	ti accompagn**avi**
lui	**era**	**diceva**	**faceva**	si svegli**ava**	si accompagn**ava**
noi	**eravamo**	**dicevamo**	**facevamo**	ci svegli**avamo**	ci accompagn**avamo**
voi	**eravate**	**dicevate**	**facevate**	vi svegli**avate**	vi accompagn**avate**
loro	**erano**	**dicevano**	**facevano**	si svegli**avano**	si accompagn**avano**

Episodio

"그들은 왜 고양이 고기를 먹는가"

일반적으로 7월말에 시작해서 8월말, 9월초까지 지속되는 바캉스 시즌이 다가 오면서 이탈리아인들은 달콤한 휴가를 어디서 즐길까에 대한 설렘으로 들뜬다. 물론 직종마다 기간이 다르긴 하지만 보통 휴가 간다고 하면 보름 이상이 대부분이다. 과거에 FIAT 자동차사는 한 달 간 공장 문을 닫은 적도 있었으니 그들의 휴가는 알아 줄만 한 것 같다.

그러나 이때 처리해야 하는 문제가 남게 된다. 애완동물을 데리고 가야하나 이웃에 맡겨야 하나가 문제가 된다. 대자연에서 휴가를 즐기는 사람들은 개나 고양이를 데려 갈 수 있지만 타국을 관광하는 경우에는 남겨 둘 수밖에 없다. 이때 어디에 맡길 수 있는 처지가 아닌 경우 그냥 방치하고 떠나는 몰염치한 사람들이 적지는 않은 것 같다.

방치된 개와 고양이들은 먹을 것을 찾아 거리로 내 몰릴 뿐만 아니라 쓰레기 더미에서 먹이를 찾아 다녀야 한다. 평소에는 충실하고 귀여운 애완동물로 주인의 사랑을 독차지하던 그들은 하루아침에 '노숙자 신세'로 전락하고 마는 것이다. 이것이 사회문제가 되어 전문가들이 논쟁을 벌이고 신문은 국민들을 상대로 동물 사랑 캠페인을 벌이기도 한다.

3,4층의 palazzo에 주로 거주하는 도시민들은 몸집이 큰 개보다는 고양이를 집 안에서 주로 키우고, 2,3층의 빌라나 단독 주택에 거주하는 도시 외곽 전원 마을 사람들은 일반적으로 큰 개를 선호한다. 아침이면 산책을 시키며 대소변을 도와주고 휴일이면 여유로이 애완견들과 작은 뜰에서 즐겁게 놀아준다.

지금 한국의 애완견들은 과거 어느 때보다도 행복하게 주인과 같이 귀족 대접을 받으며 더불어 살아

가고 있는 것 같다. 여기에 나는 우리의 전통 음식인 '보신탕'을 이야기하지 않으면 안 될 것 같다. 많은 유럽인들은 우리의 전통 음식을 놓고 비판의 수위를 높이고 있나 본데, 그들도 알아야 할 것이 있다. 우리는 애완견과 식용견을 구분하고 있다는 사실을... 그럼 "그들은 왜 고양이 고기를 먹는가" 되묻고 싶다. 신경통에 좋다면서 먹고 있지 않은가. 비둘기 고기도 먹지 않는가. 버젓이 대형 마트에서 고양이 고기를 판매하고 있는 것을 직접 목격했기에 그들의 비판은 모순이 있다. 돼지나 소와는 달리 인간과 밀접하게 살아가다가 살육을 하는 것이 비인간적이라는 논리로 말하는 것 같은데, 고양이는 무엇이란 말인가. 평화의 상징이라는 비둘기를 그럼 왜 먹나. 우리는 절대 비둘기를 먹지 않는다. 참새나 메추리는 과거에 먹었지만, 지금은 아마도 거의 없을 것이다.

여행자 십계명 가운데, 그 나라의 풍습에 대해 절대 비판하지 말라는 조항이 있다. 음식을 손으로 먹는 나라에 가서 그들의 풍습을 탓하지 마라. 곰 발바닥 요리를 먹는 나라에 가서 동물보호를 지나치게 강조하지 마라. 있는 그대로 그들의 역사와 전통, 풍습을 인정하면 될 것이 아닌가. 자신의 역사와 전통을 지나치게 문명화되었다고 주장하는 서구인들은 이제 아시아의 깊은 문화와 전통을 이해하고 존중할 때가 왔다고 본다.

Geografia economica e culturale

이탈리아의 철학자와 과학자(Filosofi e scienziati)

1. 쟘바티스타 비코(GIAMBATTISTA VICO)

Napoli에서 태어나 성장한 그는(1668-1744) 기독교주의와는 거리가 먼 철학자이며 계몽주의자들과 실증주의자들의 도래를 예견했다. 이루어진 것과 이루어지는 것만을 우리는 알 수 있다고 확신한 그는 위대한 역사철학자들 중 한 사람이 되었다. 역사를 그는 처음에는 종교에 의해, 다음에는 영웅들에 의해, 마지막으로는 이성에 의해 지배되는 세 가지 사이클로 계속해서 반복되는 것으로 보았다.

2. 굴리엘모 마르코니(GUGLIELMO MARCONI)

1874년 Bologna에서 출생하여 1937년 Roma에서 숨을 거둔 그는 전보에서 라디오에 이르는 무선전신의 발명가이다. 노벨물리학상을 받았을 당시 그는 35세였다. 현대 세계는 마르코니의 연구 발명이 없었다면 존재하지 않을지도 모른다.

Lezione 19

3. 니콜로 마키아벨리(NICCOLO' MACHIAVELLI)
그는 정치와 권력에 대한 가장 유명한 철학자이다. 아직도 '마키아벨리적 (machiavellico)' 이라는 형용사가 수많은 언어로 존재한다. 그것은 목적에 도달하기 위해서는 어떠한 수단도 수용하면서 목적만을 중시하는 권력을 행사하는 방법을 가리키는 수식어이다. 1469년에서 1527년까지 Firenze의 메디치 궁정에서 살았다.

4. 마르게리타 해크(MARGHERITA HACK)
1922년 Firenze에서 태어난 그녀는 Trieste에서 살았다. 거기서 그녀는 수년 동안 천문학적인 관찰을 지휘했다. 이탈리아는 물리학 연구에 있어서 위대한 전통을 지니고 있었는데, 그녀는 이론 연구를 일반인들에게 물리학에 대한 설명과 보급 활동을 접맥시키는 방법을 알고 있었다.

5. 갈리레오 갈리레이(GALILEO GALILEI)
1564년 Pisa에서 태어나 1642년 세상을 떠난 그는 근대과학의 아버지이다. 과학 이론가일 뿐만 아니라 물리학자였던 그는 망원경을 발명했고 천체 운동의 규칙을 연구했다.

6. 엔리코 페르미(ENRICO FERMI)
후 일 모두 중요한 과학자들이 된 자신의 제자들을 키웠던 Roma에서 1901년 태어나 무솔리니의 인종 법률을 피해 미국으로 이민 갔던 시카고에서 1954년 숨을 거둔 페르미는 20세기 물리학의 대가들 가운데 한 사람이다. 핵에너지에 관한 연구로 인류에 공헌을 하여 37세에 노벨물리학상을 수상했다.

7. 베네뎃토 크로체(BENEDETTO CROCE)
1866년 Molise에서 태어나 1952년 Napoli에서 사망한 그는 관념론적 철학자이자 역사가이며 문학 이론가였다. 그러나 파시즘 정권 이전과 파시즘 몰락 이후에 교육부 장관을 역임하기도 했다.

8. 체사레 벡카리아(CESARE BECCARIA)

프랑스 계몽주의 문화에 심취한 밀라노 사람인 그는(1738-94) 문학가이자 경제학자였으나, 무엇보다 법철학자로 유명하다. 그의 저서 '범죄와 처벌에 대해서 (Dei delitti e delle pene)'는 사형 제도를 부정하는 최초의 논문들 가운데 하나였다. 이 논문이 1764년에 집필된 것을 생각하면 그의 혁신적인 힘을 이해할 수 있다.

9. 알렛산드로 볼타(ALESSANDRO VOLTA)

Como에서 태어나 Milano에서 거주한 그는(1745-1827) 전기 측정 단위 가운데 하나(volt)에 자신의 이름을 부여한 물리학자이다. 그는 전기를 체계적으로 연구한 최초의 물리학자 중 한 사람으로서 오늘날 없어서는 안 될 전지를 1800년에 발명한다.

Lezione 20
Ventesima
Giovanni, tu dove andavi in vacanza da bambino?
지오반니, 넌 어릴 때 어디로 휴가를 가곤했니?

Cultura

"인간미 없는 죽은 회색의 도시에서"

앞에서 이탈리아인들은 하루를 넷으로 쪼개어 생활하는 것 같다고 나는 개인적인 생각을 한 바 있다. 일년 열 두 달도 중간에 휴가(vacanza)에 의해 둘로 나뉘어 진다고 봐도 틀림은 없을 것이라 본다. 특히 덥고 건조한 기후가 장기화되면서 도시민들은 가장 무더운 기간에 산과 바다에서 가족과 함께 여유를 찾는 것이 필요했을지도 모른다.

이탈리아인들의 대부분이 휴가를 즐기기 위해 타지로 가는 것은 아니다. 자연과 근접하여 살아가는 사람들은 구태여 시간과 돈을 버리며 휴가를 떠나지 않는다. 시골에 사시는 우리 고향의 할머니, 할아버지께서 들로, 산으로, 바다로 떠날 필요가 없는 것과 같다.

그러나 이탈리아인들의 휴가 가운데 몇몇 경우는 어린 자녀들에게 꿈과 희망을 자연스럽게 불어넣어

주는 계기가 되기도 한다. 노벨문학상을 수상한 Alberto Moravia는 어린 시절, 부모님과 함께 Viareggio라는 곳에 휴가를 가곤 했다고 한다. 다른 곳으로 휴가 떠난 한 건축가의 집을 세로 빌려 휴가를 즐겼다. 그런데 건축가의 집에는 많은 회화들이 곳곳에 걸려있어, 7세의 어린 Moravia는 그 그림들을 보며 상상의 나래 짓을 하며 자신만의 이야기를 지어내며 큰 소리로 낭송까지 했다고 한다. 다음 날, 다시 그 그림들을 감상하며 주인공을 바꿔 또 다른 이야기를 지어내곤 했다고 전해진다. 이런 경험이 훗날 그를 위대한 작가로 성장하게 만든 값진 교육이 되었던 것이다.

요즘 우리는 리조트다, 바다다, 해외여행이다 해서 외형에만 치우치고, 휴가지에서도 먹고 마시고 떠드는 어른들의 모습만 보여준 것 같아 씁쓸하다. 인간미 없는 죽은 회색의 도시에서 입시 교육에 찌든 어린 청소년들에게 진정한 휴식은 과연 무엇일까. 멀리 떠날 필요가 있는가. 해외로 꼭 나가야 하는가. 그들은 무엇을 배우고 오는가.

휴가 문화도 질적으로 변화되어야 한다고 본다. 농촌 체험, 문화유적 답사, 지형 탐사, 해양 탐사, 위대한 인물 조사 연구 등으로 방향을 돌릴 때도 되었다고 판단한다. 해외여행도 먹고 마시고 그냥 스쳐 지나가는 낭비적 휴가를 다시 생각해봐야 할 문제인 것이다.

Conversazione

A : **Giovanni, tu dove andavi in vacanza da bambino?**
지오반니, 넌 어릴 때 어디로 휴가 가곤했니?

B : Mah, veramente noi non **andavamo** in vacanza, perché non **avevamo** bisogno di partire per andare al mare …
어, 정말로 우리는 휴가를 가지 않았어, 왜냐하면 바닷가에 가기 위해 떠날 필요가 없었기 때문이지.

A : Beh, chiaro.
아, 그렇구나.

B : Sì, normalmente l'estate **restavamo** a casa, i miei **avevano** una cabina in un lido e così tutte le mattine **prendevamo** la macchina, **andavamo** in spiaggia e **restavamo** lì tutto il giorno. Per noi ragazzini comunque **era** un po' come una vacanza perché **avevamo** i nostri amichetti, **giocavamo.**
그래, 보통 우리는 여름철엔 집에 머무르곤 했어. 나의 친구들은 해안가에 방갈로를 소유하고 있었지. 그래서 매일 아침 자동차를 타고 해변에 가 거기서 하루 종일 머무르곤 했지. 그러니까 우리 젊은이에겐 그것이 조금은 바캉스와도 같은 것이었어. 왜냐하면 우리는 친구들이 있었고 그들과 같이 놀곤 했기 때문이었다.

Lezione 20

A : E non **avete** mai **fatto** una vacanza diversa?
그럼 너희들은 한 번도 다른 형태의 휴가를 보내지 않았어?

B : Solo una volta, quando **avevo** 13 anni, **siamo andati** una settimana in montagna, in Val d'Aosta, a trovare degli amici di mio padre. Sì, è vero, quella **è stata** la prima volta che **siamo partiti** veramente per le vacanze.
단 한 번, 내가 13살 때, 나의 아버지 친구들을 만나기 위해 발 다오스타 주에 위치한 산에 일주일 동안 갔었다. 그래, 맞다, 그것은 정말로 휴가를 보내기 위해 어디론가 떠난 최초의 여행이었다.

A : Mah, io penso anche che la gente prima **aveva** un concetto diverso di vacanza, nel senso che andare in vacanza non **significava** necessariamente andare lontano. Oggi invece è diverso.
근데, 나는 옛날 사람들이 휴가에 대해 다른 개념을 갖고 있었다고 생각해. 다시 말해 휴가 간다는 것은 반드시 멀리 간다는 것을 의미하지 않았다는 것이지. 근데 오늘날엔 다르더구나.

Conversazione

해설

→ **bisogno** m. (need, necessity) 필요성. * (noi) avere bisogno di + inf. ~할 필요가 있다.
→ **cabina** f. (beach hut) 방갈로.
→ **lido** m. (shore) 해안.
→ **tutte le mattine** (every morning) 매일 아침. * tutta la mattina 오전 내내.
→ **lì** avv. (there) 거기서. * = là.
→ **tutto il giorno** (all day) 하루 종일. * tutti i giorni (every day) 매일.
→ **ragazzini** m.pl. (young boys) 어린 소년들. * ragazzino s. ← ragazzo(소년) + ino(축소형 변의 어미) → p.203
→ **comunque** avv. (anyway) 그러니까, 아무튼.
→ **come** avv. (as, like) ~와 같은.
→ **amichetti** m.pl. (true friend) 귀한 친구들. * amico + etto(piccolo, vero, caro). 축소형 변의 어미 → p.203
→ **non ~ mai** avv. (never) 결코 ~이 아니다.
→ **avete fatto** v.tr. (you did) (너희들은) ~를 했다. * (voi) avere + fatto(fare). 근과거 → p.142
→ **diversa** agg. (different) 다른, 색다른.
→ **siamo andati** v.intr. (we went) (우리들은) ~에 갔다. * (noi) essere + andati / e(andare). 근과거
→ **trovare** v.tr. (meet) ~를 만나다. * (noi) siamo andati a trovare ~. 우리는 ~를 만나러 갔다. 전치사 a 는 영어의 to 부정사.
→ **degli amici** m.pl. (some friends) 몇몇 친구들. * degli(some) = di + gli. 부분관사 → p.122
→ **mio padre** m. (my father) 나의 아버지. * 단수가족친족명사와 함께 소유형용사가 쓰일 때 정관사 생략.
→ **è stata** v.intr. (it was) ~ 였다. * (la prima volta) essere + stata(stare). 최초였다. 근과거
→ **la prima volta** f. (first time) 첫 번째, 최초.

지오반니, 년 어릴 때 어디로 휴가를 가곤했니?

→ **siamo partiti** v.intr. (we left) (우리는) ~로 떠났다. * (noi) essere + partiti / e(partire). 근과거
→ **penso che ~** v.tr. (I think that) (나는) ~라고 생각한다.
→ **concetto** m. (concept) 개념.
→ **diverso** agg. (different) 다른, 색다른.
→ **nel senso che ~** (in the sense that ~) ~라는 의미에서 볼 때. * in + il senso + che(that)
→ **vacanza** f. (vacation) 휴가. * andare in vacanza 휴가 간다는 것. 동사원형 andare가 주어 역할. 부정법 → p.85
→ **significava** v.tr. (meant) ~를 의미하고 있었다. * 불완료과거
→ **necessariamente** avv. (necessarly) 필수적으로, 반듯이. * necessario + a + mente(-ly). 부사
→ **lontano** avv. (far) 멀리. * 형용사로 쓰이면 '먼'.
→ **invece** avv. (instead, but) 반면에, 그러나.

≫ Comunicazione 🎧

- **Normalmente / Di solito** andavamo al mare.
  보통 / 흔히 우리는 바닷가에 가곤했다.

- **Da piccolo / Da bambino** andavo al mare.
  어릴 때 나는 바닷가에 가곤했다.

- **Una volta** siamo andati in montagna.
  한 번 우리는 산에 갔었다.

- **A 13 anni / Nel 1998** sono andato in montagna.
  13살 때 / 1998년에 나는 산에 갔었다.

- **6 anni fa** è andato in montagna.
  6년 전에 그는 산에 갔었다.

- **Era** molto spesso malata.
  그녀는 아주 자주 아팠다.

- **Ha lasciato** Palermo quando **aveva** sette anni.
  그는 7살 때 빨레르모를 떠났다.

- Non ricorda molto della città dove **è nata.**
  그녀가 태어난 도시에 대해 많이 생각하지 못한다.

Lezione 20

- Suo padre **si arrabbiava** raramente.
  그의 아버지는 드물게 화를 내곤 하셨다.
- A scuola **si annoiava** molto.
  학교 다닐 때 그는 매우 지루해 했다.
- Nel tempo libero **andava** volentieri in montagna.
  여가 시간에 그는 즐겁게 산에 가곤 했다.
- **Ballava** volentieri.
  그는 즐겁게 춤을 추곤 했다.
- **Leggeva** e **scriveva** molto volentieri.
  그는 매우 즐겁게 독서하고 글을 쓰곤 했다.

Comunicazione

해설

→ **Nel 1998** (in 1998) 1998년에. * in + l'anno 1998.
→ **6 anni fa** (6 years ago) 6년 전에. * fra 6 anni 6년 후.
→ **malata** agg. (ill, sick) (여자가) 아픈. * malato (남자가) 아픈.
→ **si arrabbiava** v.rifl. (he used to be angry) (그는) 화를 내곤 했다. * (Suo padre) arrabbiarsi 재귀동사
  → p.179
→ **raramente** avv. (unusually) 드물게. * raro(드문) + a + mente. 부사
→ **ricorda** v.intr. (remember) (그녀는) ~에 대해 기억 한다. * (lei) ricordare.
→ **è nata** v.intr. (she was born) (그녀가) 태어났다. 근과거 → p.142
→ **Ha lasciato** v.tr. (he left) (그는) ~를 떠났다, 버렸다. * (lui) avere+laciato(lasciare). 근과거
→ **si annoiava** v.rifl. (he was bored) (그는) 지루해 했다. * (lui) annoiarsi. 재귀동사
→ **Ballava** v.tr. (he used to dance) (그는) 춤을 추곤 했다. * (lui) ballare. 불완료과거 → p.213
→ **volentieri** avv. (willingly, gladly) 즐겁게, 기꺼이.
→ **Leggeva** v.tr. (he used to read) (그는) ~를 읽곤 했다. * (lui) leggere. 불완료과거
→ **scriveva** v.tr. (he used to write) (그는) ~를 쓰곤 했다. * (lui) scrivere. 불완료과거

✏️ Grammatica

근과거의 용법(Uso del passato prossimo) → p.142
~ 했다

1) '최근 결론지어진 과거의 행위'를 표현할 때 사용된다.
   Ieri sera **siamo andati** al cinema.
   어제 저녁 우리는 영화관에 갔다.
2) '단 한 번 발생된 행위'를 표현할 때 사용된다.
   Una volta **siamo usciti**.
   우리는 한 번 외출했다.
3) '연속해서 발생된 사건'에 대해 말할 때 사용된다.
   Sono uscito di casa, **ho comprato** un giornale e **sono andato** al bar.
   나는 외출해서, 신문을 사고 그리고 바에 갔다.

불완료과거의 용법(Uso dell'imperfetto)
~하고 있었다, ~했다, ~하곤 했다

1) '불명확한 지속성을 내포한 과거 행위'를 표현할 때 사용된다.
   I miei nonni **abitavano** in campagna. 할아버지, 할머니는 시골에 살고 계셨다.
2) '과거의 규칙적인 습관'을 표현할 때 사용된다.
   Da bambino **andavo** spesso in montagna. 어릴 때 난 산에 자주 가곤했다.
3) '인물, 사물, 상황의 특성'을 표현할 때 사용된다.
   Mia nonna **era** molto bella. 나의 할머니는 매우 아름다우셨다.
   In treno **faceva** caldo. 기차 내부는 더웠다.
   Alla festa c'**era** molta gente. 파티에 많은 사람들이 있었다.
4) '시간의 관용구'와 자주 함께 사용된다.
   <u>Normalmente</u> **andavo** al mare. 보통 나는 바닷가에 가곤했다.
   <u>Di solito</u> la sera **andavamo** a ballare. 흔히 저녁마다 우리는 춤추러 가곤했다.
   <u>Da bambino</u> **leggevo** tantissimo. 어릴 때 나는 책을 아주 많이 읽었다.
   <u>Da piccolo</u> **avevo** un cane. 어릴 때 나는 개를 키웠다.
5) '동시에 발생되는 일련의 사건'에 대해 말할 때 사용된다.
   Mentre **guidavo**, lui **controllava** la cartina.
   내가 운전하는 동안, 그는 지도를 체크하고 있었다.

6) '지속성의 행위는 불완료과거, 완료된 행위는 근과거' 가 사용된다.
   Mentre **leggevo, è entrata** una ragazza. 내가 독서 하고 있는데, 한 소녀가 들어왔다.
7) 'volere' 동사의 불완료과거형은 친절하게 뭔가를 물어 볼 때, 그리고 의도나 바램을 표현할 때 사용된다.
   Volevo chiedere una cosa. 한 가지 여쭤 봐도 되겠습니까?
   Stasera **volevamo** andare a trovare Pino. 오늘 저녁 우린 삐노를 만나러 가고 싶다.

				불완료과거 규칙활용동사			
		rest**are**	ball**are**	signific**are**	prend**ere**	legg**ere**	scriv**ere**
		to stay	to dance	to mean	to take	to read	to write
io		rest**avo**	ball**avo**	signific**avo**	prend**evo**	legg**evo**	scriv**evo**
tu		rest**avi**	ball**avi**	signific**avi**	prend**evi**	legg**evi**	scriv**evi**
lui		rest**ava**	ball**ava**	signific**ava**	prend**eva**	legg**eva**	scriv**eva**
noi		rest**avamo**	ball**avamo**	signific**avamo**	prend**evamo**	legg**evamo**	scriv**evamo**
voi		rest**avate**	ball**avate**	signific**avate**	prend**evate**	legg**evate**	scriv**evate**
loro		rest**avano**	ball**avano**	signific**avano**	prend**evano**	legg**evano**	scriv**evano**

	재귀동사 불완료과거	
	arrabbiar**si**	annoiar**si**
	to get angry 화나다	to get bored 지루해 하다
io	**mi** arrabbi**avo**	**mi** annoi**avo**
tu	**ti** arrabbi**avi**	**ti** annoi**avi**
lui	**si** arrabbi**ava**	**si** annoi**ava**
noi	**ci** arrabbi**avamo**	**ci** annoi**avamo**
voi	**vi** arrabbi**avate**	**vi** annoi**avate**
loro	**si** arrabbi**avano**	**si** annoi**avano**

소사(Particella) CI

대명사적 소사 CI는 전치사 'A'를 갖는 표현(~에 대하여)을 CI로 대치한다.

Pensi spesso alla tua infanzia? 너의 유년기에 대해 자주 생각하니?
Sì, **ci** penso spesso. 응, 그것에 대해 자주 생각해.

Episodio

"3주 간의 이탈리아 언어문화 기행을 마치며…"

지금까지 여러분들은 '3주 만에 끝내는 이탈리아 언어문화 기행 I'을 통해 만족스럽지는 못해도 그들의 역사와 문화뿐 아니라 기초적인 언어구조도 맛보았으리라 믿어본다. Cultura 편은 객관적인 학술자료를 토대로 소개된 반면, Episodio 편은 나의 경험과 이탈리아의 일상이 관찰자의 입장에 의해 서술되었다. 매우 주관적이어서 독자 여러분의 심기를 불편하게 했을 수는 있지만, 어디까지나 나의 유학생활 중에 느낀 생각을 솔직하게 담은 것이니 이해를 바란다.

유럽을 떼어놓고 이탈리아만을 생각할 수 없다는 것은 Geografia에서 유럽의 지리적 환경과 언어, 그리고 다양성과 통합을 살펴보면서 인식할 수 있었다. 또한 이탈리아의 자연환경을 통해 어느 정도의 지리적인 학습을 했다고 자신한다. 농업, 산업, 관광에 대한 자료는 우리에게 이탈리아가 미래를 대비해 무엇을 고민하고 있는가도 알 수 있었다. 그 같은 관찰을 통해 우리 대한민국의 밝은 미래를 만들어 나가는 데에 교훈이 되었으면 하는 바람을 가져 본다.

이탈리아를 빛 낸 작가, 예술가, 음악가, 철학자, 과학자, 영화인들을 출신 지역별로 알아보면서 지리적인 상식도 다소 갖추게 되었다.

이외에도 이탈리아 교육제도, 청소년들의 생활문화, 여가 생활, 휴가, 주요 식재료, 애완동물 등 라이프 스타일을 간접적으로 체험하게 하는 글도 수록되어 있다.

한 나라의 문화는 너무나도 방대하여 여러 분야를 골고루 자세히 다루기가 현실적으로 불가능하다는 것이 큰 아쉬움으로 남지만, 그래도 초석을 놓는다는 자세로 기술하였으니 애정을 가지고 편안하게 읽었기를 바란다.

Geografia economica e culturale

| 이탈리아의 영화(Cinema italiano)

1. 페데리코 펠리니(FEDERICO FELLINI)

1920년 Rimini에서 태어나 1993년 Roma에서 숨을 거둔 그는 이탈리아의 가장 유명한 영화감독이다. '길(La strada)'와 같은 신사실주의 유형의 영화로 시작하지만, 세상을 정복한 것은 '8과 2분의 1(Otto e mezzo;1963)', 'Roma(1972)', 'Amarcord(1973)'와 같은 공상 영화들이다. 이런 작품 속에서 그는 Romagna 주에서의 유년기와 청년기의 매력을 재구성하고 있다.

2. 미켈란젤로 안토니오니(MICHELANGELO ANTONIONI)

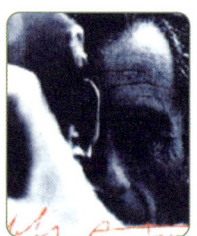

1912년 Ferrara에서 출생한 그는 신사실주의 영화로 출발했으나, "정신장애", 다시 말해서 의사소통의 어려움과 살고 있는 세상에 대한 이해의 어려움을 작품 속에 표현한 감독으로 유명하게 되었다. 가장 중요한 그의 영화들은 '밤(La notte;1961)', '일식(L'eclisse;1962)', 'Blow up(1967)', 'Zabrinskie Point(1973)' 들인데, 내용의 깊이 뿐 만 아니라, 영화에 응용된 기술과 형식에 대한 실험 때문에 더욱 빛이 나는 영화들이다.

3. 세르지오 레오네(SERGIO LEONE)

레오네(1929~89)는 로마인이었지만, 그의 영화들은 가장 이국적이다. 사실 그의 성공은 초기에 "서구식 스파게티(spaghetti western)"라고 할 수 있는 '한 푼의 달러를 위해(Per un pugno di dollari)' 혹은 '옛날 옛적에 서부가 있었다(C'era una volta il West)'와 같은 영화를 통해서 였지만, 그의 최고의 걸작인 '옛날 옛적에 미국에서(C'era una volta in America)'는 그의 가슴이 항상 대서양 건너에 있었다는 것을 보여준다.

4. 루키노 비스콘티(LUCHINO VISCONTI)

Milano의 공작, 비스콘티 귀족 가문의 후손인 그는 1906년 Milano에서 출생하여 특히 Roma에서 그의 인생을 보내다가 거기서 1976년 사망한다. 영화감독을 넘어 서정적 오페라 감독이기도 하다. 신사실주의 걸작품으로는 '강박관념(Ossessione;1943)', '대지가 떨고 있다(La terra trema;1948), '로코와 그의 형제들(Rocco e i suoi fratelli;1960)'을 들 수 있으나, 19세기적 세계의 재건으로 유명하다. 관련 작품은 '감각(Senso;1954)', '표범(Il gattopardo;1963)', '베네치아에서 죽음(Morte a Venezia;1971)'이다.

5. 빗토리오 데 시카(VITTORIO DE SICA)

1901년 Roma 남부에서 태어나 연극, 영화배우로 시작하여 감독이 된다. 세계대전 이 후, '구두닦이(Sciuscia';1946)', '자전거 도둑(Ladri di biciclette;1948)', '밀라노에서의 기적(Miracolo a Milano;1950)'과 같은 신사실주의적 걸작들을 찍는다. 주옥같은 수많은 영화와 이탈리아 풍의 코믹영화에서 배우와 감독으로서 활동하지만, 전 세계적으로 유명해진 작품은 '치오치아라의 여인(La ciociara;1963)'이다. 1974년 프랑스 파리에서 세상을 뜬다.

6. 로베르토 롯셀리니(ROBERTO ROSSELLINI)

1906년 Roma에서 출생한 그는 '열린 로마(Roma citta' aperta;1945)', 'Paisa';1946)', 'Germania anno zero(1948)'와 같은 신사실주의 걸작 몇 편을 찍는다. 그 후, 60년대 프랑스 영화 스타일에 기반을 둔 심리적 특성을 지닌 일련의 영화로 옮겨간다. 사망하기 직전, 많은 사람들이 걸작이라고 여기는 역사 영화 '루이 14세의 권력 쟁취(La presa di potere di Luigi XIV)'를 찍는다.

7. 난니 모렛티(NANNI MORETTI)

1953년 Bolzano 북부 Brunico에서 출생한 그는 배우이자 영화감독이다. 그로테스크한 그의 영화들은 80년대와 이후의 이탈리아 사회의 초상화이다. '굉음(Ecce bombo;1978)', '하얀(Bianca;1983)', '빨간 산비둘기(Palombella rossa;1989)'들이 그것이다. 영감을 얻는 데 있어서 주요 다리가 되어준 정치, 사회 분야의 많은 활동을 통해 2002년 그는 심리 영화 '아들의 방(La stanza del figlio)'으로 모든 사람들을 놀라게 했다.

8. 가브리엘레 살바토레스(GABRIELE SALVATORES)

1950년 Napoli에서 태어난 그는 연극감독이자 영화감독이다. 그의 가장 유명한 창작은 소위 "도주의 3부작(trilogia della fuga)", 다시 말해서 일상의 무료한 삶을 피해 도주하려는 시도를 그린 세 편의 영화 'Marrakech Express(1989)', '지중해(Mediterraneo; 1991)', 'Puerto Escondido;1992)'들이지만, '남쪽(Sud;1993)', '기억상실증(Amnesia;2002)'도 중요한 영화들이다.

Lezione 20

9. 카를로 베르도네(CARLO VERDONE)

1950년 Roma에서 태어난 그는 코믹 배우로 출발한다. 코믹 배우이자 감독인 그는 '학교 동료들(Compagni di scuola;1988)', '아름다운 배낭(Un sacco bello;1980), ' 신혼여행(Viaggi di nozze;1995)'을 만든다. 펠리니, 안토니오니, 비스콘티, 데 시카와는 달리 베르도네는 오스카상을 받기가 어려울 것이다. 왜냐하면 너무나도 "이탈리아적"이라서 외국인들이 이해하기가 어렵기 때문이다.

> 3주 만에 끝내는

이탈리아 언어문화 기행(연습문제)

최 보 선

문예림

I.N.D.I.C.E

Lezione 1 / 3

Lezione 2 / 5

Lezione 3 / 8

Lezione 4 / 9

Lezione 5 / 12

Lezione 6 / 21

Lezione 7 / 24

Lezione 8 / 30

Lezione 9 / 32

Lezione 10 / 38

Lezione 11 / 43

Lezione 12 / 46

Lezione 13 / 50

Lezione 14 / 58

Lezione 15 / 62

Lezione 16 / 67

Lezione 17 / 72

Lezione 18 / 77

Lezione 19 / 80

Lezione 20 / 84

해답 / 88

Lezione 1

1.1 보기처럼 변형시켜라!

La signora è italiana. → **Le signore sono** italiane.
그 부인은 이탈리아 여자다. → 그 부인들은 이탈리아 여자들이다.

1. **Il tavolo è** piccolo.

2. **La lavagna è** nera.

3. **Il libro è** nuovo.

4. **La porta è** chiusa.

5. **Il giornale è** interessante.

6. **La signora è** francese.

7. **Il quaderno è** aperto.

8. **Il libro è** chiuso.

9. **La studentessa è** straniera.

10. **Il professore è** bravo.

11. **La finestra è** aperta.

12. **La signorina è** seduta.

Lezione 1

1.2 부정관사를 넣고, 형용사 어미는 명사와 성수일치하라!

1. Brad Pitt è _____ **attore** american _____.
2. Luciano Pavarotti è _____ **tenore** italian _____.
3. Gwyneth Paltrow è _____ **attrice** american _____.
4. Vincent Van Gogh è _____ **pittore** olandes _____.
5. Pablo Picasso è _____ **pittore** spagnol _____.
6. Jovanotti è _____ **cantautore** italian _____.
7. Antonio Banderas è _____ **attore** spagnol _____.
8. Sophia Loren è _____ **attrice** italian _____.

1.3 보기처럼 질문에 답하라!

Che cosa **legge** Paolo? (un libro giallo) - Paolo **legge** un libro giallo.
파올라는 무엇을 읽니?   파올라는 탐정소설을 읽는다.

1. Che cosa **scrive** Paolo? (un'e-mail)
   _____

2. Che cosa **mangia** Paolo? (un panino)
   _____

3. Che cosa **canta** Paolo? (una canzone italiana)
   _____

4. Che cosa **suona** Paolo? (il violino)
   _____

5. Che cosa **leggono** i ragazzi? (il giornale)
   _____

6. Che cosa **mangiano** i bambini? (il gelato)
   _____

7. Che cosa **scrivono** i ragazzi? (gli esercizi)
   _____

8. Che cosa **ascoltano** i ragazzi? (la musica)
   _____

Lezione 2

2.1 보기처럼 완성하라!

Mi sveglio presto la mattina. → **Ci svegliamo** presto la mattina.
나는 아침에 일찍 잠에서 깬다.   우리는 아침에 일찍 잠에서 깬다.

1. **Mi lavo** con l'acqua calda. (lavarsi)

2. **Mi trucco** prima di uscire. (truccarsi)

3. **Mi lavo** i denti prima di andare a letto. (lavarsi i denti)

4. **Mi alzo** in fretta la mattina. (alzarsi)

5. **Ti svegli** presto la mattina? (svegliarsi)

6. **Ti alzi** sempre a quest'ora? (alzarsi)

7. **Ti fai** la barba tutte le mattine? (farsi la barba)

8. **Ti metti** un vestito elegante? (mettersi un vestito)

9. Paolo **si fa** la doccia prima di andare a letto. (farsi la doccia)
   Paolo e Maria _____

10. Paolo **si veste** in modo elegante. (vestirsi)
    Paolo e Maria _____

11. Paolo **si addormenta** sempre tardi. (addormentarsi)
    Paolo e Maria _____

Lezione 2

12. Paolo **si sveglia** alle 7. (svegliarsi)
    Paolo e Maria _____

2.2 보기처럼 대답하라!

A che ora **ti svegli**? – **Mi sveglio** alle 8.
너는 몇 시에 깨니?   나는 8시에 깬다.

1. A che ora **ti addormenti**? (addormentarsi)
   _____ a mezzanotte.
2. Quanto tempo **ti fermi** a Londra? (fermarsi)
   _____ un paio di settimane.
3. Quando **ti laurei**? (laurearsi)
   _____ a novembre.
4. Quando **ti sposi**? (sposarsi)
   _____ il 29 luglio.
5. Quando **vi iscrivete** all'Universita'? (iscriversi)
   _____ la prossima settimana.
6. A che ora **vi addormentate**? (addormentarsi)
   _____ alle 11.
7. **Vi divertite** a questa festa? (divertirsi)
   Sì, _____ molto.
8. Quanto tempo **vi fermate** a Firenze? (fermarsi)
   _____ soltanto un giorno.
9. A che ora **si sveglia** Giovanni? (svegliarsi)
   _____ sempre dopo le 10.
10. Come **si trova** Adriana in questa citta'? (trovarsi)
    _____ molto bene.
11. Fino a che ora **si riposano** i tuoi genitori? (riposarsi)
    _____ fino alle 16.
12. Come **si sente** oggi, signora? (sentirsi)
    _____ molto meglio.

2.3 보기처럼 대답하라!

Tu e Mario **vi telefonate** spesso? – Sì, **ci telefoniamo** spesso.
너와 마리오는 서로 자주 통화하니?   그래, 우리는 서로 자주 통화한다.

1. Tu e Mario **vi date** del tu? (darsi del 'tu')
   Sì, _____
2. Tu e Mario **vi incontrate** ogni giorno? (incontrarsi)
   Sì, _____
3. Tu e Mario **vi salutate** quando **vi incontrate**? (salutarsi)
   Sì, _____
4. Maria e Mario **si sposano** presto? (sposarsi)
   Sì, _____
5. Maria e Mario **si amano** molto? (amarsi)
   Sì, _____
6. Maria e Mario **si scrivono** spesso? (scriversi)
   Sì, _____

Lezione 3

3.1 보기처럼 완성하라!

David è **di** New York. → È **americano**.
데이비드는 뉴욕 출신이다. → 그는 미국 남자다.

1. Sandy è **di** Sydney.

2. Irina è **di** Mosca.

3. Jimin è **di** Seoul.

4. Shao è **di** Pechino.

5. Domingo è **di** Madrid.

6. Hans è **di** Berna.

7. Irene è **di** Vienna.

8. Giovanni è **di** Firenze.

9. Hidink è **di** Amsterdam.

10. Anastasia è **di** Atene.

11. Pierre è **di** Parigi.

12. Thomas è **di** Monaco.

Lezione 4

4.1 부정관사로 완성하라!

una	borsa		giornale		sedia		bicchiere
	chiave		pennarello		gomma		patente
	cellulare		cornetto		portafoglio		libro
	corso		penna		pizza		passaporto
	quaderno		panino		birra		matita

4.2 정관사로 완성하라!

la	borsa		giornale		sedia		bicchiere
	chiave		pennarello		gomma		patente
	cellulare		cornetto		portafoglio		libro
	corso		penna		pizza		passaporto
	quaderno		panino		birra		matita

4.3 보기처럼 변형시켜라!

La penna è sul banco. → **Le penne sono** sul banco.
그 펜은 (교실)책상 위에 있다. → 그 펜들은 책상 위에 있다.

1. **Il banco è** nell'aula.

2. **La matita è** nella borsa.

3. **Il quaderno è** nel cassetto.

4. **Il bicchiere è** sul tavolo.

Lezione 4

5. **Il dizionario è** sulla sedia.

6. **La borsa è** sulla sedia.

7. **La gomma è** nella borsa.

8. **La chiave è** nella borsa.

9. **La penna è** nel cassetto.

10. **Il libro è** sul tavolo.

11. **Il giornale è** sul tavolo.

12. **Il foglio è** nel cassetto.

4.4 보기처럼 변형시켜라!

La signora è italiana. → **Le signore sono** italiane.
그 부인은 이탈리아 여자다. → 그 부인들은 이탈리아 여자들이다.

1. **Il tavolo è** piccolo.

2. **La lavagna è** nera.

3. **Il libro è** nuovo.

4. **La porta è** chiusa.

5. **Il giornale è** interessante.

6. **La signora è** francese.

7. **Il quaderno è** aperto.

8. **Il libro è** chiuso.

9. **La studentessa è** straniera.

10. **Il professore è** bravo.

11. **La finestra è** aperta.

12. **La signorina è** seduta.

Lezione 5

5.1 보기처럼 완성하라!

Io **lavoro** in banca. → Noi **lavoriamo** in fabbrica.
나는 은행에서 일한다.   우리는 공장에서 일한다.

1. Io **mangio** sempre a casa.
   Noi _____ sempre al ristorante.
2. Io **scrivo** un'e-mail.
   Noi _____ una cartolina.
3. Io **dormo** molto.
   Noi _____ poco.
4. Io **leggo** un libro.
   Noi _____ un giornale.
5. Tu **parli** bene lo spagnolo.
   Voi _____ bene l'inglese.
6. Tu **conosci** bene Milano.
   Voi _____ bene Napoli.
7. Tu **parti** domani.
   Voi _____ stasera.
8. Tu **suoni** il piano.
   Voi _____ il violino.
9. Pietro **apre** la porta.
   Paolo e Gianni _____ la finestra.
10. Martina **ascolta** la musica classica.
    Maria e Michele _____ la musica leggera.
11. Il signor Fioretto **prende** sempre l'autobus.
    I signori Corsetti _____ sempre la macchina.

12. Gabriele **gioca** sempre a calcio.

    Antonio e Pino _____ sempre a tennis.

5.2 보기처럼 완성하라!

Noi **restiamo** a casa stasera. → Anch'io **resto** a casa stasera.
우리는 오늘 저녁 집에 머문다.   나도 오늘 저녁 집에 머문다.

1. Noi **compriamo** il giornale.
   Anch'io _____
2. Noi **beviamo** solo acqua minerale.
   Anch'io _____
3. Noi **leggiamo** un libro.
   Anch'io _____
4. Voi **arrivate** sempre tardi?
   Anche tu _____?
5. Voi **dormite** in albergo stanotte?
   Anche tu _____?
6. Voi **scrivete** un'e-mail?
   Anche tu _____?
7. Voi **prendete** l'autobus?
   Anche tu _____?
8. Tom e Peter **studiano** l'inglese.
   Anche Ingrid _____
9. Tom e Peter **aprono** il libro d'italiano.
   Anche Ingrid _____
10. Tom e Peter non **fumano**.
    Anche Ingrid _____
11. Tom e Peter **cercano** un appartamento.
    Anche Ingrid _____
12. Tom e Peter **giocano** a calcio.
    Anche Ingrid _____

Lezione 5

5.3 보기처럼 완성하라!

Nell'aula/Ingrid → Nell'aula **c'è** Ingrid.
잉그리드는 강의실에 있다.
Nell'aula/Ingrid e Robert → Nell'aula **ci sono** Ingrid e Robert.
잉그리드와 로버트는 강의실에 있다.

1. Nell'aula/gli studenti

2. Nell'aula/la professoressa

3. Nell'aula/una ragazza tedesca

4. Nell'aula/un ragazzo danese

5. In Italia/molti studenti

6. A Firenze/molti turisti

7. Sul banco/il libro di Ingrid

8. Sul banco/i fogli

9. Sul tavolo/il telefonino di Giorgio

10. Nella borsa/i soldi

11. Nella borsa/il portafoglio

12. Nella borsa/le chiavi

5.4 보기처럼 대답하라!

Ti piace Firenze? – Sì, **mi** piace molto.
너 피렌체를 좋아하니? 그래, 나는 무척 좋아해.
(피렌체가 너에게 좋으니?) (그래, 나에게 무척 좋다.)

1. **Ti** piace la cucina italiana?

2. **Vi** piace questa citta'?

3. **A Mario** piace la montagna?

4. **A Claudia** piace <u>andare</u> in piscina?

5. **Ti** piace <u>giocare</u> a scacchi?

6. **Ai tuoi amici** piace il clima di questa citta'?

7. **Ti** piace la mia nuova macchina?

8. **A tuo padre** piace <u>andare</u> al cinema?

9. **Vi piace** la pizza Margherita?

10. **A Luigi** piace <u>passare</u> la domenica fuori citta'?

11. **Ai tuoi figli** piace <u>fare</u> dello sport?

12. **A Teresa** piace <u>andare</u> a teatro?

Lezione 5

5.5 보기처럼 대답하라!

Quando telefoni **a Mario**? – **Gli** telefono stasera.
너는 언제 마리오에게 전화할 거니? 그에게 오늘 저녁 전화할 거야.

1. Quando telefoni **a Carla**? _____ stasera.
2. Quando **mi** telefoni? _____ stasera.
3. Quando telefoni **ai tuoi amici**? _____ stasera.
4. Quando telefoni **al professore**? _____ stasera.
5. Quando **ci** telefoni? _____ stasera.
6. Quando telefoni **al dottore**? _____ stasera.

5.6 보기처럼 대답하라!

Che cosa regali **a tua madre** per il suo compleanno? (un profumo)
너는 생일 선물로 네 어머니께 무엇을 선물할 거니?
→ **Le** regalo un profumo.
　나는 그녀에게 향수를 선물할 거야.

1. Che cosa scrivi **a Marco**? (una cartolina)

2. Che cosa regalate **ai bambini**? (dei libri di favole)

3. Che cosa presti **a Chiara**? (dei soldi)

4. Che cosa offrite **ai vostri ospiti**? (una birra fresca)

5 Che cosa fai vedere **a Luciana**? (le foto delle vacanze)

6. Che cosa mandi **a Claudia**? (un mazzo di fiori)

7. Che cosa chiedi **al signor Ghini**? (un favore)

8. Che cosa dai **a Giovanni**? (le chiavi della macchina)

9. Che cosa spedisci **a Gloria**? (una lettera)

10. Che cosa comprate **a Giulio**? (un portafoglio di pelle)

11. Che cosa dai **ai tuoi amici**? (il mio indirizzo)

12. Che cosa presti **a Lino e Costanza**? (la mia macchina)

5.7 보기처럼 긍정명령(Tu)으로 변형시켜라!

Devi **studiare**. → **Studia**!
너는 공부해야한다.　　너 공부해라!

1. Devi **mangiare** meno.

2. Devi **prendere** una decisione.

3. Devi **partire** subito.

4. Devi **abbassare** la televisione.

5. Devi **aprire** la porta

6. Devi **spegnere** lo stereo.

5.8 보기처럼 긍정명령(Tu)으로 표현하라!

Dite a Paolo di **abbassare** la radio. → Paolo, **abbassa** la radio!
라디오 볼륨을 낮추라고 파올로에게 말해라.   파올로, 라디오 볼륨을 낮춰라!

1. Dite a Paolo di **sparecchiare** la tavola.

2. Dite a Paolo di **arrivare** in orario.

3. Dite a Paolo di **rispondere** al telefono.

4. Dite a Paolo di **chiudere** la porta.

5. Dite a Paolo di **tornare** presto.

6. Dite a Paolo di **lavare** i piatti.

5.9 보기처럼 긍정명령(Tu)으로 변형시켜라!

Andrea, ti prego di **dire** la verità. – Andrea, **di'** la verità!
안드레아, 진실을 말하길 부탁한다.   안드레아, 진실을 말해라!

1. Andrea, ti prego di **andare** subito a casa.

2. Andrea, ti prego di **fare** subito gli esercizi.

3. Andrea, ti prego di **stare** calmo.

4. Andrea, ti prego di **dare** una mano a Pietro.

5. Andrea, ti prego di **avere** pazienza.

6. Andrea, ti prego di **essere** ordinato.

5.10 보기처럼 긍정명령(Voi)으로 만들라!

Dite ai bambini di **spegnere** la TV. – Bambini, **spegnete** la TV!
TV를 끄라고 아이들에게 말해라.　　　얘들아, TV를 꺼라!

1. Dite ai bambini di **mettere** in ordine la camera.

2. Dite ai bambini di **mettersi** il pigiama.

3. Dite ai bambini di **apparecchiare** la tavola.

4. Dite ai bambini di **aprire** la porta.

5. Dite ai bambini di **andare** a letto presto.

6. Dite ai bambini di **fare** silenzio.

5.11 보기처럼 긍정명령(Tu, Voi, Noi, Lei)으로 변형시켜라!

Dovresti **aspettare** un momento. – **Aspetta** un momento!
잠시 기다려야 할텐데.　　　잠시 기다려라!

1. Dovresti **ascoltare** i miei consigli.

2. Dovremmo **partire** subito.

3. Dovreste **leggere** questo libro.

Lezione 5

4. Dovresti **assaggiare** questo vino.

5. Dovremmo **restare** a casa stasera.

6. Dovreste **prendere** un giorno di riposo.

7. Dovresti **metterti** un vestito pesante.

8. Dovremmo **aspettare** fino alle 8.

9. Dovreste **smettere** di discutere.

10. Dovresti **chiamare** il medico.

11. Dovreste **mandare** una cartolina a Ivo.

12. Dovremmo **finire** il lavoro per domani.

Lezione 6

6.1 동사를 직설법 현재로 활용하라!

1. Grazia (**spedire**) _____ una lettera.
2. Io (**spedire**) _____ un pacco.
3. Noi (**spedire**) _____ alcune cartoline.
4. Voi (**capire**) _____ bene la lingua italiana.
5. Io (**capire**) _____ quando tu parli lentamente.
6. Gli studenti (**capire**) _____ bene queste parole.
7. Tu (**capire**) _____ bene l'inglese.
8. Io (**finire**) _____ di lavorare presto.
9. Michele (**finire**) _____ il lavoro stasera.
10. Noi (**finire**) _____ gli esercizi di italiano.
11. I bambini (**finire**) _____ i compiti.
12. Tu (**finire**) _____ di studiare tardi.

6.2 보기처럼 완성하라!

Marco **mangia** sempre a casa. → Martina **non** mangia **mai** a casa.
마르코는 늘 집에서 밥 먹는다.　　　마르티나는 절대로 집에서 밥 먹지 않는다.

1. Marco **legge** sempre il giornale.
   Martina _____
2. Marco **ascolta** sempre la radio.
   Io _____
3. Marco **studia** sempre.
   Martina _____
4. Marco **prende** sempre l'autobus.
   Noi _____
5. Marco **finisce** sempre di lavorare tardi.
   Tu _____

Lezione 6

6. Marco **beve** sempre la birra.

   Io _____

7. Marco **arriva** sempre tardi.

   Voi _____

8. Marco **prende** sempre l'ascensore.

   Loro _____

9. Marco **guarda** sempre la TV.

   Io _____

10. Marco **gioca** sempre a tennis.

    Tu _____

11. Marco **dorme** sempre il pomeriggio.

    Loro _____

12. Marco **suona** sempre il piano.

    Noi _____

6.3 동사를 직설법 현재로 활용하라!

1. Il padre di Mauro (**finire**) _____ di lavorare alle 18 e (**tornare**) _____ subito a casa.

2. Gli amici di Cristiana (**frequentare**) _____ un corso di francese a Parigi.

3. Alla pizzeria "Mediterranea" (noi - **mangiare**) _____ sempre una buona pizza e (**spendere**) _____ poco.

4. "Che fai?" "(**Telefonare**) _____ a Marco, ma la linea è sempre occupata."

5. (Noi-**prendere**) _____ il caffè al bar ogni mattina.

6. Oggi (io-**restare**) _____ a casa e (**guardare**) _____ la TV.

7. "Che fai? (**Scrivere**) _____ una lettera a Claudio?" "No, (**scrivere**) _____ una cartolina a mia madre.

8. (Noi-**pagare**) _____ 420 euro al mese per l'affitto di questo appartamento.

9. Carla (**incontrare**) _____ il professore al bar ogni mattina.

10. (Io-**ricevere**) _____ molte e-mail dai miei amici.
11. Marco (**giocare**) _____ a tennis con Claudio.
12. Martina (**suonare**) _____ il violino molto bene.

6.4 보기처럼 제시된 단어들로 문장을 만들라!

Laura Rossi /Verona /giornale /passeggiate

→ Questa signora **si chiama** Laura Rossi. **Vive** a Verona. Nel tempo libero **legge** il giornale e **fa passeggiate.**

이 부인의 성함은 라우라 롯시이고 베로나에 산다. 여가 시간에는 신문을 읽고 산책을 한다.

1. Paolo Caruso /Napoli /libri /musica classica
   _____
   _____

2. Claudio Poli /Venezia /TV /carte
   _____
   _____

3. Carla Berni /Terni /pianoforte /musica
   _____
   _____

4. Irene Billi /Genova /poesie /gatto
   _____
   _____

5. Lucia Stocco /Pisa /chitarra /amici
   _____
   _____

6. Maurizio Nappi /Palermo /e-mail /passeggiate
   _____
   _____

Lezione 7

7.1 보기처럼 질문을 만들라!

Chiedete a Paolo il permesso di **fumare** in macchina.
파올라에게 차 내에서 담배 피워도 되는지 허락을 구해라.
→ Paolo, **posso fumare** in macchina?
  파올로, 차 내에서 담배 피워도 될까?

1. Chiedete a Paolo il permesso di **telefonare** a casa.

2. Chiedete a Paolo il permesso di **andare** in bagno.

3. Chiedete a Paolo il permesso di **prendere** un bicchiere d'acqua.

4. Chiedete a Paolo il permesso di **accendere** la TV.

5. Chiedete a Paolo il permesso di **entrare**.

6. Chiedete a Paolo il permesso di **aprire** la finestra.

7.2 보기처럼 요청해보라!

Dite a Marta di **andare** più piano. → Marta, **puoi andare** più piano?
더 천천히 가라고 마르타에게 말해라.   마르타, 더 천천히 갈 수 있겠니?

1. Dite a Marta di **abbassare** la radio.

2. Dite a Marta di **comprare** il giornale.

3. Dite a Marta di **ripetere** la domanda.

4. Dite a Marta di **parlare** a bassa voce.

5. Dite a Marta di **fare** meno rumore.

6. Dite a Marta di **aspettare** un momento.

7.3 보기처럼 질문을 만들라!

Chiedete al signor Fioretto se **vuole** un caffè.
커피를 원하는지 피오레토 씨께 물어봐라.
→ Signor Fioretto, **vuole** un caffè?
피오레토 씨, 커피 드실래요?

1. Chiedete al signor Fioretto se **vuole** un passaggio per il centro.

2. Chiedete al signor Fioretto se **vuole** qualcosa da mangiare.

3. Chiedete al signor Fioretto se **vuole** venire al bar.

4. Chiedete al signor Fioretto se **vuole** bere qualcosa di fresco.

5. Chiedete al signor Fioretto se **vuole** rimanere a cena.

6. Chiedete al signor Fioretto se **vuole** venire al cinema stasera.

Lezione 7

7.4 보기처럼 질문에 대답하라!

Vieni in piscina? (**studiare**) – No, non posso, **devo studiare.**
너 수영장 갈래? 아니야, 그럴 수 없어, 공부해야 해.

1. Vieni con noi al cinema? (**ripassare** la lezione)
   _____

2. Venite a fare quattro passi? (**lavare** la macchina)
   _____

3. Signora, rimane a cena da noi? (**tornare** a casa)
   _____

4. Ragazzi, venite a fare un giro in bicicletta? (**finire** i compiti)
   _____

5. Vuoi mangiare una fetta di dolce? (**fare** una dieta)
   _____

6. Prendi un caffe' con me al bar? (**andare** a fare la spesa)
   _____

7.5 동사를 직설법 현재로 활용하라!

1. Thomas (**venire**) _____ in vacanza ogni anno in Italia.
2. La nostra camera è troppo piccola. (**Cercare**) _____ un appartamento più grande.
3. Quei turisti sono coreani: non (**capire**) _____ una parola d'italiano, ma (**parlare**) _____ benissimo l'inglese.
4. Oggi non ho voglia di uscire. (**Rimanere**) _____ a casa e (**guardare**) _____ un po' la TV.
5. Elsa (**andare**) _____ a letto presto stasera perché (**avere**) _____ sonno.
6. Le mie amiche (**fare**) _____ sempre colazione al bar, io, invece, (**fare**) _____ colazione a casa: (**bere**) _____ un caffè e (**mangiare**) _____ pane e marmellata.
7. Roberto non (**potere**) _____ venire al lago con noi perché (**dovere**) _____ finire di studiare matematica.

8. I miei vicini (**stare**) _____ sempre da soli perché non (**conoscere**) _____ nessuno in questa città.
9. A che ora (**arrivare**) _____ il treno per Ancona? (**Arrivare**) _____ alle 11.15, ma oggi (**avere**) _____ qualche minuto di ritardo.
10. Domani Lisa (**dare**) _____ una festa per il suo compleanno: ci (**venire**) _____ anche tu?
11. Stasera (io–**andare**) _____ a ballare con Luca, ma non (**volere**) _____ fare tardi perché domattina (**dovere**) _____ alzarmi presto.
12. Paola (**essere**) _____ stanca: (**preferire**) _____ restare a casa stasera.

7.6 보기처럼 대답하라!

Prendi **un caffè**? - Sì, **lo** prendo volentieri.
너 커피 마실래?   그래, 그것을 기꺼이 마실게.

1. Prendi **un bicchiere di vino**?
   _____

2. Prendi **una pasta**?
   _____

3. Prendi **un cioccolatino**?
   _____

4. Prendi **una birra**?
   _____

5. Prendi **un gelato**?
   _____

6. Prendi **un biscotto**?
   _____

7. Prendi **un aperitivo**?
   _____

Lezione 7

    8. Prendi **una bibita fresca**?
___

    9. Prendi **un succo di frutta**?
___

  10. Prendi **una caramella**?
___

  11. Prendi **una spremuta**?
___

  12. Prendi **un cognac**?
___

7.7 보기처럼 대답하라!

    Dove fai **la spesa**? (al supermercato) → **La** faccio al supermercato.
    너는 장을 어디서 보니?   나는 슈퍼마켓에서 장을 본다.

  1. Dove fai **colazione**? (a casa)
___

  2 Dove fai **il bagno**? (in piscina)
___

  3. Dove fai **uno spuntino**? (al bar)
___

  4. Dove fai **quattro passi**? (in centro)
___

  5. Dove fai **sport**? (in palestra)
___

  6 Dove fai **le spese** di Natale? (al centro commerciale)
___

7.8 보기처럼 대답하라!

    Chi fa **la spesa**? (io) → **La** faccio io.
    누가 장을 보니?   내가 장을 본다.

1. Chi compra **il pane**? (Paolo)

2. Chi lava **i piatti**? (Maria)

3. Chi prepara **la cena**? (Mario e Sandra)

4. Chi pulisce **le camere**? (io)

5. Chi compra **i giornali**? (noi)

6. Chi fa **il caffè**? (voi)

Lezione 8

8.1 보기처럼 변형시켜라!

Vorrei lavorare all'estero. → **Mi piacerebbe lavorare** all'estero.
나는 정말 외국에서 일하고 싶다.   나는 정말 외국에서 일하고 싶다.

1. **Vorrei diventare** giornalista.

2. **Vorrei fare** il medico.

3. **Vorrei studiare** informatica,

4. **Vorrei aprire** un negozio di abbigliamento.

5. **Vorrei lavorare** in banca.

6. **Vorrei vivere** negli Stati Uniti.

8.2 보기처럼 변형시켜라!

Potreste smettere di fumare.
너희들은 금연할 수 있을지도 모르겠구나.
→ **Avreste potuto smettere** di fumare.
    너희들은 금연할 수도 있었는데.

1. **Potreste bere** meno.

2. **Potreste studiare** di più.

3. **Potreste prendere** un giorno di vacanza.

4. **Potreste leggere** quel libro.

5. **Potreste telefonare** a Mario.

6. **Potreste scrivere** a vostro fratello.

8.3 보기처럼 변형시켜라!

Potresti andare dal dottore.
너는 병원에 갈 수 있을지도 모르겠구나.
→ **Saresti potuto andare** dal dottore.
　너는 병원에 갈 수도 있었는데.

1. **Potresti partire** subito.

2. **Potresti uscire** più spesso.

3. **Potresti tornare** a casa a pranzo.

4. **Potresti restare** di più in biblioteca.

5. **Potresti venire** con noi.

6. **Ti potresti alzare** prima la mattina.

Lezione 9

9.1 보기처럼 대답하라!

Ti piacciono le canzoni di Sting? – Sì, **mi** piacciono molto.
너 스팅의 노래들을 좋아하니?   그래, 나는 무척 좋아해.
(스팅의 노래들이 너에게 좋으니?)   (그래, 나에게 무척 좋다.)

1. **Ti** piacciono le tagliatelle ai funghi?

2. **A Mario** piacciono le poesie di Sandro Penna?

3. **A Claudia** piacciono i cantautori italiani?

4. **Ti** piacciono le mie scarpe nuove?

5. **Vi** piacciono i film gialli?

6. **Ai bambini** piacciono i cioccolatini?

7. **A tuo padre** piacciono i tuoi amici?

8. **Vi** piacciono i romanzi rosa?

9. **A Mauro e Clara** piacciono le opere d'arte moderna?

10. **Ti** piacciono le novelle del Boccaccio?

11. **A Carlo** piacciono I Promessi Sposi?

12. **Ti** piacciono le canzoni napoletane?
___

9.2 보기처럼 대답하라!

A me piace molto l'arte moderna, e a te? → **Anche a me.**
나는 근대 예술을 매우 좋아하는데, 너는?   나도 좋아해.
(근대 예술은 나에게 아주 좋은데 네게는?)   (나에게도 아주 좋아.)

1. **A me** piace molto la musica classica, e a voi? _____.
2. **A Claudio** piace molto viaggiare, e a sua moglie? _____
3. **A noi** piace molto questa città, e a Stefano? _____
4. **A voi** piace molto visitare i musei, e ai ragazzi? _____
5. **A me** piace molto leggere, e a te? _____
6. **A Lidia** piace molto il suo lavoro, e a Valeria? _____

9.3 보기처럼 대답하라!

A me non piacciono i libri gialli, e a te? − **Neanche a me.**
나는 추리소설을 좋아하지 않는데, 너는?   나도 좋아하지 않아.
(추리소설은 나에게 좋지 않은데, 네게는?)   (나에게도 안 좋아.)

1. **A me non** piacciono le canzoni napoletane, e a voi?
___

2. **A Pietro non** piacciono i giornali sportivi, e a Claudio?
___

3. **A Tina non** piacciono gli spaghetti alla carbonara, e a te?
___

4. **Ai miei figli non** piacciono i cartoni animati, e ai tuoi?
___

5. **A noi non** piacciono i vestiti eleganti, e a voi?
___

6. **A me non** piacciono gli amici di Mara, e a te?
___

9.4 보기처럼 변형시켜라!

Ho l'abitudine di **mangiare** poco la sera. → Di solito **mangio** poco la sera.
나는 저녁에 소식하는 습관이 있다.　　　　　나는 보통 저녁에 소식한다.

1. Carlo ha l'abitudine di **leggere** un po' prima di dormire.

2. Abbiamo l'abitudine di **andare** al lago la domenica.

3. I miei amici hanno l'abitudine di **passare** le vacanze in montagna.

4. Ho l'abitudine di **fumare** una sigaretta dopo pranzo.

5. Hai l'abitudine di **fare** colazione al bar?

6. Marco ha l'abitudine di **tornare** tardi la sera.

7. Avete l'abitudine di **riposare** un po' il pomeriggio?

8. Ho l'abitudine di **guardare** la TV mentre mangio.

9. Abbiamo l'abitudine di **bere** un aperitivo prima di cena.

10. Lucia ha l'abitudine di **andare** in ufficio a piedi.

11. Ho l'abitudine di **leggere** il giornale la mattina.

12. Marco e Sergio hanno l'abitudine di **dormire** fino a tardi la domenica.

9.5 보기처럼 변형시켜라!

Tutte le mattine vado a lezione. → **Ogni mattina** vado a lezione.
매일 아침 나는 수업에 간다.　　　　　매일 아침 나는 수업에 간다.

1. **Tutti i giorni** mi sveglio presto.
   _____

2. **Tutte le sere** guardo la TV fino a tardi.
   _____

3. **Tutte le notti** dormo almeno sette ore.
   _____

4. **Tutte le settimane** telefono ai miei genitori in Germania.
   _____

5. **Tutti gli anni** vanno un mese al mare.
   _____

6. **Tutti i lunedì** Sandro va in piscina.
   _____

9.6 "andare" 동사로 완성하라!

1. La mattina Piero _____ in ufficio alle nove.
2. A mezzogiorno gli studenti _____ alla mensa.
3. Ogni sera (io) _____ in piscina con Marina.
4. (Noi) _____ sempre a letto prima di mezzanotte.
5. Stasera (tu) _____ in pizzeria con Marco?
6. (Tu) _____ al cinema stasera?
7. (Voi) _____ a cena al ristorante sabato?
8. Il Signor Bartoli _____ al mare questo fine-settimana?

9.7 "venire" 동사로 완성하라!

1. Dirk _____ da Heidelberg.
2. Quelle ragazze _____ dal Brasile.

Lezione 9

3. Pierre, da dove _____?
4. Signor Carli, _____ al cinema con noi?
5. (Io) _____ volentieri in centro con voi.
6. Ragazzi, da dove _____?
7. (Noi) _____ molto volentieri alla vostra festa.
8. Sandro, _____ in pizzeria con me domani sera?

9.8 "uscire" 동사를 직설법 현재로 활용하라!

1. Ogni mattina Maria _____ di casa alle 8.
2. (Io) _____ spesso con la mia amica Stella.
3. Stasera (tu) _____ o resti a casa?
4. I miei amici _____ dal cinema a mezzanotte.
5. Con chi (voi) _____ stasera?
6. (Noi) _____ con i nostri amici italiani.
7. Pietro _____ dall'ufficio sempre molto tardi.
8. Di solito (io) _____ dall'Universita' all'una.

9.9 보기처럼 완성하라!

borsa/matita → **Nella borsa** c'è una matita.   가방 안에 연필 한 자루 있다.
tavolo/matita → **Sul tavolo** c'è una matita.   테이블 위에 연필 한 자루 있다.

1. tavolo/foglio
   _____

2. cassetto/giornale
   _____

3. borsa/quaderno
   _____

4. sedia/zaino
   _____

5. portafoglio/fotografia
   _____

6. banco/gomma

7. frigorifero/bottiglia di latte

8. sedia/maglione

9. comodino/bicchiere

10. letto/libro

11. tavolo/lampada

12. armadio/borsa

Lezione 10

10.1 보기처럼 변형시켜라!

Ho voglia di guardare la TV. → **Guarderei** volentieri la TV.
나는 TV를 보고 싶다.   나는 정말 TV를 보고 싶다.

1. **Ho voglia di ascoltare** la musica.

2. **Ho voglia di giocare** a carte.

3. **Ho voglia di leggere** un libro.

4. **Ho voglia di prendere** un caffè.

5. **Ho voglia di partire.**

6. **Ho voglia di uscire** con gli amici.

10.2 보기처럼 완성하라!

Io - **andare** - al mare. → **Andrei** al mare.
                          나는 정말 바다에 가고 싶다.

1. Io - **fare** - quattro passi.

2. Io - **vedere** - Mario.

3. Tu - **venire** - da noi?

4. Tu - **dare** - una mano?

5. Lui - **bere** - una birra.

6. Lei - **andare** - in vacanza.

7. Noi - **fare colazione** - al bar.

8. Noi - **rimanere** - da voi.

9. Voi - **andare** - a casa?

10. Voi - **dire** - la verita'?

11. Loro - **stare** - a casa.

12. Loro - **venire** - con noi.

10.3 보기처럼 변형시켜라!

Avrei voglia di partire. → **Sarei felice di** partire.
나는 정말 떠나고 싶다.　　　떠나게되어 나는 정말 행복하다.

1. **Avrei voglia di** vedere Paolo.

2. **Avresti voglia di** andare in vacanza.

3. Giorgio **avrebbe voglia di** vederti.

4. **Avremmo voglia di** fare un viaggio.

5. Loro **avrebbero voglia di** ricevere tue notizie.

6. **Avrei voglia di** venire con te.

10.4 보기처럼 완성하라!

Ho fame. (**mangiare** un panino) → **Mangerei** volentieri un panino.
나는 배고프다.   나는 정말로 샌드위치 하나 먹고 싶다.

1. Ho sete. (**bere** una birra)

2. Ho sonno. (**dormire** ancora un po')

3. Sono stanco. (**fare** un pisolino)

4. Sto male. (**restare** a casa)

5. È una bella giornata. (**fare** una passeggiata)

6. È freddo. (**rimanere** a letto)

7. Ho voglia di mangiare qualcosa di speciale. (**andare** al ristorante)

8. Stasera c'è una festa. (**comprare** un vestito nuovo)

9. Ho studiato troppo. (**guardare** un po' di TV)

10. Ho bisogno di rilassarmi. (**ascoltare** un po' di musica)

11. Ho voglia di parlare con qualcuno. (**fare** quattro chiacchiere con Anna)

12. È molto caldo. (**andare** al mare)

10.5 보기처럼 변형시켜라!

Ho voglia di restare solo. → **Resterei** volentieri solo.
나는 혼자 있고 싶다.　　　　　나는 정말로 혼자 있고 싶다.

1. **Ho voglia di mangiare** un gelato.

2. Carlo **ha voglia di fare** un viaggio.

3. Giorgia **ha voglia di uscire** un po'.

4. **Abbiamo voglia di rimanere** a casa.

5. Antonio e Luciana **hanno voglia di giocare** a tennis.

6. **Ho voglia di comprare** l'ultimo CD di Lucio Dalla.

7. Tu **hai voglia di dormire** fino a tardi?

8. I miei genitori **hanno voglia di trasferirsi** in campagna.

9. Franco **ha voglia di cambiare** lavoro.

10. **Abbiamo voglia di prendere** qualche giorno di ferie.

11. **Ho voglia di scrivere** a Stefano.

12. Voi **avete voglia di andare** a cena fuori?

10.6 보기처럼 완성하라!

Mi piacerebbe molto **uscire**. → **Uscirei,** ma non ho tempo.
나는 정말로 무척 외출하고 싶어.　　정말 외출하고 싶지만, 난 시간이 없어.

Lezione 10

1. **Mi piacerebbe** molto **rimanere** qui.
   _____, ma Paolo mi aspetta fra 5 minuti.
2. **Mi piacerebbe** molto **venire** in vacanza con voi.
   _____, ma in questo periodo non ho le ferie.
3. **A Claudia piacerebbe** molto **fermarsi** qui per qualche giorno.
   _____, ma domani deve tornare in ufficio.
4. **A Giovanni piacerebbe** molto **comprare** un'auto fuoristrada.
   _____, ma costa troppo.
5. **Ci piacerebbe** molto **pranzare** con voi.
   _____, ma oggi abbiamo fretta.
6. **Mi piacerebbe** molto **dormire** fino alle 10.
   _____, ma non posso arrivare tardi al lavoro.

10.7 보기처럼 완성하라!

Perché non **compri** quella macchina? – La **comprerei,** ma costa troppo.
저 차를 구입하지 그래?   그것을 정말 사고 싶은데 너무 비싸다.

1. Perché non **leggi** il giornale?
   _____, ma non ho tempo.
2. Perché non **mangi** una fetta di dolce?
   _____, ma devo stare a dieta.
3. Perché non **accendi** il riscaldamento?
   _____, ma non funziona.
4. Perché non **inviti** i tuoi amici?
   _____, ma hanno già impegno.
5. Perché non **aiuti** tua sorella?
   _____, ma adesso sono troppo stanco.
6. Perché non **cambi** lavoro?
   _____, ma non è facile trovarne un altro.

Lezione 11

11.1 보기처럼 대답하라!

Vieni **al bar** dopo la lezione? - Sì, **ci** vengo.
수업 후에 바에 갈래?　　　　　　그래, (거기에) 갈게.

1. Vieni **a casa mia** stasera?
   _____
2. Vai **a Roma** domani?
   _____
3. Stai bene **in questa città**?
   _____
4. Resti **a casa** tutto il giorno?
   _____
5. Vieni a prendere qualcosa **al bar**?
   _____
6. Vai **al cinema** stasera?
   _____
7. Venite **al cinema** stasera?
   _____
8. Andate **in piscina** oggi?
   _____
9. State bene **in Italia**?
   _____ bene.
10. Restate **in biblioteca** fino a tardi?
    _____ fino a tardi.
11. Andate **a lezione** oggi pomeriggio?

Lezione 11

12. Restate a pranzo **da noi**?
    _____ volentieri.

11.2 보기처럼 변형시켜라!

La frase difficile → **Le frasi** difficili
어려운 문장　　　　　어려운 문장들

1. **La notizia** importante

2. **Il libro** noioso

3. **L'amica** gentile

4. **Lo studente** bravo

5. **La macchina** veloce

6. **La parete** bianca

7. **Il quadro** antico

8. **Lo spettacolo** divertente

9. **Lo zaino** nuovo

10. **La signora** elegante

11. **L'attore** francese

12. **Il cantante** americano

11.3 보기처럼 변형시켜라!

Questa lezione è molto **interessante**. 이 수업은 매우 흥미롭다.
→ **Queste lezioni** sono molto **interessanti.** 이 수업들은 매우 흥미롭다.

1. **Questa storia** è molto **divertente**.

2. **Questa frase** è molto **facile**.

3. **Questa bambina** è molto **carina**.

4. **Questo esercizio** è molto **difficile**.

5. **Quest'aula** è molto **grande**.

6. **Quest'orologio** è molto **bello**.

7. **Questa strada** è molto **stretta**.

8. **Questo studente** è molto **intelligente**.

9. **Questo ragazzo** è molto **gentile**.

10. **Questo documento** è molto **importante**.

11. **Questo vestito** è molto **caro**.

12. **Questo signore** è molto **elegante**.

Lezione 12

12.1 보기처럼 질문을 만들라!

1. Paolo :	**Dove vai?**	Stella :	Vado a Roma.
	Con che cosa ci vai?		Ci vado in treno.
	Quando ci vai?		Ci vado domani.
	Con chi ci vai?		Ci vado da sola.
	Domani Stella va a Roma in treno da sola.		

2. Paolo :		Bruno :	Vado in Grecia.
			Ci vado con la nave.
			Ci vado sabato.
			Ci vado con Marta.

3. Paolo :		Ivo e Ada :	Andiamo a Parigi.
			Ci andiamo in aereo.
			Ci andiamo a marzo.
			Ci andiamo con Gino.

4. Paolo :		Maria :	Pia e Lea vanno a casa.
			Ci vanno in autobus.
			Ci vanno alle sei.
			Ci vanno con Silvia.

12.2 보기처럼 질문에 답하라!

Da dove **viene** Dimitrios? (la Grecia) – **Viene** dalla Grecia.
디미트리오스는 어디 출신이니?　　　　그는 그리스 출신이다.

1. Da dove **vieni**? (la Norvegia)

2. Da dove **vengono** John e Pat? (gli Stati Uniti)

3. Da dove **viene** Hans? (l'Olanda)

4. Da dove **venite**? (il Messico)

5. Da dove **vieni**? (la Corea)

6. Da dove **vengono** quei ragazzi? (l'Egitto)

7. Da dove **viene** Yoko? (il Giappone)

12.3 보기처럼 질문에 답하라!

Dove **va** Antonio? (la stazione) – **Va** alla stazione.
안토니오는 어디 가니?　　　　그는 역에 간다.

1. Dove **andate**? (l'aeroporto)

2. Dove **va** Eleonora? (l'Università)

3. Dove **vai**? (il mercato)

4. Dove **vanno** gli studenti? (la mensa)

Lezione 12

5. Dove **andiamo**? (il concerto)

6. Dove **andate**? (il museo)

7. Dove **vai**? (il professore)

8. Dove **va** Marco? (il meccanico)

9. Dove **va** Antonella? (la sua amica Chiara)

10. Dove **andate**? (il dentista)

11. Dove **vanno** gli studenti? (la professoressa)

12. Dove **vai**? (il direttore)

12.4 보기처럼 질문에 답하라!

A che ora **parti**? – **Parto** alle 8.
몇 시에 너는 떠나니? 나는 8시에 떠난다.

1. Con chi **parti**?
   _____ con Paolo.
2. A che ora **esci** di casa?
   _____ alle 9.
3. Dove **vai** a cena?
   _____ in pizzeria.
4. Con chi **uscite**?
   _____ con i nostri amici.
5. A che ora **venite** da noi?
   _____ da voi verso l'una.
6. Con che cosa **partite**?

_____ con il treno.

12.5 보기처럼 질문을 만들라!

Heiner va **in Germania**. → **Dove** va Heiner?
하이너는 독일에 간다.   하이너는 어디 가니?
Heiner va in Germania. → **Chi** va in Germania?
하이너는 독일에 간다.   누가 독일에 가니?

1. I signori Fioretto vanno **a Firenze**.

2. **I signori** Fioretto vanno a Firenze.

3. Peter viene **dalla Germania**.

4. Maria va a Firenze **con Antonio**.

5. John va **dall'oculista**.

6. **Simone** va all'ospedale.

7. Gli studenti vanno a casa **con l'autobus**.

8. Andrea compra un libro **per Isabella.**

9. Giorgia parte **domani.**

10. Bianca va a Parigi **per studiare** il francese.

11. Ornella presta la macchina **a Francesco.**

12. Bruno telefona **a Stella.**

Lezione 13

13.1 보기처럼 변형시켜라!

Ogni giorno **mangio** alla mensa. → Anche ieri **ho mangiato** alla mensa.
매일 나는 구내식당에서 밥 먹는다.   어제도 나는 구내식당에서 밥 먹었다.

1. Ogni giorno **studio** molto.
   Anche ieri _____

2. Ogni giorno **telefono** ai miei genitori.
   _____

3. Ogni giorno **dormo** fino a tardi.
   _____

4. Ogni giorno **ricevo** molte e-mail.
   _____

5. Ogni giorno **incontro** i miei amici in centro.
   _____

6. Ogni giorno **guardo** la TV.
   _____

13.2 보기처럼 변형시켜라!

Ogni mattina Paolo **va** a lezione all'Università.
매일 아침 파올로는 대학 수업에 간다.
→ Anche ieri mattina Paolo **è andato** a lezione all'Università.
어제 아침에도 파올로는 대학 수업에 갔다.

1. Ogni pomeriggio Sandro **viene** a casa mia.
   _____

2. Ogni sera Gianni **torna** a casa tardi.
   _____

3. Ogni sera Elena **va** in centro.

4. Ogni mattina Martina **arriva** a lezione in ritardo.

5. Ogni mattina Francesco **esce** di casa alle 7.

6. Ogni pomeriggio Pietro **va** in palestra.

13.3 보기처럼 변형시켜라!

Vado in vacanza in Sicilia. → **Sono andato** in vacanza in Sicilia.
나는 시칠리아에 휴가 간다.   나는 시칠리아에 휴가 갔다.

1. **Parto** per Milano alle 9.

2. **Faccio** una passeggiata in centro.

3. **Torni** a casa tardi?

4. **Compri** una macchina nuova?

5. Laura **arriva** alle 11.

6. Lucio **ha** l'influenza.

7. **Andiamo** al cinema con Antonio.

8. **Prendiamo** il treno delle 9.

9. **Partite** con l'aereo?

Lezione 13

10. **Lavorate** fino a tardi?

   _____

11. I ragazzi **vanno** al cinema.

   _____

12. Anna e Stella **restano** a casa.

   _____

13.4 질문에 대답하라!

1. A che ora **sei tornato**? _____ a mezzanotte.
2. Con chi **sei venuto** a Milano? _____ da solo.
3. Quando **hai comprato** questa macchina? _____ una settimana fa.
4. Con chi **è partita** Claudia? _____ con Lorenzo.
5. Quando **ha telefonato** Elena? _____ poco fa.
6. A che ora **è arrivato** l'autobus? _____ all'una.
7. Quando **avete cambiato** casa? _____ l'anno scorso.
8. A che ora **siete uscite** di casa? _____ alle 7.
9. Quando **avete finito** di lavorare? _____ mezz'ora fa.
10. Dove **hanno passato** le vacanze i tuoi amici? _____ in montagna.
11. Con che cosa **sono partiti** i ragazzi? _____ con la macchina.
12. Quando **hanno telefonato** Anna e Stefano? _____ ieri sera.

13.5 보기처럼 변형시켜라!

Oggi **studio** fino alle sette. (ieri) → Ieri, invece, **ho studiato** fino alle otto.
오늘 나는 7시까지 공부한다.   근데, 어제는 8시까지 공부했다.

1. Oggi Ernesto **va** a lezione d'inglese. (ieri)

   _____

2. Oggi **usciamo** presto dall'ufficio. (l'altro ieri)

   _____

3. Stamattina Paola e Nora **studiano** fino alle 10. (ieri mattina)

   _____

4. Oggi pomeriggio **esco** con Francesca. (ieri pomeriggio)

5. Stasera **andiamo** a cena in pizzeria. (ieri sera)

6. Oggi **arriva** mia zia da Torino. (un mese fa)

7. Oggi **scrivo** un'e-mail a Luisa. (due giorni fa)

8. Oggi Claudia **finisce** di lavorare alle 20. (sabato scorso)

9. Oggi i ragazzi **passano** tutto il giorno a casa. (domenica scorsa)

10. Oggi **vengo** a casa tua con l'autobus. (ieri)

11. Stamattina Stefano **dorme** fino a tardi. (ieri mattina)

12. Oggi pomeriggio **andiamo** in centro. (ieri pomeriggio)

13.6 보기처럼 변형시켜라!

Michele **va** sempre in vacanza al mare. (l'anno scorso)
미켈레는 늘 바다로 휴가 간다.
→ Anche l'anno scorso **è andato** in vacanza al mare.
작년에도 그는 바다로 휴가 갔다.

1. Pietro **va** sempre allo stadio la domenica. (domenica scorsa)

2. **Dormo** sempre fino a tardi la mattina. (stamattina)

3. **Fai** sempre la spesa al mercato? (ieri mattina)

4. **Leggiamo** sempre "La Repubblica" la mattina. (stamattina)

Lezione 13

5. I miei amici **fanno** sempre una passeggiata dopo pranzo. (ieri)
   _____

6. D'inverno **andate** sempre a sciare? (l'inverno scorso)
   _____

7. Ida e Franco **rimangono** sempre a casa la sera. (ieri sera)
   _____

8. A Firenze **arrivano** sempre molti turisti. (l'estate scorsa)
   _____

9. A Natale mia figlia **riceve** sempre molti regali. (lo scorso Natale)
   _____

10. Dopo la lezione **vado** sempre a fare un giro in centro. (l'altro ieri)
    _____

11. Maria **esce** sempre con le sue amiche dopo cena. (ieri sera)
    _____

12. Ernesto **va** sempre in ufficio a piedi. (stamattina)
    _____

13.7 동사를 근과거로 활용하라!

1. Ieri Matteo (**finire**) _____ di cenare e poi (**accendere**) _____ la TV per guardare il telegiornale.

2. Stamattina (io-**arrivare**) _____ tardi alla stazione e (**perdere**) _____ il treno.

3. Qualche giorno fa i miei amici (**andare**) _____ all'agenzia di viaggi e (**prenotare**) _____ un viaggio in Egitto.

4. Alla fermata dell'autobus (noi-**incontrare**) _____ Antonio, (noi-**parlare**) _____ del più e del meno, poi lui (**salire**) _____ sul 22 e noi (**prendere**) _____ il 39.

5. Ieri Valeria (**rimanere**) _____ tutto il pomeriggio a casa, (**ascoltare**) _____ la musica e (**scrivere**) _____ una lettera a un ragazzo che (**conoscere**) _____ durante le vacanze.

6. Lorenzo, quando (**tornare**) _____ dalle vacanze? - Una settimana fa.
7. Domenica scorsa Sergio e io (**fare**) _____ una gita in campagna, (**passare**) _____ tutta la giornata in mezzo al verde, (**pranzare**) _____ al sacco e (**tornare**) _____ verso le 19.
8. Ragazzi, quando (**partire**) _____ da Milano? - Circa due ore fa.
9. Professore, (**prendere**) _____ già il caffe'?
10. Oggi non (io-**leggere**) _____ ancora il giornale perché non (**avere**) _____ tempo.
11. Signorina, (**arrivare**) _____ tardi stamattina. Come mai? - Mi dispiace, ma stanotte non (**stare**) _____ bene e allora stamattina (**andare**) _____ dal dottore.
12. Ieri sera Aldo (**cominciare**) _____ a leggere un libro giallo.

13.8 보기처럼 변형시켜라!

Di solito **posso leggere** il giornale la mattina.
보통 나는 아침이면 신문을 읽을 수 있다.
→ Anche ieri **ho potuto leggere** il giornale.
  어제도 나는 신문을 읽을 수 있었다.

1. Di solito **posso fare** colazione a casa.
   _____

2. Di solito **posso lasciare** il bambino a mia madre.
   _____

3. Di solito **posso prendere** la macchina di mio padre.
   _____

4. Di solito **devo studiare** molte ore.
   _____

5. Di solito **devo lavorare** fino a tardi.
   _____

6. Di solito **devo preparare** il pranzo in fretta.
   _____

Lezione 13

13.9 보기처럼 변형시켜라!

Oggi Maria **vuole andare** in piscina.
오늘 마리아는 수영장에 가길 원한다.
→ Ieri, invece, non **è voluta andare** in piscina.
근데, 어제는 수영장에 가길 원하지 않았다.

1. Oggi Maria **vuole uscire** con Elena.

2. Oggi Maria **vuole restare** a casa.

3. Oggi Maria **vuole andare** in centro.

4. Oggi Maria **deve uscire** di casa presto.

5. Oggi Maria **deve tornare** a casa presto.

6. Oggi Maria **deve stare** a scuola fino alle 11.

13.10 보기처럼 절대적 최상급으로 변형시켜라!

Questo ragazzo è **intelligente**.
→ Questo ragazzo è **intelligentissimo**. 이 소년은 매우 총명하다.
　Questo ragazzo è **molto intelligente**. 이 소년은 매우 총명하다.

1. Questo vino è **buono**.

2. Questa ragazza è **simpatica**.

3. Questa macchina è **veloce**.

4. Questi mobili sono **antichi**.

5. Questi esercizi sono **difficili**.

6. Queste attrici sono **famose**.

Lezione 14

14.1 보기처럼 대답하라!

Chi è Elena? (abita con me) - È la ragazza **che** abita con me.
엘레나가 누구야?　　　　　　나와 함께 사는 소녀야.

1. Chi è Enrico? (mi ha invitato a pranzo)

2. Chi è Valeria? (mi ha telefonato poco fa)

3. Chi è Antonio? (ho conosciuto in vacanza)

4. Chi è Giulia? (ha vinto la borsa di studio)

5. Chi è Matteo? (abbiamo incontrato per strada)

6. Chi è Matilde? (devo accompagnare alla stazione)

14.2 보기처럼 대답하라!

Chi sono Aldo e Giovanni? (lavorano nel mio ufficio)
알도와 지오반니가 누구니?
– Sono i ragazzi **che** lavorano nel mio ufficio.
　내 사무실에서 일하는 청년들이다.

1. Chi sono Carlo e Andrea? (ho salutato poco fa)

2. Chi sono Lucia e Teresa? (vengono con me in palestra)

3. Chi sono Piero e Sergio? (ho invitato alla festa di domani)

4. Chi sono Dino e Stefano? (vado a prendere alla stazione)

5. Chi sono Pina e Giovanna? (ci hanno ospitato a casa loro)

6. Chi sono Luca e Nando? (lavorano nel negozio qui vicino)

14.3 보기처럼 대답하라!

Chi è Elena? (studio **con lei**) 엘레나가 누구니?
- È la ragazza **con cui** studio.
  È la ragazza **con la quale** studio.
  내가 함께 공부하는 소녀다.

1. Chi è Enrico? (vado a pranzo **da lui**)

2. Chi è Valeria? (ho un appuntamento **con lei**)

3. Chi è Antonio? (ho dato il mio indirizzo **a lui**)

4. Chi è Giulia? (ho scritto una cartolina **a lei** poco fa)

5. Chi è Matteo? (**a lui** piace molto la mia casa)

6. Chi è Matilde? (sono stata ospite **da lei** l'anno scorso)

Lezione 14

14.4 보기처럼 대답하라!

Chi sono Aldo e Giuseppe? (esco **con loro** stasera)
알도와 쥬세페가 누구니?
– Sono i ragazzi **con cui** esco stasera.
  Sono i ragazzi **con i quali** esco stasera.
  내가 저녁에 함께 외출하는 청년들이다.

1. Chi sono Carlo e Andrea? (ti ho parlato **di loro**)

2. Chi sono Lucia e Teresa? (ho presentato la mia macchina **a loro**)

3. Chi sono Piero e Sergio? (ho preparato una sorpresa **per loro**)

4. Chi sono Dino e Stefano? (vado al cinema **con loro**)

5. Chi sono Pina e Giovanna? (ho ricevuto un regalo **da loro**)

6. Chi sono Luca e Nando? (crediamo molto **in loro**)

14.5 관계대명사로 완성하라!

1. Sono arrivato proprio nel momento _____ il treno partiva.
2. La facoltà _____ si è iscritto Enzo è Lettere e Filosofia.
3. Il signore _____ ho salutato poco fa è il mio direttore.
4. Non conosco la persona _____ mi stai parlando.
5. L'aereo _____ è sceso il signor Borletti è un Boeing 747.
6. L'appartamento _____ abita Marco è grande e luminoso.
7. Lo zio Dario, _____ ti ho parlato qualche tempo fa, arriverà domani.
8. Non capisco il motivo _____ vuoi cambiare lavoro.
9. Sono molto simpatici i ragazzi _____ abbiamo incontrato sul treno.
10. La ragazza _____ esce Stefano è molto carina.

11. Non riesco a trovare il giornale _____ ho comprato stamattina.
12. Elena è la ragazza _____ Leonardo telefona ogni sera.

14.6 관계대명사로 완성하라!

1. Questo è il cagnolino _____ ho trovato per strada ieri sera.
2. Parigi è una città _____ ho passato giorni indimenticabili.
3. Il tavolo _____ c'è il telefono è antico.
4. È arrivato Paolo proprio nel momento _____ stavo uscendo.
5. Vorrei spiegarti la ragione _____ non sono venuto da te ieri.
6. Il treno _____ ho viaggiato è molto veloce.
7. Non ricordo il titolo del libro _____ mi hai prestato.
8. Lorenzo è il collega _____ devo prenotare il posto a teatro.
9. La casa _____ abitiamo è fredda.
10. Non ho ancora finito di leggere le riviste _____ mi hai prestato il mese scorso.
11. Il signore _____ ho indicato la strada per Assisi è sicuramente straniero.
12. Nell'armadio ci sono i regali _____ ho comprato per i bambini.

Lezione 15

15.1 보기처럼 변형시켜라!

Questo vino **è prodotto** in Italia. → Questo vino **si produce** in Italia.
이 와인은 이탈리아에서 생산된다.   이 와인은 이탈리아에서 생산된다.

1. Quest'olio **è venduto** al supermercato.

2. Questa macchina **è fabbricata** in Francia.

3. Questi vestiti **sono confezionati** a Taiwan.

4. Questi vini **sono venduti** molto all'estero.

5. Queste biciclette **sono fabbricate** in Italia.

6. Questi tortellini **sono prodotti** a Modena.

15.2 보기처럼 대답하라!

Ci vuole molto tempo per finire questo lavoro?
이 일을 끝내는데 많은 시간이 걸리나요?
→ No, **si può finire** in poco tempo.
  아니요, (일은) 얼마 안 있어 끝날 수 있어요.

1. Ci vuole molto tempo per **scrivere** questa lettera?

2. Ci vuole molto tempo per **tradurre** questo documento?

3. Ci vuole molto tempo per **leggere** questa relazione?

4. Ci vuole molto tempo per **cambiare** la gomma?

5. Ci vuole molto tempo per **riparare** il motore?

6. Ci vuole molto tempo per **lavare** la macchina?

15.3 보기처럼 변형시켜라!

In Italia / **visitare** / molti musei
→ In Italia **si possono visitare** molti musei.
이탈리아에서는 많은 박물관들이 (방문객들에 의해) 방문될 수 있다.

1. A Firenze / **vedere** / molti turisti

2. A Perugia / **incontrare** / molti stranieri

3. Sulle Alpi / **fare** / stupende passeggiate

4. In Italia / **mangiare** / ottimi spaghetti

5. A Napoli / **mangiare** / pizze squisite

6. In Italia / **bere** / vini di qualità

Lezione 15

15.4 질문에 답하라!

1. Signora, **quanti figli** ha? 부인, 자녀를 몇 명 두셨나요?	_____ uno. _____ tre. _____ nessuno.
2. Ida, **quante persone** conosci a Perugia? 이다, 페루지아에 몇 사람을 알고 있니?	_____ una. _____ alcune. _____ molte.
3. Ivo, **quanti amici** hai in questa citta'? 이보, 이 도시에 친구 몇 명 있니?	_____ uno. _____ parecchi. _____ pochi. _____ nessuno.
4. Signor Pini, **quanti caffè** beve al giorno? 피니 씨, 하루에 커피 몇 잔 마시나요?	_____ uno. _____ due. _____ quattro. _____ parecchi. _____ pochi. _____ nessuno.
5. Ada, **quante telefonate** fai il pomeriggio? 아다, 오후에 전화 몇 통 하니?	_____ soltanto una. _____ tre. _____ tante. _____ moltissime. _____ un sacco. _____ nessuna.

15.5 보기처럼 대답하라!

Vuoi il panettone? (**una fetta**) → Grazie, **ne** prendo volentieri **una fetta.**
성탄절 케이크 먹을래?　　　　　　고마워, 한 조각 먹을게.

1. Vuoi un po' di birra? (**un bicchiere**)

2. Vuoi un po' di torta? (**una fetta**)

3. Vuoi un po' di te'? (**una tazza**)

4. Vuoi un po' di brandy? (**un bicchierino**)

5. Vuoi un po' di caffe'? (**una tazzina**)

6. Vuoi un po' di dolce? (**un pezzetto**)

15.6 보기처럼 대답하라!

Quante sigarette hai fumato? (**poche**) – **Ne** ho fumat**e poche** (**sigarette**).
너는 담배 몇 대 피웠니?　　　　　　나는 한 두 대 피웠어.

1. **Quanti amici** hai invitato? (**pochi**)

2. **Quante città italiane** hai visitato? (**tre**)

3. **Quanti caffè** hai preso? (**nessuno**)

4. **Quante ragazze** hai conosciuto alla festa? (**molte**)

5. **Quante lingue** hai studiato a scuola? (**due**)

Lezione 15

6. **Quanti regali** hai ricevuto per il tuo compleanno? (**otto**)

7. **Quante cartoline** hai scritto? (**una**)

8. **Quanti cioccolatini** hai mangiato? (**moltissimi**)

9. **Quanto vino** hai bevuto? (**un bicchiere**)

10. **Quanta torta** hai mangiato? (**una fetta**)

11. **Quante paia di calze** hai comprato? (**due paia**)

12. **Quanto zucchero** hai comprato? (**un chilo**)

Lezione 16

16.1 보기처럼 변형시켜라!

Ci sediamo sul banco. → **Mi siedo** sul banco.
우리는 벤치에 앉는다.   나는 벤치에 앉는다.

1. **Ci divertiamo** in questa città. (divertirsi)

2. **Ci troviamo** abbastanza bene in questo appartamento. (trovarsi)

3. **Ci fermiamo** un paio di giorni a Roma. (fermarsi)

4. **Ci facciamo** la doccia ogni mattina. (farsi la doccia)

5. **Vi trovate** bene con questa famiglia? (trovarsi)

6. **Vi vestite** in modo elegante per la festa? (vestirsi)

7. **Vi addormentate** tardi la sera? (addormentarsi)

8. **Vi sentite** soli in questa città? (sentirsi)

9. Franco e Maria **si annoiano** qui. Franco (annoiarsi) _____
10. Franco e Maria **si sentono** tristi. Franco (sentirsi) _____
11. Franco e Maria **si arrabbiano** spesso con i figli. Franco (arrabbiarsi) _____
12. Franco e Maria **si laureano** a luglio. Franco (laurearsi) _____

Lezione 16

16.2 재귀동사를 활용하라!

1. Paolo e Marta _____ (**incontrarsi**) ogni giorno al bar.
2. Paolo e Marta _____ (**sposarsi**) l'anno prossimo.
3. Noi _____ (**volersi**) molto bene.
4. Noi _____ (**telefonarsi**) spesso.
5. Voi _____ (**scriversi**) una e-mail al giorno?
6. Voi _____ (**darsi**) del tu?

16.3 보기처럼 변형시켜라!

Mi sveglio alle 7. → Anche ieri **mi sono svegliato** alle 7.
나는 7시에 깬다.   어제도 나는 7시에 깼다.

1. **Mi vesto** in fretta. (vestirsi)
   _____

2. **Mi faccio** la barba. (farsi la barba)
   _____

3. **Ti lavi** con l'acqua fredda. (lavarsi)
   _____

4. **Ti dimentichi** di chiudere la porta a chiave. (dimenticarsi)
   _____

5. Mario **si alza** in fretta. (alzarsi)
   _____

6. Mario **si diverte** con gli amici. (divertirsi)
   _____

7. Maria **si annoia** davanti alla TV. (annoiarsi)
   _____

8. Maria **si trucca** in fretta. (truccarsi)
   _____

9. Noi **ci laviamo** i capelli. (lavarsi i capelli)
   _____

10. Noi **ci fermiamo** al bar dopo la lezione. (fermarsi)
    _____

11. Mario e Giorgio **si svegliano** alle 7. (svegliarsi)

12. Mario e Giorgio **si fanno** la doccia. (farsi la doccia)

16.4 보기처럼 대답하라!

Paola **si è** già **vestita**? – No, non **si è** ancora **vestita.**
파올라는 벌써 옷을 입었니? 아니, 아직 안 입었다.

1. Paola **si è** già **truccata**? (truccarsi)

2. Paola **si è** già **svegliata**? (svegliarsi)

3. Paola **si è** già **laureata**? (laurearsi)

4. Paola **si è** già **iscritta** all'Università? (iscriversi)

5. Paola **si è** già **addormentata**? (addormentarsi)

6. Paola **si è** già **sposata**? (sposarsi)

16.5 보기처럼 대답하라!

A che ora **vi siete svegliati** stamattina? – **Ci siamo svegliati** alle 9.
너희들은 오늘 아침 몇 시에 깼니?   우리들은 9시에 깼다.

1. A che ora **vi siete addormentati** ieri sera? (addormentarsi)
   _____ a mezzanotte.

2. Quando **vi siete laureate**? (laurearsi)
   _____ il mese scorso.

Lezione 16

3. Quanto tempo **vi siete fermati** in Germania? (fermarsi)
   _____ una settimana.
4. A che ora **ti sei alzata** stamattina? (alzarsi)
   _____ alle 7.
5. Fino a che ora **ti sei fermata** da Claudia? (fermarsi)
   _____ fino alle 11.
6. Che cosa **ti sei messa** per andare alla festa? (mettersi)
   _____ un vestito elegante.
7. Quando **si è sposato**, signor Fioretto? (sposarsi)
   _____ due anni fa.
8. Come **si è trovata** a Venezia, signora Fioretto? (trovarsi)
   _____ molto bene.
9. Quando **si è laureato** Antonio? (laurearsi)
   _____ tre anni fa.
10. A che ora **si sono svegliati** i tuoi genitori? (svegliarsi)
    _____ alle 8.
11. Quando **si sono iscritti** all'Università i tuoi amici? (iscriversi)
    _____ l'anno scorso.
12. Quanto tempo **si sono fermate** al bar le tue amiche? (fermarsi)
    _____ quasi due ore.

16.6 보기처럼 변형시켜라!

Mi sveglio alle 7. → **Devo svegliarmi** alle 7. / **Mi devo svegliare** alle 7.
나는 7시에 깬다.   나는 7시에 깨야 한다.

1. **Mi alzo** subito. (alzarsi)
   _____

2. **Mi vesto** in fretta. (vestirsi)
   _____

3. **Ci svegliamo** presto. (svegliarsi)
   _____

4. **Ci facciamo** la doccia. (farsi la doccia)

5. Marta **si ricorda** di portare l'ombrello. (ricordarsi)

6. Marta **si riposa** dopo il lavoro. (riposarsi)

7. **Vi alzate** subito quando suona la sveglia. (alzarsi)

8. **Vi lavate** sempre con l'acqua fredda. (lavarsi)

9. I bambini **si alzano** alle 8. (alzarsi)

10. I bambini **si riposano** dopo la scuola. (riposarsi)

16.7 근과거로 완성하라!

Stamattina (io-**svegliarsi**) _____ come al solito alle sei e un quarto per andare all'Università. (**sedersi**) _____ sul letto, poi (**alzarsi**) _____ e (**togliersi**) _____ il pigiama. In bagno (**farsi**) _____ la barba e (**lavarsi**) _____ i denti. Poi (**andare**) _____ in cucina per fare colazione, (**accendere**) _____ la radio e (**ascoltare**) _____ le notizie. Le notizie erano molto brutte, (**spaventarsi**) _____ e (**cominciare**) _____ a tremare. Allora (**spegnere**) _____ la radio, (**rimettersi**) _____ il pigiama e (**tornare**) _____ a letto.

Lezione 17

17.1 소유형용사로 완성하라!

1. Giorgio, **questo** è _____ orologio?
2. Roberta, **questi** sono _____ vestiti?
3. Signora, **questa** è _____ macchina?
4. Direttore, **queste** sono _____ penne?
5. Paolo, **questi** sono _____ occhiali?
6. Signora, **queste** sono _____ chiavi?
7. Chiara, **questo** è _____ maglione?
8. Professore, **questi** sono _____ studenti?
9. Dottore, **questa** è _____ borsa?
10. Ragazzi, **questi** sono _____ motorini?
11. Ragazze, **questa** è _____ casa?
12. Ragazzi, **questa** è _____ classe?

17.2 보기처럼 (우등/열등/동등)비교급으로 완성하라!

Carlo - Simpatico - **Luca**

→ Carlo è **più** simpatico **di** Luca. 카를로는 루카보다 더 상냥하다.
  Carlo è **meno** simpatico **di** Luca. 카를로는 루카보다 덜 상냥하다.
  Carlo è simpatico **come** Luca. 카를로는 루카만큼 상냥하다.

1. **Carlo** - puntuale - **Luca**

_____
_____
_____

2. **Carlo** - intelligente - **Luca**

3. **Carlo** - paziente - **Luca**

4. **Carlo** - studioso - **Luca**

5. **Carlo** - bello - **Luca**

6. **Carlo** - goloso - **Luca**

17.3 보기처럼 (우등/열등/동등)비교급으로 완성하라!

Marta - alta - **sua sorella**
→ Marta è **più** alta **di** sua sorella. 마르타는 그의 언니보다 키가 더 크다.
　Marta è **meno** alta **di** sua sorella. 마르타는 그의 언니보다 키가 덜 크다.
　Marta è alta **come** sua sorella. 마르타의 키는 그의 언니만하다.

1. **Marta** - magra - **sua sorella**

Lezione 17

2. **Marta** - elegante - **sua sorella**

3. **Marta** - carina - **sua sorella**

4. **Marta** - gentile - **sua sorella**

5. **Marta** - affettuosa - **sua sorella**

6. **Marta** - precisa - **sua sorella**

17.4 보기처럼 우등비교급으로 완성하라!

Io - alto - **te**
→ Io sono **più** alto **di** te. 나는 너보다 키가 더 크다.

1. **Tu** - simpatico - **lui**

2. **Io** - magro - **te**

3. **Lei** - simpatica - **te**

4. **Voi** - studiosi - **noi**

5. **Noi** - pazienti - **loro**

6. **Loro** - precisi - **voi**

17.5 보기처럼 우등비교급으로 완성하라!

Studiare - divertente - **lavorare**
→ Studiare è **più** divertente **che** lavorare.
공부하는 것은 일하는 것보다 더 재미있다.

1. **Giocare a tennis** - divertente - **giocare a calcio**

2. **Sciare** - faticoso - **nuotare**

3. **Parlare** una lingua straniera - difficile - **capir**la

4. **Spendere** - facile - **guadagnare**

5. **Ingrassare** - facile - **dimagrire**

6. **Camminare** - sano - **andare** in macchina

17.6 보기처럼 우등비교급으로 완성하라!

In treno - viaggiare - **in macchina**
→ In treno viaggio **meglio che** in macchina.
나는 자동차보다는 기차로 더 잘 여행한다.

1. **A casa** - mangiare - **in pizzeria**

Lezione 17

2. **In estate** - stare - **in inverno**

3. **Di mattina** - studiare - **di sera**

4. **Da solo** - studiare - **in compagnia**

5. **Con Paola** - parlare - **con Martina**

6. **Di giorno** - lavorare - **di notte**

17.7 상대적 최상급으로 빈 칸을 채워라!

1. Giovanni è _____ ragazzo _____ alto _____ classe.
2. Perugia è _____ città _____ grande _____ Umbria.
3. L'Australia è _____ continente _____ piccolo _____ mondo.
4. L'Arabia è _____ penisola _____ grande _____ mondo.
5. L'Everest è _____ monte _____ alto _____ mondo.
6. Questo è stato _____ giorno _____ bello _____ mia vita.
7. Il Monte Bianco è _____ monte _____ alto _____ Europa.
8. Questo è _____ bar _____ frequentato _____ città.
9. Febbraio è _____ mese _____ corto _____ anno.
10. Alberto è _____ studente _____ bravo _____ classe.
11. Il dottor Rufini è _____ pediatra _____ noto _____ città.
12. Ad Assisi ci sono _____ affreschi di Giotto _____ celebri _____ Italia.

Lezione 18

18.1 보기처럼 대답하라!

Da quanto tempo frequenti **questo corso**? (un mese)
이 과정을 언제부터 다니고 있니? (다닌지 얼마나 되니?)
→ **Lo** frequento da un mese.
   한 달 전부터 그것을 다니고 있어. (다닌지 한 달 되었어.)

1. Da quanto tempo conosci **Ernesto**? (un anno)

2. Da quanto tempo studi **il francese**? (poco tempo)

3. Da quanto tempo aspetti **le tue amiche**? (dieci minuti)

4. Da quanto tempo conosci **quei ragazzi**? (una decina di giorni)

5. Da quanto tempo frequenti **questa classe**? (una settimana)

6. Da quanto tempo guardi **la televisione**? (mezz'ora)

18.2 보기처럼 대답하라!

A chi regali **questa cravatta**? (mio padre) → **La** regalo a mio padre.
너는 누구에게 이 타이를 선물할 거니?   나는 아버지께 그것을 선물할 거야.

1. A chi regali **questi fiori**? (mia madre)

2. A chi dai **questi soldi**? (Giulio)

3. A chi scrivi **questa cartolina**? (la mia amica)

4. A chi spedisci **questo pacco**? (Fiorella)

5. A chi mandi **queste rose**? (la mia fidanzata)

6. A chi chiedi **quest'informazione**? (l'impiegato della banca)

18.3 보기처럼 대답하라!

Quando hai comprato **quel tavolo**? (ieri) → **L'**ho comprat**o** ieri.
너는 언제 그 테이블을 구입했니?   나는 그것을 어제 구입했다.

1. Quando hai comprato **quello specchio**? (pochi giorni fa)

2. Quando hai comprato **quella lampada**? (l'anno scorso)

3. Quando hai comprato **quelle sedie**? (qualche settimana fa)

4. Quando hai comprato **quei quadri**? (alcuni mesi fa)

5. Quando hai comprato **quel tappeto**? (ieri)

6. Quando hai comprato **quei vasi**? (qualche anno fa)

18.4 보기처럼 완성하라!

Bello **questo maglione**! → Quanto **l'**hai pagat**o**?
이 스웨터 멋진데!   얼마 주었니?

1. Bella **questa camicia**!

   _____

2. Belli **questi guanti**!

   _____

3. Bello **questo impermeabile**!

   _____

4. Bella **questa cintura**!

   _____

5. Belle **queste calze**!

   _____

6. Belli **questi pantaloni**!

   _____

18.5 제시된 변의형 명사(nomi alterati)로 문장을 완성하라!

riposino	appartamentino	vitaccia	mammina	omone	stradaccia
profumino	giornataccia	finestrina	ragazzacci	giretto	doloretto

1. È meglio prendere la strada più lunga: questa è più corta ma è una _____.
2. Sono molto stanco: dopo pranzo vado a farmi un _____.
3. Marta vive in un _____ vicino a quello dei suoi genitori.
4. Mi devo assolutamente riposare: oggi in ufficio è stata una _____.
5. Paola ha fatto un dolce: dalla cucina arriva un _____ delizioso.
6. Quella _____ non è sufficiente a illuminare la stanza.
7. Non uscire con loro: lo sai che sono dei _____.
8. Mia zia si lamenta in continuazione: ha sempre qualche _____ nuovo.
9. Giorgio è quell'_____ alto e grosso laggiù, davanti al bar.
10. Dai, usciamo, smetti di studiare: andiamo a fare un _____.
11. Gianna lavora tutto il giorno e poi quando torna a casa deve pensare ai bambini e cucinare: fa proprio una _____.
12. _____ mia, ti voglio tanto bene!

Lezione 19

19.1 보기처럼 변형시켜라!

Mentre **dormo**, **suona** la sveglia. → Mentre **dormivo, è suonata** la sveglia.
내가 잠을 자는데 자명종이 울린다.   내가 잠을 자는데 자명종이 울렸다.

1. Mentre **mangio**, **arrivano** i miei amici.

2. Mentre Paolo **esce**, **suona** il telefono.

3. Mentre **leggo** il giornale, **bussano** alla porta.

4. Mentre Elisabetta **esce** di casa, **comincia** a piovere.

5. Mentre **telefoniamo** a Stefano, lui **arriva**.

6. Mentre i bambini **guardano** la TV, **va** via la luce.

19.2 보기처럼 변형시켜라!

Mentre **mangio, guardo** la TV. → Mentre **mangiavo, guardavo** la TV.
나는 식사를 하는 동안, TV를 본다.   나는 식사를 하는 동안, TV를 보고 있었다.

1. Mentre **aspetta** l'autobus, Lorenzo **legge** il giornale.

2. Mentre **ascoltano** il professore, gli studenti **prendono** appunti.

3. Mentre Gabriella **parla**, io **penso** ad altre cose.

4. Mentre i bambini **studiano**, Marina **guarda** la TV.

5. Mentre Luigi **fa** colazione, **parla** con sua moglie.

6. Mentre tu **prepari** le valigie, noi **mettiamo** in ordine la casa.

19.3 보기처럼 대답하라!

Che cosa **facevi** quando **hanno bussato** alla porta? (dormire)
그들이 문을 노크했을 때 너는 무엇을 하고 있었니?
− Quando **hanno bussato** alla porta, **dormivo.**
그들이 문을 노크했을 때 나는 잠을 자고 있었다.

1. Che cosa **facevi** quando **è suonato** il telefono? (mangiare)

2. Che cosa **facevi** quando Antonio **è tornato**? (dormire)

3. Che cosa **facevi** quando Giovanni **ha telefonato**? (studiare)

4. Che cosa **facevi** quando i bambini **sono arrivati** a casa? (ascoltare la musica)

5. Che cosa **facevi** quando **hai incontrato** Carlo? (fare la spesa)

6. Che cosa **facevi** quando **è andata** via la luce? (guardare la TV)

Lezione 19

19.4 보기처럼 완성하라!

Paola non (**uscire**) _____ perché (**avere**) _____ mal di testa.
→ Paola non **è uscita** perché **aveva** mal di testa.
파올라는 머리가 아파서 외출하지 않았다.

1. Giorgio non (**telefonare**) _____ a Pina perché non (**sapere**) _____ il numero.
2. I bambini non (**mangiare**) _____ la carne perché non (**avere**) _____ fame.
3. Maria non (**andare**) _____ a lezione perché (**stare**) _____ male.
4. I ragazzi stanotte (**addormentarsi**) _____ tardi perché non (**avere**) _____ sonno.
5. Marta non (**aspettare**) _____ Ivo perché (**avere**) _____ fretta.
6. Carlo (**andare**) _____ al bar perché (**volere**) _____ bere una birra.
7. Non (io-**scrivere**) _____ a Bruno perché non (**sapere**) _____ l'indirizzo.
8. Non (noi-**dare**) _____ l'esame perché non (**essere**) _____ preparati.
9. Anna non (**uscire**) _____ con gli amici perché (**dovere**) _____ studiare.
10. Non (voi-**comprare**) _____ quella macchina perché (**costare**) _____ troppo.
11. Lucio non (**spedire**) _____ la lettera perché non (**avere**) _____ il francobollo.
12. (Io-**chiudere**) _____ la finestra perché (**sentire**) _____ freddo.

19.5 보기처럼 완성하라!

Quando ho conosciuto Martina, lei (**avere**) _____ 18 anni.
→ Quando ho conosciuto Martina, lei **aveva** 18 anni.
  내가 마르티나를 알게 되었을 때 그녀는 18살이었다.

1. Quando ho conosciuto Martina, lei (**avere**) _____ i capelli corti.
2. Quando ho conosciuto Martina, lei (**andare**) _____ ancora a scuola.
3. Quando ho conosciuto Martina, lei (**portare**) _____ gli occhiali.
4. Quando ho conosciuto Martina, lei (**essere**) _____ molto carina.
5. Quando ho conosciuto Martina, lei (**frequentare**) _____ un corso di danza classica.
6. Quando ho conosciuto Martina, lei (**giocare**) _____ a pallavolo nella squadra della scuola.

Lezione 20

20.1 보기처럼 변형시켜라!

Da ragazzo **andavo** spesso **al cinema**.
소년기에 나는 자주 영화관에 가곤했다.
→ Simone, invece, **ci andava** raramente.
반면, 시모네는 거기에 이따금 가곤했다.

1. Da ragazzo, la sera, **restavo** spesso **a casa**.
   Simone, invece, _____
2. Da ragazzo **stavo** spesso con gli amici **in giardino**.
   _____
3. Da ragazzo **mangiavo** spesso **alla mensa**.
   _____
4. Da ragazzo **andavo** spesso **al bar** con gli amici.
   _____
5. Da ragazzo **rimanevo** spesso **dai nonni**.
   _____
6. Da ragazzo **andavo** spesso **in campeggio**.
   _____

20.2 보기처럼 변형시켜라!

Quando ero bambino, **giocavo** sempre da solo.
→ **Da bambino** non **giocavo** mai da solo.
어렸을 때 나는 절대로 혼자 놀지 않았다.

1. Quando ero bambino, **stavo** sempre con i nonni.
   _____

2. Quando ero ragazzo, **studiavo** sempre a casa.

3. Quando ero studente, **mangiavo** sempre alla mensa.

4. Quando ero giovane, **uscivo** sempre la sera.

5. Quando ero piccolo, **andavo** sempre in bicicletta.

6. Quando ero giovane, **facevo** sempre sport.

20.3 직설법 과거시제(근과거/불완료과거)로 완성하라!

1. Giorgio (telefonare) _____ a Maurizio, poi (**uscire**) _____ con Adriana.
2. Mentre (io-fare) _____ colazione, (**arrivare**) _____ i miei amici.
3. Quando Francesco (**essere**) _____ bambino, (**giocare**) _____ spesso in giardino.
4. Mentre Claudio (**nuotare**) _____, Anna (**prendere**) _____ il sole.
5. Da bambino durante le vacanze (io-**andare**) _____ in campagna dai nonni.
6. Ieri sera Franco (**parlare**) _____ al telefono con Anna fino a tardi.
7. Sabato scorso (noi-**viaggiare**) _____ tutto il giorno.
8. Mentre i bambini (**aspettare**) _____ l'autobus, (**cominciare**) _____ a piovere.
9. Le mie sorelle (**frequentare**) _____ un corso di tedesco per sei mesi.
10. Non (io-**telefonare**) _____ a Dirk, perché (io-**essere**) _____ troppo stanco.
11. Ieri sera (io-**mangiare**) _____, poi (io-**guardare**) _____ la TV.
12. Mentre Valeria (**dormire**) _____, qualcuno (**bussare**) _____ alla porta.

Lezione 20

20.4 직설법 과거시제(근과거/불완료과거)로 완성하라!

1. Ieri (voi-**avere**) _____ lezione dalle otto alle nove?
2. Giorgio non (**salutare**) _____ i suoi amici, perché (**avere**) _____ fretta.
3. Maria (**lasciare**) _____ il suo ragazzo, perché (lui-**essere**) _____ troppo geloso.
4. I bambini (**essere**) _____ molto stanchi, perciò (**andare**) _____ a letto presto.
5. Da giovane mio padre (**sciare**) _____ molto bene.
6. Mentre mia nonna (**guardare**) _____ la TV, (**addormentarsi**) _____.
7. Di solito la sera al mare Marco (**uscire**) _____ con gli amici.
8. Quando (io-**essere**) _____ nel mio paese, durante il fine-settimana (io-**fare**) _____ delle gite con gli amici.
9. Pietro (**partire**) _____ perché (**essere**) _____ stufo di questa città.
10. Mentre (io-**preparare**) _____ la cena, (**telefonare**) _____ a mia madre.
11. Quando i bambini (**tornare**) _____ da scuola, (noi-**cominciare**) _____ a pranzare.
12. Ieri (io-**addormentarsi**) _____ a mezzanotte.

20.5 직설법 과거시제(근과거/불완료과거)로 완성하라!

LETTERA AL DIRETTORE

Vorrei raccontare una storia triste...

(**Essere**) _____ una sera buia e fredda e le strade (**essere**) _____ bianche di neve.
Come al solito (io-**tornare**) _____ a casa dalla fabbrica dove (lavorare) _____. A un tratto (**vedere**) _____ in mezzo alla strada qualcosa che si muoveva e (io-**avvicinarsi**) _____.
(**Essere**) _____ un cagnolino, (**avere**) _____ freddo ed (**essere**)

_____ tutto bagnato. Io non (**sapere**) _____ che cosa fare. Dopo un po' (io-**prendere**) _____ il cucciolo, (**andare**) _____ a casa e gli (**dare**) _____ un po' di latte caldo. Adesso è Chicco, un vero amico.

(Maria Paola, Chieti)

20.6 직설법 과거시제(근과거/불완료과거)로 완성하라!

Ieri Ersilia è uscita di casa presto per andare alla stazione: aveva deciso di andare a Roma.

Mentre (**uscire**) _____ di casa per andare alla stazione, (**cominciare**) _____ a piovere: allora (**tornare**) _____ a casa per prendere l'ombrello.

Mentre (**scendere**) _____ le scale, (**incontrare**) _____ il suo amico Giorgio. Insieme (**andare**) _____ alla fermata dell'autobus e, mentre (**aspettare**) _____ l'autobus, (**parlare**) _____ del più e del meno. Mentre Ersilia (**salire**) _____ sull'autobus, le (**cadere**) _____ il portafoglio, allora si è fermata per raccoglierlo, ma mentre lo (**raccogliere**) _____, l'autobus (**ripartire**) _____. Allora Ersilia (**chiamare**) _____ un taxi.

(**Salire**) _____ sul taxi e, quando (**arrivare**) _____ alla stazione, (**correre**) _____ subito al binario, ma non è potuta partire perché c'(**essere**) _____ sciopero.

CHIAVI

Lezione 1

1.1

1. I tavoli sono piccoli. **2.** Le lavagne sono nere. **3.** I libri sono nuovi. **4.** Le porte sono chiuse. **5.** I giornali sono interessanti. **6.** Le signore sono francesi. **7.** I quaderni sono aperti. **8.** I libri sono chiusi. **9.** Le studentesse sono straniere. **10.** I professori sono bravi. **11.** Le finestre sono aperte. **12.** Le signorine sono sedute.

1.2

1. Brad Pitt è un attore americano. **2.** Luciano Pavarotti è un tenore italiano. **3.** Gwyneth Paltrow è una attrice americana. **4.** Vincent Van Gogh è un pittore olandese. **5.** Pablo Picasso è un pittore spagnolo. **6.** Jovanotti è un cantautore italiano. **7.** Antonio Banderas è un attore spagnolo. **8.** Sophia Loren è una attrice italiana.

1.3

1. Paolo **scrive** un'e-mail. **2.** Paolo **mangia** un panino. **3.** Paolo **canta** una canzone italiana. **4.** Paolo **suona** il violino. **5.** I ragazzi **leggono** il giornale. **6.** I bambini **mangiano** il gelato. **7.** I ragazzi **scrivono** gli esercizi. **8.** I ragazzi **ascoltano** la musica.

Lezione 2

2.1

1. Ci laviamo con l'acqua calda. **2. Ci trucchiamo** prima di uscire. **3. Ci laviamo** i denti prima di andare a letto. **4. Ci alziamo** in fretta la mattina. **5. Vi svegliate** presto la mattina? **6. Vi alzate** sempre a quest'ora? **7. Vi fate** la barba tutte le mattine? **8. Vi mettete** un vestito elegante? **9.** Paolo e Maria **si fanno** la doccia prima di andare a letto. **10.** Paolo e Maria **si vestono** in modo elegante. **11.** Paolo e Maria **si addormentano** sempre tardi. **12.** Paolo e Maria **si svegliano** alle 7.

2.2

1. Mi addormento a mezzanotte. **2. Mi fermo** un paio di settimane. **3. Mi laureo** a novembre. **4. Mi sposo** il 29 luglio. **5. Ci iscriviamo** la prossima settimana. **6. Ci addormentiamo** alle 11. **7. Ci divertiamo** molto. **8. Ci fermiamo** soltanto un giorno. **9. Si sveglia** sempre dopo le 10. **10. Si trova** molto bene. **11. Si riposano** fino alle 16. **12. Mi sento** molto meglio.

2.3

1. ci diamo del tu. **2. ci incontriamo** ogni giorno. **3. ci salutiamo** quando **ci incontriamo**. **4.** Sì, **si sposano** presto. **5.** Sì, **si amano** molto. **6.** Sì, **si scrivono** spesso.

Lezione 3

3.1

1. È australiana. **2.** È russa. **3.** È coreana. **4.** È cinese. **5.** È spagnolo. **6.** È svizzero. **7.** È austriaco. **8.** È italiano. **9.** È olandese. **10.** È greca. **11.** È francese. **12.** È tedesco.

Lezione 4

4.1

una	borsa	**un**	giornale	**una**	sedia	**un**	bicchiere
una	chiave	**un**	pennarello	**una**	gomma	**una**	patente
un	cellulare	**un**	cornetto	**un**	portafoglio	**un**	libro
un	corso	**una**	penna	**una**	pizza	**un**	passaporto
un	quaderno	**un**	panino	**una**	birra	**una**	matita

4.2

la	borsa	**il**	giornale	**la**	sedia	**il**	bicchiere
la	chiave	**il**	pennarello	**la**	gomma	**la**	patente
il	cellulare	**il**	cornetto	**il**	portafoglio	**il**	libro
il	corso	**la**	penna	**la**	pizza	**il**	passaporto
il	quaderno	**il**	panino	**la**	birra	**la**	matita

4.3

1. I banchi sono nell'aula. **2. Le matite sono** nella borsa. **3. I quaderni sono** nel cassetto. **4. I bicchieri** sono sul tavolo. **5. I dizionari sono** sulla sedia. **6. Le borse sono** sulla sedia. **7. Le gomme sono** nella borsa. **8. Le chiavi sono** nella borsa. **9. Le penne sono** nel cassetto. **10. I libri sono** sul tavolo. **11. I giornali sono** sul tavolo. **12. I fogli sono** nel cassetto.

4.4

1. I tavoli sono piccoli. **2.** Le lavagne sono nere. **3.** I libri sono nuovi. **4.** Le porte sono chiuse. **5.** I giornali sono interessanti. **6.** Le signore sono francesi. **7.** I quaderni sono aperti. **8.** I libri sono chiusi. **9.** Le studentesse sono straniere. **10.** I professori sono bravi. **11.** Le finestre sono aperte. **12.** Le signorine sono sedute.

Lezione 5

5.1

1. mangiamo **2.** scriviamo **3.** dormiamo **4.** leggiamo **5.** parlate **6.** conoscete **7.** partite **8.** suonate **9.** aprono **10.** ascoltano **11.** prendono **12.** giocano

5.2

1. compro il giornale. **2. bevo** solo acqua minerale. **3. leggo** un libro. **4. arrivi** sempre tardi. **5. dormi** in albergo stanotte? **6. scrivi** un'e-mail? **7. prendi** l'autobus? **8. studia** l'inglese. **9. apre** il libro d'italiano. **10.** non **fuma**. **11. cerca** un appartamento. **12. gioca** a calcio.

5.3

1. Nell'aula **ci sono gli studenti**. **2.** Nell'aula **c'è la professoressa**. **3.** Nell'aula **c'è una ragazza tedesca**. **4.** Nell'aula **c'è un ragazzo danese**. **5.** In Italia **ci sono molti studenti**. **6.** A Firenze **ci sono molti turisti**. **7.** Sul banco **c'è il libro** di Ingrid. **8.** Sul banco **ci sono i fogli**. **9.** Sul tavolo **c'è il telefonino** di Giorgio. **10.** Nella borsa **ci sono i soldi**. **11.** Nella borsa **c'è il portafoglio**. **12.** Nella borsa **ci sono le chiavi**.

5.4

1. Sì, **mi** piace molto. **2.** Sì, **ci** piace molto. **3.** Sì, **gli** piace molto. **4.** Sì, **le** piace molto. **5.** Sì, **mi** piace molto. **6.** Sì, **gli** piace molto. **7.** Sì, **mi** piace molto. **8.** Sì, **gli** piace molto. **9.** Sì, **ci** piace molto. **10.** Sì, **gli** piace molto. **11.** Sì, **gli** piace molto. **12.** Sì, **le** piace molto.

5.5

1. Le telefono stasera. **2. Ti** telefono stasera. **3. Gli** telefono stasera. **4. Gli** telefono stasera. **5. Vi** telefono stasera. **6. Gli** telefono stasera.

5.6

1. Gli scrivo una cartolina. **2. Gli** regaliamo dei libri di favole. **3. Le** presto dei soldi. **4. Gli** offriamo una birra fresca. **5. Le** faccio vedere le foto delle vacanze. **6. Le** mando un mazzo di fiori. **7. Gli** chiedo un favore. **8. Gli** do le chiavi della macchina. **9. Le** spedisco una lettera. **10. Gli** compriamo un portafoglio di pelle. **11. Gli** do il mio indirizzo. **12. Gli** presto la mia macchina.

5.7

1. **Mangia** meno! 2. **Prendi** una decisione! 3. **Parti** subito! 4. **Abbassa** la televisione! 5. **Apri** la porta! 6. **Spegni** lo stereo!

5.8

1. Paolo, **sparecchia** la tavola! 2. Paolo, **arriva** in orario! 3. Paolo, **rispondi** al telefono! 4. Paolo, **chiudi** la porta! 5. Paolo, **torna** presto! 6. Paolo, **lava** i piatti!

5.9

1. Andrea, **và** subito a casa! 2. Andrea, **fà** subito gli esercizi! 3. Andrea, **stà** calmo! 4. Andrea, **dà** una mano a Pietro! 5. Andrea, **abbi** pazienza! 6. Andrea, **sii** ordinato!

5.10

1. **Mettete** in ordine la camera! 2. **Mettetevi** il pigiama. 3. **Apparecchiate** la tavola! 4. **Aprite** la porta! 5. **Andate** a letto presto! 6. **Fate** silenzio!

5.11

1. **Ascolta** i miei consigli. 2. **Partiamo** subito. 3. **Leggete** questo libro. 4. **Assaggia** questo vino. 5. **Restiamo** a casa stasera. 6. **Prendete** un giorno di riposo. 7. **Mettiti** un vestito pesante. 8. **Aspettiamo** fino alle 8. 9. **Smettete** di discutere. 10. **Chiama** il medico. 11. **Mandate** una cartolina a Ivo. 12. **Finiamo** il lavoro per domani.

Lezione 6

6.1 Completate con i verbi!

1. spedisce 2. spedisco 3. spediamo 4. capite 5. capisco 6. capiscono 7. capisci 8. finisco 9. finisce 10. finiamo 11. finiscono 12. finisci

6.2

1. non legge mai il giornale. 2. non ascolto mai la radio. 3. non studia mai. 4. non prendiamo mai l'autobus. 5. non finisci mai di lavorare tardi. 6. non bevo mai la birra. 7. non arrivate mai tardi. 8. non prendono mai l'ascensore. 9. non guardo mai la TV. 10. non giochi mai a tennis. 11. non dormono mai il pomeriggio. 12. non suoniamo mai il piano.

6.3

1. finisce /torna 2. frequentano 3. mangiamo /spendiamo 4. Telefono 5. Prendiamo 6. resto /guardo 7. Scrivi /scrivo 8. Paghiamo 9. incontra 10. Ricevo 11. gioca 12. suona

6.4

1. Questo signore **si chiama** Paolo Caruso. **Vive** a Napoli. Nel tempo libero **legge** i libri e **ascolta** la musica classica. **2.** Questo signore si chiama Claudio Poli. Vive a Venezia. Nel tempo libero **guarda** la TV e **gioca** a carte. **3.** Questa signora si chiama Carla Berni. Vive a Terni. Nel tempo libero **suona** il pianoforte ed ascolta la musica. **4.** Questo signore si chiama Irene Billi. Vive a Genova. Nel tempo libero **legge** le poesie e **passeggia** con il suo gatto. **5.** Questa signora si chiama Lucia Stocco. Vive a Pisa. Nel tempo libero **suona** la chitarra ed **esce** con i suoi amici. **6.** Questo signore si chiama Maurizio Nappi. Vive a Palermo. Nel tempo libero scrive un'e-mail e **fa** passeggiate.

Lezione 7

7.1

1. Paolo, **posso** telefonare a casa? **2.** Paolo, **posso** andare in bagno? **3.** Paolo, **posso** prendere un bicchiere d'acqua? **4.** Paolo, **posso** accendere la TV? **5.** Paolo, **posso** entrare? **6.** Paolo, **posso** aprire la finestra?

7.2

1. Marta, **puoi** abbassare la radio? **2.** Marta, **puoi** comprare il giornale? **3.** Marta, **puoi** ripetere la domanda? **4.** Marta, **puoi** parlare a bassa voce? **5.** Marta, **puoi** fare meno rumore? **6.** Marta, **puoi** aspettare un momento?

7.3

1. Signor Fioretto, **vuole** un passaggio per il centro? **2.** Signor Fioretto, **vuole** qualcosa da mangiare? **3.** Signor Fioretto, **vuole** venire al bar? **4.** Signor Fioretto, **vuole** bere qualcosa di fresco? **5.** Signor Fioretto, **vuole** rimanere a cena? **6.** Signor Fioretto, **vuole** venire al cinema stasera?

7.4

1. No, non **posso, devo** ripassare la lezione. **2.** No, non **possiamo, dobbiamo** lavare la macchina. **3.** No, non **posso, devo** tornare a casa. **4.** No, non **possiamo, dobbiamo** finire i compiti. **5.** No, non **posso, devo** fare una dieta. **6.** No, non **posso, devo** andare a fare la spesa.

7.5

1. viene **2.** Cerchiamo **3.** capiscono /parlano **4.** Rimango /guardo **5.** va /ha **6.** fanno /faccio /bevo /mangio **7.** può /deve **8.** stanno /conoscono **9.** arriva /Arriva /ha **10.** dà /vieni **11.** vado /voglio /devo **12.** è /preferisce

7.6

1. Sì, **lo** prendo volentieri. 2. Sì, **la** prendo volentieri. 3. Sì, **lo** prendo volentieri. 4. Sì, **la** prendo volentieri. 5. Sì, **lo** prendo volentieri. 6. Sì, **lo** prendo volentieri. 7. Sì, **lo** prendo volentieri. 8. Sì, **la** prendo volentieri. 9. Sì, **lo** prendo volentieri. 10. Sì, **la** prendo volentieri. 11. Sì, **la** prendo volentieri. 12. Sì, **lo** prendo volentieri.

7.7

1. **La** faccio a casa. 2. **Lo** faccio in piscina. 3. **Lo** faccio al bar. 4. **Lo** faccio in centro. 5. **Lo** faccio in palestra. 6. **Le** faccio al centro commerciale.

7.8

1. **Lo** compra Paolo. 2. **Li** lava Maria. 3. **La** preparano Mario e Sandra. 4. **Le** pulisco io. 5. **Li** compriamo noi. 6. **Lo** fate voi.

Lezione 8

8.1

1. **Mi piacerebbe** diventare giornalista. 2. **Mi piacerebbe** fare il medico. 3. **Mi piacerebbe** studiare informatica. 4. **Mi piacerebbe** aprire un negozio di abbigliamento. 5. **Mi piacerebbe** lavorare in banca. 6. **Mi piacerebbe** vivere negli Stati Uniti.

8.2

1. **Avreste potuto** bere meno. 2. **Avreste potuto** studiare di più. 3. **Avreste potuto** prendere un giorno di vacanza. 4. **Avreste potuto** leggere quel libro. 5. **Avreste potuto** telefonare a Mario. 6. **Avreste potuto** scrivere a vostro fratello.

8.3

1. **Saresti potuto** partire subito. 2. **Saresti potuto** uscire più spesso. 3. **Saresti potuto** tornare a casa a pranzo. 4. **Saresti potuto** restare di più in biblioteca. 5. **Saresti potuto** venire con noi. 6. **Saresti potuto** alzarti prima la mattina.

Lezione 9

9.1

1. Sì, **mi** piacciono molto. 2. Sì, **gli** piacciono molto. 3. Sì, **le** piacciono molto. 4. Sì, **mi** piacciono molto. 5. Sì, **ci** piacciono molto. 6. Sì, **gli** piacciono molto. 7. Sì, **gli** piacciono molto. 8. Sì, **ci** piacciono molto. 9.

Sì, **gli** piacciono molto. **10.** Sì, **mi** piacciono molto. **11.** Sì, **gli** piacciono molto. **12.** Sì, **mi** piacciono molto.

9.2

1. Anche **a noi**. **2.** Anche **a lei**. **3.** Anche **a lui**. **4.** Anche **a loro**. **5.** Anche **a me**. **6.** Anche **a lei**.

9.3

1. Neanche **a noi**. **2.** Neanche **a lui**. **3.** Neanche **a me**. **4.** Neanche **a loro**. **5.** Neanche **a noi**. **6.** Neanche **a me**.

9.4

1. Di solito Carlo **legge** un pò prima di dormire. **2.** Di solito **andiamo** al lago la domenica. **3.** Di solito i miei amici **passano** le vacanze in montagna. **4.** Di solito **fumo** una sigaretta dopo pranzo. **5.** Di solito **fai** colazione al bar? **6.** Di solito Marco **torna** tardi la sera. **7.** Di solito **riposate** un pò il pomeriggio? **8.** Di solito **guardo** la TV mentre mangio. **9.** Di solito **beviamo** un aperitivo prima di cena. **10.** Di solito Lucia **va** in ufficio a piedi. **11.** Di solito **leggo** il giornale la mattina. **12.** Di solito Marco e Sergio **dormono** fino a tardi la domenica.

9.5

1. Ogni giorno **mi sveglio** presto. **2.** Ogni sera **guardo** la TV fino a tardi. **3.** Ogni notte **dormo** almeno sette ore. **4.** Ogni settimana **telefono** ai miei genitori in Germania. **5.** Ogni anno **vanno** un mese al mare. **6.** Ogni lunedì Sandro **va** in piscina.

9.6

1. va **2.** vanno **3.** vado **4.** Andiamo **5.** vai **6.** Vai **7.** Andate **8.** va

9.7

1. viene **2.** vengono **3.** vieni **4.** viene **5.** Vengo **6.** venite **7.** Veniamo **8.** vieni

9.8

1. esce **2.** Esco **3.** esci **4.** escono **5.** uscite **6.** Usciamo **7.** esce **8.** esco

9.9

1. Sul tavolo c'è un foglio. **2. Nel cassetto** c'è un giornale. **3. Nalla borsa** c'è un quaderno. **4. Sulla sedia** c'è uno zaino. **5. Nel portafoglio** c'è una fotografia. **6. Sul banco** c'è una gomma. **7. Nel frigorifero** c'è una bottiglia di latte. **8. Sulla sedia** c'è un maglione. **9. Sul comodino** c'è un bicchiere. **10. Sul letto** c'è un libro. **11. Sul tavolo** c'è una lampada. **12. Nell'armadio** c'è una borsa.

Lezione 10

10.1

1. Ascolterei la musica. **2. Giocherei** a carte. **3. Leggerei** un libro. **4. Prenderei** un caffè. **5. Partirei**. **6. Uscirei** con gli amici.

10.2

1. Farei quattro passi. **2. Vedrei** Mario. **3. Verresti** da noi? **4. Daresti** una mano? **5. Berrebbe** una birra. **6. Andrebbe** in vacanza. **7. Faremmo** colazione al bar. **8. Rimarremmo** da voi. **9. Andreste** a casa? **10. Direste** la verità? **11. Starebbero** a casa. **12. Verrebbero** con noi.

10.3

1. Sarei felice di vedere Paolo. **2. Saresti** felice di andare in vacanza. **3. Sarebbe** felice di vederti. **4. Saremmo** felici di fare un viaggio. **5. Sarebbero** felici di ricevere tue notizie. **6. Sarei** felice di venire con te.

10.4

1. Berrei volentieri una birra. **2. Dormirei** volentieri ancora un po'. **3. Farei** volentieri un pisolino. **4. Resterei** volentieri a casa. **5. Farei** volentieri una passeggiata. **6. Rimarrei** volentieri a letto. **7. Andrei** al ristorante. **8. Comprerei** volentieri un vestito nuovo. **9. Guarderei** volentieri un po' di TV. **10. Ascolterei** volentieri un po' di musica. **11. Farei** volentieri quattro chiacchiere con Anna. **12. Andrei** volentieri al mare.

10.5

1. Mangerei volentieri un gelato. **2. Farebbe** volentieri un viaggio. **3. Uscirebbe** volentieri un po'. **4. Rimarremmo** volentieri a casa. **5. Giocherebbero** volentieri a tennis. **6. Comprerei** volentieri l'ultimo CD di Lucio Dalla. **7. Dormiresti** volentieri fino a tardi? **8. Si trasferirebbero** volentieri in campagna. **9. Cambierebbe** volentieri lavoro. **10. Prenderemmo** volentieri qualche giorno di ferie. **11. Scriverei** volentieri a Stefano. **12. Andreste** volentieri a cena fuori?

10.6

1. Rimarrei qui, ma Paolo mi aspetta fra 5 minuti. **2. Verrei** in vacanza con voi, ma in questo periodo non ho le ferie. **3. Si fermerebbe** qui per qualche giorno, ma domani deve tornare in ufficio. **4. Comprerebbe**

un'auto fuoristrada, ma costa troppo. **5. Pranzeremmo** con voi, ma oggi abbiamo fretta. **6. Dormirei** fino alle 10, ma non posso arrivare tardi al lavoro.

10.7

1. Lo **leggerei**, ma non ho tempo. 2. La **mangerei**, ma devo stare a dieta. 3. Lo **accenderei**, ma non funziona. 4. Li **inviterei**, ma hanno già impegno. 5. La **aiuterei**, ma adesso sono troppo stanco. 6. Lo **cambierei**, ma non è facile trovarne un altro.

Lezione 11

11.1

1. Sì, **ci** vengo. 2. Sì, **ci** vado. 3. Sì, **ci** sto 4. Sì, **ci** resto 5. Sì, **ci** vengo. 6. Sì, **ci** vado. 7. Sì, **ci** veniamo. 8. Sì, **ci** andiamo. 9. Sì, **ci** stiamo 10. Sì, **ci** restiamo 11. Sì, **ci** andiamo. 12. Sì, **ci** restiamo

11.2

1. Le notizie importanti. 2. I libri noiosi. 3. Le amiche gentili. 4. Gli studenti bravi. 5. Le macchine veloci. 6. Le pareti bianche. 7. I quadri antichi. 8. Gli spettacoli divertenti. 9. Gli zaini nuovi. 10. Le signore eleganti. 11. Gli attori francesi. 12. I cantanti americani.

11.3

1. **Queste storie** sono molto divertenti. 2. **Queste frasi** sono molto facili. 3. **Queste bambine** sono molto carine. 4. **Questi esercizi** sono molto difficili. 5. **Queste aule** sono molto grandi. 6. **Questi orologi** sono molto belli. 7. **Queste strade** sono molto strette. 8. **Questi studenti** sono molto intelligenti. 9. **Questi ragazzi** sono molto gentili. 10. **Questi documenti** sono molto importanti. 11. **Questi vestiti** sono molto cari. 12. **Questi signori** sono molto eleganti.

Lezione 12

12.1

Paolo:	Dove vai?	Bruno:	Vado in Grecia.
	Con che cosa ci vai?		Ci vado con la nave.
	Quando ci vai?		Ci vado sabato.
	Con chi ci vai?		Ci vado con Marta.
	Sabato Bruno va in Grecia con la nave con Marta.		

Paolo:	Dove andate?	Ivo e Ada:	Andiamo a Parigi.
	Con che cosa ci andate?		Ci andiamo in aereo.
	Quando ci andate?		Ci andiamo a marzo.
	Con chi ci andate?		Ci andiamo con Gino.
	A marzo Ivo e Ada vanno a Parigi in aereo con Gino.		

Paolo:	Dove vanno Pia e Lea?	Maria:	Pia e Lea vanno a casa.
	Con che cosa ci vanno?		Ci vanno in autobus.
	Quando ci vanno?		Ci vanno alle sei.
	Con chi ci vanno?		Ci vanno con Silvia.
	Alle 6 Pia e Lea vanno a casa in autobus con Silvia.		

12.2

1. Vengo dalla Norvegia. **2. Vengono** dagli Stati Uniti. **3. Viene** dall'Olanda. **4. Veniamo** dal Messico. **5. Vengo** dalla Corea. **6. Vengono** dall'Egitto. **7. Viene** dal Giappone.

12.3

1. Andiamo all'aeroporto. **2.** Eleonora **va** all'Università. **3. Vado** al mercato. **4.** Gli studenti **vanno** alla mensa. **5. Andiamo** al concerto. **6. Andiamo** al museo. **7. Vado** dal professore. **8. Va** dal meccanico. **9. Va** dalla sua amica Chiara. **10. Andiamo** dal dentista. **11. Vanno** dalla professoressa. **12. Vado** dal direttore.

12.4

1. Parto **2.** Esco **3.** Vado **4.** Usciamo **5.** Veniamo **6.** Partiamo

12.5

1. Dove **vanno** i signori Fioretto? **2.** Chi **vanno** a Firenze? **3.** Da dove **viene** Peter? **4.** Con chi va Maria a Firenze? **5.** Dove **va** John? **6.** Chi **va** all'ospedale? **7.** Con che cosa **vanno** gli studenti a casa? **8.** Per chi **compra** Andrea un libro? **9.** Quando **parte** Giorgia? **10.** Perchè Bianca **va** a Parigi? **11.** A chi **presta** Ornella la macchina? **12.** A chi **telefona** Bruno?

Lezione 13

13.1

1. ho studiato molto. **2.** Anche ieri **ho telefonato** ai miei genitori. **3.** Anche ieri **ho dormito** fino a

tardi. **4.** Anche ieri **ho ricevuto** molte e-mail. **5.** Anche ieri **ho incontrato** i miei amici in centro. **6.** Anche ieri **ho guardato** la TV.

13.2

1. Anche ieri pomeriggio Sandro **è venuto** a casa mia. **2.** Anche ieri sera Gianni **è tornato** a casa tardi. **3.** Anche ieri sera Elena **è andata** in centro. **4.** Anche ieri mattina Martina **è arrivata** a lezione in ritardo. **5.** Anche ieri mattina Francesco **è uscito** di casa alle 7. **6.** Anche ieri pomeriggio Pietro **è andato** in palestra.

13.3

1. Sono partito per Milano alle 9. **2. Ho fatto** una passeggiata in centro. **3. Sei tornato** a casa tardi? **4. Hai comprato** una macchina nuova? **5.** Laura **è arrivata** alle 11. **6.** Lucio **ha avuto** l'influenza. **7. Siamo andati** al cinema con Antonio. **8. Abbiamo preso** il treno delle 9. **9. Siete partiti** con l'aereo? **10. Avete lavorato** fino a tardi? **11.** I ragazzi **sono andati** al cinema. **12.** Anna e Stella **sono restate** a casa.

13.4

1. Sono tornato **2.** Sono venuto **3.** Ho comprato **4.** È partita **5.** Ha telefonato **6.** È arrivato **7.** Abbiamo cambiato **8.** Siamo uscite **9.** Abbiamo finito **10.** Hanno passato **11.** Sono partiti **12.** Hanno telefonato

13.5

1. Ieri, invece, Ernesto **è andato** a lezione di francese. **2.** L'altro ieri, invece, **siamo usciti** tardi dall'ufficio. **3.** Ieri mattina, invece, Paola e Nora **hanno studiato** fino alle 11. **4.** Ieri pomeriggio, invece, **sono uscito** con Maria. **5.** Ieri sera, invece, **siamo andati** a cena al ristorante. **6.** Un mese fa, invece, **è arrivata** mia zia da Milano. **7.** Due giorni fa, invece, **ho scritto** una cartolina a Luisa. **8.** Sabato scorso, invece, Claudia **ha finito** di lavorare all'una. **9.** Domenica scorsa, invece, i ragazzi **hanno passato** tutto il giorno al mare. **10.** Ieri, invece, **sono venuto** a casa tua con la macchina. **11.** Ieri mattina, invece, Stefano **ha dormito** fino alle 7. **12.** Ieri pomeriggio, invece, **siamo andati** in campagna.

13.6

1. Anche domenica scorsa **è andato** allo stadio. **2.** Anche stamattina **ho dormito** fino a tardi. **3.** Anche ieri mattina **hai fatto** la spesa al mercato? **4.** Anche stamattina **abbiamo letto** "La Repubblica". **5.** Anche ieri **hanno fatto** una passeggiata dopo pranzo. **6.** Anche l'inverno scorso **siete andati** a sciare? **7.** Anche ieri sera **sono rimasti** a casa. **8.** Anche l'estate scorsa A Firenze **sono arrivati** molti turisti. **9.** Anche lo scorso Natale **ha ricevuto** molti regali. **10.** Anche l'altro ieri, dopo la lezione, **sono andato** a fare un giro in centro. **11.** Anche ieri sera è **uscita** con le sue amiche dopo cena. **12.** Anche stamattina è **andato** in ufficio a piedi.

13.7

1. ha finito /ha acceso **2.** sono arrivato /ho perso **3.** sono andati /hanno prenotato **4.** abbiamo incontrato /abbiamo parlato /è salito /abbiamo preso **5.** è rimasta /ha ascoltato /ha scritto /ha conosciuto **6.** sei tornato **7.** abbiamo fatto /abbiamo passato /abbiamo pranzato /siamo tornati **8.** siete partiti **9.** ha preso **10.** ho letto /ho avuto **11.** è arrivata /sono stata /sono andata **12.** ha cominciato

13.8

1. Anche ieri **ho potuto fare** colazione a casa. **2.** Anche ieri **ho potuto lasciare** il bambino a mia madre. **3.** Anche ieri **ho potuto prendere** la macchina di mio padre. **4.** Anche ieri **ho dovuto studiare** molte ore. **5.** Anche ieri **ho dovuto lavorare** fino a tardi. **6.** Anche ieri **ho dovuto preparare** il pranzo in fretta.

13.9

1. Ieri, invece, non **è voluta uscire** con Elena. **2.** Ieri, invece, non **è voluta restare** a casa. **3.** Ieri, invece, non **è voluta andare** in centro. **4.** Ieri, invece, non **è dovuta uscire** di casa presto. **5.** Ieri, invece, non **è dovuta tornare** a casa presto. **6.** Ieri, invece, non **è dovuta stare** a scuola fino alle 11.

13.10

1. Questo vino è **buonissimo**/molto buono. **2.** Questa ragazza è **simpaticissima**/molto simpatica. **3.** Questa macchina è **velocissima**/molto veloce. **4.** Questi mobili sono **antichissimi**/molto antichi. **5.** Questi esercizi sono **difficilissimi**/molto difficili. **6.** Queste attrici sono **famosissime**/molto famose.

Lezione 14

14.1

1. È il ragazzo **che** mi ha invitato a pranzo. **2.** È la ragazza **che** mi ha telefonato poco fa. **3.** È il ragazzo **che** ho conosciuto in vacanza. **4.** È la ragazza **che** ha vinto la borsa di studio. **5.** È il ragazzo **che** abbiamo incontrato per strada. **6.** È la ragazza **che** devo accompagnare alla stazione.

14.2

1. Sono i ragazzi **che** ho salutato poco fa. **2.** Sono le ragazze **che** vengono con me in palestra. **3.** Sono i ragazzi **che** ho invitato alla festa di domani. **4.** Sono i ragazzi **che** vado a prendere alla stazione. **5.** Sono le ragazze **che** ci hanno ospitato a casa loro. **6.** Sono i ragazzi **che** lavorano nel negozio qui vicino.

14.3

1. È il ragazzo **da cui** vado a pranzo. **2.** È la ragazza **con cui** ho un appuntamento. **3.** È il ragazzo **a cui**

ho dato il mio indirizzo. **4.** È la ragazza **a cui** ho scritto una cartolina poco fa. **5.** È il ragazzo **a cui** piace molto la mia casa. **6.** È la ragazza **da cui** sono stata ospite l'anno scorso.

14.4

1. Sono i ragazzi **di cui** (dei quali) ti ho parlato. **2.** Sono le ragazze **a cui** (alle quali) ho presentato la mia macchina. **3.** Sono i ragazzi **per cui** (per i quali) ho preparato una sorpresa. **4.** Sono i ragazzi **con cui** (con i quali) vado al cinema. **5.** Sono le ragazze **da cui** (dalle quali) ho ricevuto un regalo. **6.** Sono i ragazzi **in cui** (nei quali) crediamo molto.

14.5

1. che **2.** a cui **3.** che **4.** di cui **5.** da cui **6.** in cui **7.** di cui **8.** per cui **9.** che **10.** con cui **11.** che **12.** a cui

14.6

1. che **2.** a cui **3.** su cui **4.** che **5.** per cui **6.** in cui **7.** che **8.** per cui **9.** in cui **10.** che **11.** a cui **12.** che

Lezione 15

15.1

1. Quest'olio **si vende** al supermercato. **2.** Questa macchina **si fabbrica** in Francia. **3.** Questi vestiti **si confezionano** a Taiwan. **4.** Questi vini **si vendono** molto all'estero. **5.** Queste biciclette **si fabbricano** in Italia. **6.** Questi tortellini **si producono** a Modena.

15.2

1. No, **si può scrivere** in poco tempo. **2.** No, **si può tradurre** in poco tempo. **3.** No, **si può leggere** in poco tempo. **4.** No, **si può cambiare** in poco tempo. **5.** No, **si può riparare** in poco tempo. **6.** No, **si può lavare** in poco tempo.

15.3

1. A Firenze **si possono vedere** molti turisti. **2.** A Perugia **si possono incontrare** molti stranieri. **3.** Sulle Alpi **si possono fare** stupende passeggiate. **4.** In Italia **si possono mangiare** ottimi spaghetti. **5.** A Napoli **si possono mangiare** pizze squisite. **6.** In Italia **si possono bere** vini di qualità.

15.4

1. Signora, quanti figli ha?	**Ne** ho **uno**.
	Ne ho tre.
	Non ne ho nessuno.

2. Ida, quante persone conosci a Perugia?	**Ne** conosco **una**.
	Ne conosco alcune.
	Ne conosco molte.

3. Ivo, quanti amici hai in questa città?	**Ne** ho **uno**.
	Ne ho parecchi.
	Ne ho pochi.
	Non ne ho nessuno.

4. Signor Pini, quanti caffè beve al giorno?	**Ne** bevo **uno**.
	Ne bevo due.
	Ne bevo quattro.
	Ne bevo parecchi.
	Ne bevo pochi.
	Non ne bevo nessuno.

5. Ada, quante telefonate fai il pomeriggio?	**Ne** faccio soltanto **una**.
	Ne faccio tre.
	Ne faccio tante.
	Ne faccio moltissime.
	Ne faccio un sacco.
	Non ne faccio nessuna.

15.5

1. Grazie, **ne** prendo volentieri **un bicchiere**. **2.** Grazie, **ne** prendo volentieri **una fetta**. **3.** Grazie, **ne** prendo volentieri **una tazza**. **4.** Grazie, **ne** prendo volentieri **un bicchierino**. **5.** Grazie, **ne** prendo volentieri **una tazzina**. **6.** Grazie, **ne** prendo volentieri **un pezzetto**.

15.6

1. Ne ho invitati **pochi**. **2. Ne** ho visitate **tre**. **3.** Non **ne** ho preso **nessuno**. **4. Ne** ho conosciute **molte**.

5. Ne ho studiate **due**. **6. Ne** ho ricevuti **otto**. **7. Ne** ho scritta **una**. **8. Ne** ho mangiati **moltissimi**. **9. Ne** ho bevuto **un bicchiere**. **10. Ne** ho mangiata **una fetta**. **11. Ne** ho comprate **due paia**. **12. Ne** ho comprato **un chilo**.

Lezione 16

16.1

1. **Mi diverto** in questa città. 2. **Mi trovo** abbastanza bene in questo appartamento. 3. **Mi fermo** un paio di giorni a Roma. 4. **Mi faccio** la doccia ogni mattina. 5. **Ti trovi** bene con questa famiglia? 6. **Ti vesti** in modo elegante per la festa? 7. **Ti addormenti** tardi la sera? 8. **Ti senti** solo in questa città? 9. Franco **si annoia** qui. 10. Franco **si sente** triste. 11. Franco **si arrabbia** spesso con i figli. 12. Franco **si laurea** a luglio.

16.2

1. si incontrano 2. si sposano 3. ci vogliamo 4. ci telefoniamo 5. vi scrivete 6. vi date

16.3

1. Anche ieri **mi sono vestito** in fretta. 2. Anche ieri **mi sono fatto** la barba. 3. Anche ieri **ti sei lavato** con l'acqua fredda. 4. Anche ieri **ti sei dimenticato** di chiudere la porta a chiave. 5. Anche ieri Mario **si è alzato** in fretta. 6. Anche ieri Mario **si è divertito** con gli amici. 7. Anche ieri Maria **si è annoiata** davanti alla TV. 8. Anche ieri Maria **si è truccata** in fretta. 9. Anche ieri Noi **ci siamo lavati** i capelli. 10. Anche ieri Noi **ci siamo fermati** al bar dopo la lezione. 11. Anche ieri Mario e Giorgio **si sono svegliati** alle 7. 12. Anche ieri Mario e Giorgio **si sono fatti** la doccia.

16.4

1. No, non **si è** ancora **truccata**. 2. No, non **si è** ancora **svegliata**. 3. No, non **si è** ancora **laureata**. 4. No, non **si è** ancora **iscritta** all'Università. 5. No, non **si è** ancora **addormentata**. 6. No, non **si è** ancora **sposata**.

16.5

1. **Ci siamo addormentati** a mezzanotte. 2. **Ci siamo laureate** il mese scorso. 3. **Ci siamo fermati** una settimana. 4. **Mi sono alzata** alle 7. 5. **Mi sono fermata** fino alle 11. 6. **Mi sono messa** un vestito elegante. 7. **Mi sono sposato** due anni fa. 8. **Mi sono trovata** molto bene. 9. **Si è laureato** tre anni fa. 10. **Si sono svegliati** alle 8. 11. **Si sono iscritti** l'anno scorso. 12. **Si sono fermate** quasi due ore.

16.6

1. Devo alzarmi subito. /**Mi devo alzare** subito. **2. Devo vestirmi** in fretta. /**Mi devo vestire** in fretta. **3. Dobbiamo svegliarci** presto. /**Ci dobbiamo svegliare** presto. **4. Dobbiamo farci** la doccia. /**Ci dobbiamo fare** la doccia. **5.** Marta **deve ricordarsi** di portare l'ombrello. /Marta **si deve ricordare** di portare l'ombrello. **6.** Marta **deve riposarsi** dopo il lavoro. /Marta **si deve riposare** dopo il lavoro. **7. Dovete alzarvi** subito quando suona la sveglia. /**Vi dovete alzare** subito quando suona la sveglia. **8. Dovete lavarvi** sempre con l'acqua fredda. /**Vi dovete lavare** sempre con l'acqua fredda. **9.** I bambini **devono alzarsi** alle 8. /I bambini **si devono alzare** alle 8. **10.** I bambini **devono riposarsi** dopo la scuola. /I bambini **si devono riposare** dopo la scuola.

16.7

mi sono svegliato / mi sono seduto / mi sono alzato / mi sono tolto / mi sono fatto / mi sono lavato / sono andato / ho acceso / ho ascoltato / mi sono spaventato / ho cominciato / ho spento / mi sono rimesso / sono tornato

Lezione 17

17.1

1. il tuo **2.** i tuoi **3.** la Sua **4.** le Sue **5.** i tuoi **6.** le Sue **7.** il tuo **8.** i Suoi **9.** la Sua **10.** i vostri **11.** la vostra **12.** la vostra

17.2

1. Carlo è **più** puntuale **di** Luca. /Carlo è **meno** puntuale **di** Luca. /Carlo è puntuale **come** Luca. **2.** Carlo è **più** intelligente **di** Luca. /Carlo è **meno** intelligente **di** Luca. /Carlo è intelligente **come** Luca. **3.** Carlo è **più** paziente **di** Luca. /Carlo è **meno** paziente **di** Luca. /Carlo è paziente **come** Luca. **4.** Carlo è **più** studioso **di** Luca. /Carlo è **meno** studioso **di** Luca. /Carlo è studioso **come** Luca. **5.** Carlo è **più** bello **di** Luca. /Carlo è **meno** bello **di** Luca. /Carlo è bello **come** Luca. **6.** Carlo è **più** goloso **di** Luca. /Carlo e **meno** goloso **di** Luca. /Carlo è goloso **come** Luca.

17.3

1. Marta è **più** magra **di** sua sorella./Marta è **meno** magra **di** sua sorella./Marta è magra **come** sua sorella. **2.** Marta è **più** elegante **di** sua sorella./Marta è **meno** elegante **di** sua sorella./Marta è elegante **come** sua sorella. **3.** Marta è **più** carina **di** sua sorella./Marta è **meno** carina **di** sua sorella./Marta è carina **come** sua sorella. **4.** Marta è **più** gentile **di** sua sorella./Marta è **meno** gentile **di** sua sorella./Marta è gentile **come** sua sorella. **5.** Marta è **più** affettuosa **di** sua sorella./Marta è **meno** affettuosa **di** sua sorella./Marta è affettuosa **come** sua sorella. **6.** Marta è **più** precisa **di** sua sorella./Marta è **meno** precisa **di** sua sorella./Marta è precisa **come** sua sorella.

17.4

1. Tu sei **più** simpatico **di** lui. **2.** Io sono **più** magro **di** te. **3.** Lei è **più** simpatica **di** te. **4.** Voi siete **più** studiosi **di** noi. **5.** Noi siamo **più** pazienti **di** loro. **6.** Loro sono **più** precisi **di** voi.

17.5

1. Giocare a tennis è **più** divertente **che** giocare a calcio. **2.** Sciare è **più** faticoso **che** nuotare. **3.** Parlare una lingua straniera è **più** difficile **che** capirla. **4.** Spendere è **più** facile **che** guadagnare. **5.** Ingrassare è **più** facile **che** dimagrire. **6.** Camminare è **più** sano **che** andare in macchina.

17.6

1. A casa mangio **meglio che** in pizzeria. **2.** In estate sto **meglio che** in inverno. **3.** Di mattina studio **meglio che** di sera. **4.** Da solo studio **meglio che** in compagnia. **5.** Con Paola parlo **meglio che** con Martina. **6.** Di giorno lavoro **meglio che** di notte.

17.7

1. il/piu'/in **2.** la/piu'/in **3.** il/piu'/nel **4.** la/piu'/nel **5.** il/piu'/nel **6.** il/piu'/nella **7.** il/piu'/in **8.** il/piu'/in **9.** il/piu'/nell' **10.** lo/piu'/in **11.** il/piu'/in **12.** gli/piu'/in

Lezione 18

18.1

1. Lo conosco da un anno. **2. Lo** studio da poco tempo. **3. Le** aspetto da dieci minuti. **4. Li** conosco da una decina di giorni. **5. La** frequento da una settimana. **6. La** guardo da mezz'ora.

18.2

1. Li regalo a mia madre. **2. Li** do a Giulio. **3. La** scrivo alla mia amica. **4. Lo** spedisco a Fiorella. **5. Le** mando alla mia fidanzata. **6. La** chiedo all'impiegato della banca.

18.3

1. L'ho comprat**o** pochi giorni fa. **2. L'ho** comprat**a** l'anno scorso. **3. Le** ho comprat**e** qualche settimana fa. **4. Li** ho comprat**i** alcuni mesi fa. **5. L'ho** comprat**o** ieri. **6. Li** ho comprat**i** qualche anno fa.

18.4

1. Quanto **l'**hai pagat**a**? **2.** Quanto **li** hai pagat**i**? **3.** Quanto **l'**hai pagat**o**? **4.** Quanto **l'**hai pagat**a**? **5.** Quanto **le** hai pagat**e**? **6.** Quanto **li** hai pagat**i**?

18.5

1. stradaccia **2.** riposino **3.** appartamentino **4.** giornataccia **5.** profumino **6.** finestrina **7.** ragazzacci **8.** doloretto **9.** omone **10.** giretto **11.** vitaccia **12.** Mammina

Lezione 19

19.1

1. Mentre **mangavo**, **sono arrivati** i miei amici. **2.** Mentre Paolo **usciva, è suonato** il telefono. **3.** Mentre **leggevo** il giornale, **hanno bussato** alla porta. **4.** Mentre Elisabetta **usciva** di casa, **è cominciato** a piovere. **5.** Mentre **telefonavamo** a Stefano, lui **è arrivato**. **6.** Mentre i bambini **guardavano** la TV, **è andata** via la luce.

19.2

1. Mentre **aspettava** l'autobus, Lorenzo **leggeva** il giornale. **2.** Mentre **ascoltavano** il professore, gli studenti **prendevano** appunti. **3.** Mentre Gabriella **parlava**, io **pensavo** ad altre cose. **4.** Mentre i bambini **studiavano**, Marina **guardava** la TV. **5.** Mentre Luigi **faceva** colazione, **parlava** con sua moglie. **6.** Mentre tu **preparavi** le valigie, noi **mettevamo** in ordine la casa.

19.3

1. Quando **è suonato** il telefono, **mangiavo**. **2.** Quando Antonio **è tornato, dormivo**. **3.** Quando Giovanni **ha telefonato, studiavo**. **4.** Quando i bambini **sono arrivati** a casa, **ascoltavo** la musica. **5.** Quando **ho incontrato** Carlo, **facevo** la spesa. **6.** Quando **è andata** via la luce, **guardavo** la TV.

19.4

1. Giorgio non **ha telefonato** a Pina perché non **sapeva** il numero. **2.** I bambini non **hanno mangiato** la carne perché non **avevano** fame. **3.** Maria non **è andata** a lezione perché **stava** male. **4.** I ragazzi stanotte **si sono addormentati** tardi perché non **avevano** sonno. **5.** Marta non **ha aspettato** Ivo perché **aveva** fretta. **6.** Carlo **è andato** al bar perché **voleva** bere una birra. **7.** Non **ho scritto** a Bruno perché non **sapevo** l'indirizzo. **8.** Non **abbiamo dato** l'esame perché non **eravamo** preparati. **9.** Anna non **è uscita** con gli amici perché **doveva** studiare. **10.** Non **avete comprato** quella macchina perché **costava** troppo. **11.** Lucio non **ha spedito** la lettera perché non **aveva** il francobollo. **12. Ho chiuso** la finestra perché **sentivo** freddo.

19.5

1. aveva **2.** andava **3.** portava **4.** era **5.** frequentava **6.** giocava

Lezione 20

20.1

1. ci restava raramente. **2.** Simone, invece, **ci stava** raramente con gli amici. **3.** Simone, invece, **ci mangiava** raramente. **4.** Simone, invece, **ci andava** raramente con gli amici. **5.** Simone, invece, **ci rimaneva** raramente. **6.** Simone, invece, **ci andava** raramente.

20.2

1. Da bambino, non **stavo** mai con i nonni. **2.** Da ragazzo, non **studiavo** mai a casa. **3.** Da studente, non **mangiavo** mai alla mensa. **4.** Da giovane, non **uscivo** mai la sera. **5.** Da piccolo, non **andavo** mai in bicicletta. **6.** Da giovane, non **facevo** mai sport.

20.3

1. ha telefonato/è uscito **2.** facevo/sono arrivati **3.** era/giocava **4.** nuotava/prendeva **5.** andavo **6.** ha parlato **7.** abbiamo viaggiato **8.** aspettavano/è cominiciato **9.** hanno frequentato **10.** ho telefonato/ero **11.** ho mangiato/ho guardato **12.** dormiva/ha bussato

20.4

1. avete avuto **2.** ha salutato/aveva **3.** ha lasciato/era **4.** erano/sono andati **5.** sciava **6.** guardava/si è addormentata **7.** usciva **8.** ero/facevo **9.** è partito/era **10.** preparavo/telefonavo **11.** tornavano/cominciavamo **12.** mi sono addormentato

20.5

Era / erano / tornavo / lavoravo / ho visto / mi sono avvicinata / Era / aveva / era / sapevo / ho preso / sono andata / ho dato

20.6

usciva / è cominciato / è tornata / scendeva / ha incontrato / sono andati / aspettavano / hanno parlato / saliva / è caduto / raccoglieva / è ripartito / ha chiamato / È salita / è arrivata / ha corso / era